O LADO B DE BONI

O LADO **B** DE **BONI**

POR **J. B. DE OLIVEIRA SOBRINHO**

1ª edição

Rio de Janeiro | 2024

DESIGN DE CAPA
Anderson Junqueira

PROJETO GRÁFICO E DIAGRAMAÇÃO
Ligia Barreto | Ilustrarte Design

FOTO DE CAPA
Renan Olivetti

TRATAMENTO DE IMAGEM
Adilson Liporage | Edição da Imagem

CIP-BRASIL. CATALOGAÇÃO NA PUBLICAÇÃO
SINDICATO NACIONAL DOS EDITORES DE LIVROS, RJ

O51L

Oliveira Sobrinho, José Bonifácio de, 1935-
O lado B de Boni / José Bonifácio de Oliveira Sobrinho. - 1. ed. - Rio de Janeiro : BestSeller, 2024.
ISBN 978-65-5712-302-7

23-86431 CDD: 791.450233092
CDU: 929:(654.19:791.242)

1. Oliveira Sobrinho, José Bonifácio de, 1935-. 2. Diretores e produtores de televisão - Brasil - Biografia. I. Título.

Meri Gleice Rodrigues de Souza - Bibliotecária - CRB-7/6439

Texto revisado segundo o novo Acordo Ortográfico da Língua Portuguesa.

Impresso no Brasil

ISBN 978-65-5712-302-7

Dedicado a Lou, minha esposa, e aos meus filhos, Boninho, Gigi, Diogo e Bruno, pelo amor, pelo carinho e pelos cuidados que têm comigo.

In memoriam da D. Kina, minha mãe, e do Guga, meu irmão.

Sumário

Prefácio

O nosso amigo Luís Carlos Miele costumava dizer: "O Boni saiu em um sábado, e na segunda-feira a Globo já não era mais a mesma."

No celebrado *O livro do Boni*, sua primeira autobiografia, pudemos conhecer a "versão oficial" da trajetória profissional de mais de setenta anos de Boni, desde sua estreia no rádio até o comando da maior rede de televisão do país e uma das maiores do mundo. Agora, em *O lado B de Boni*, ele compartilha as curiosidades e as intimidades de décadas por trás das câmeras.

Desfruto da amizade de Boni há sessenta anos e conheço muito bem a peça. Ele é um radical, um perfeccionista e um exigente contumaz, como ressaltou o saudoso e brilhante sociólogo Domenico De Masi no prefácio que escreveu para a primeira autobiografia. Diz Domenico: "A genialidade do Boni consiste em possuir, ao mesmo tempo, a emoção da fantasia e a racionalidade da regra." A deliciosa história de como Boni conheceu Dias Gomes ou o capítulo sobre sua passagem pela TV Tupi são provas disso. A radicalidade de Boni vem de uma obstinada busca pela excelência, daí sua relação apaixonada com o trabalho e com a arte. Para ele, nada está tão bom que não possa melhorar.

Radical também é sua lealdade aos amigos. Seis décadas de amizade ainda não me foram suficientes para entender toda a complexidade do gênio que transformou a TV brasileira numa das melhores do mundo. A despeito de tudo o que já conhecia, muitas das histórias desta nova autobiografia ainda me surpreendem. Como tudo isso foi possível?

Em *O lado B de Boni*, a criação do *Fantástico* e a implantação de atrações como o *Jornal nacional* e o *Globo repórter* são apenas detalhes. As grandes novelas não passam em branco, mas não são o centro das atenções. Boni também fala com orgulho de sua TV Vanguarda e especula sobre o futuro da televisão. Porém, o que mais importa neste livro são as pessoas: autores, diretores, estrelas e astros ganham os holofotes e a homenagem de Boni. Encanta seu espírito de gratidão e lealdade aos companheiros de trabalho — Joe Wallach, Daniel Filho, Armando Nogueira, Borjalo, Adilson Pontes Malta, Homero Icaza Sánchez e João Carlos Magaldi.

Mas este livro não trata apenas de glórias. Boni conta sem meias-palavras os conflitos e as dificuldades da Globo sob sua liderança e abre o jogo sobre o contrato da emissora com o Time-Life, a saída de Walter Clark, o Caso Proconsult, a guerra contra a censura durante a Ditadura Militar, a edição do debate entre Collor e Lula em 1989 e outras polêmicas. Afinal, a história de Boni se mistura com a própria história da televisão brasileira.

Com você, caro leitor, as memórias de um gênio da comunicação. *O lado B de Boni* é simplesmente fascinante.

Ricardo Amaral

Introdução

A expressão "lado B" vem da indústria fonográfica, do tempo em que as músicas eram gravadas em vinil. O "lado A" sempre trazia as que tinham mais chance de sucesso, e o "lado B", o complemento do produto. Não eram necessariamente músicas inferiores — às vezes eram até mais sofisticadas. Pode-se dizer que, o "lado A" é o óbvio, e o outro, a incógnita.

Quando publiquei *O livro do Boni*, recebi bastantes pedidos para contar alguns episódios mais informais da minha vida pessoal e profissional. Muitos queriam saber do lado B da minha história. O meu lado B foi árduo, mas não ruim. Foi até divertido. Eu poderia dizer que o "B" é de BOM. É o lado dos amigos, dos parceiros e das pessoas que participaram do nosso desafio. Por isso, *O lado B de Boni* é basicamente um livro de agradecimento aos sonhadores que fizeram a televisão brasileira ser reconhecida como uma das melhores do mundo.

Em *O lado B de Boni*, terei que usar a primeira pessoa, não por pretensão, mas para tornar mais direta e coloquial a narrativa. Buscquei seguir a ordem cronológica para situar melhor os acontеcimentos. Começo em 1932, com minha mãe e meu pai, e prossigo até o final de 1998, quando deixei a Globo. Vários capítulos têm nomes de pessoas, porque é de gente que eu quero falar. Outros lembram histórias que já contei e que são mais detalhadas aqui.

Assim, *O lado B de Boni* é, na verdade, uma declaração de amor e uma homenagem ao talento brasileiro.

1

O **FANTASMA** DA **MORTE**

Quitaúna,
Osasco
(1932)

O trem blindado da Revolução Constitucionalista de 1932

O quartel de Quitaúna, em Osasco, ficava na mesma rua onde morava minha avó Ana Carolina Toledo de Oliveira, a dona Nicota. Em julho de 1932, ela chamou os quatro filhos e mandou se alistarem na Força Constitucionalista de São Paulo. Getúlio Vargas havia deposto o presidente Washington Luiz, estabelecendo um regime totalitário no Brasil. Após a Guarda Nacional de Getúlio ter assassinado os jovens paulistas Martins, Miragaia, Drauzio e Camargo, que participavam de um protesto, São Paulo insurgiu-se contra o governo federal. O quartel de Quitaúna foi tomado pelos constitucionalistas sem um só tiro, e meu pai e meus tios foram para lá.

Meu pai, Orlando de Oliveira, tinha 22 anos e acabara de servir no Exército. Ele era um exímio atirador, habilidade adquirida por ser um apaixonado pela caça às perdizes. Foi imediatamente incorporado à artilharia e lotado no Fantasma da Morte como operador de canhões pesados de 75 milímetros. O Fantasma da Morte foi um trem blindado desenvolvido pelos paulistas que, além de um canhão dianteiro, levava um grupamento de metralhadoras nas laterais. Foram montadas seis unidades dessa poderosa arma de guerra.

Os artilheiros se revezavam em diferentes áreas das ferrovias paulistas, especialmente no Vale do Paraíba, onde as batalhas eram mais intensas. Minha avó acompanhava pelo rádio o desempenho das forças paulistas, atenta às notícias que César Ladeira transmitia pela Rádio Record de São Paulo, a emissora oficial dos constitucionalistas.

Pela proximidade entre o quartel de Quitaúna e a casa de minha avó, meu pai e os outros filhos apareciam para visitas rápidas e sempre um de cada vez. Certo dia, apareceram juntos, o que não era comum, mas apenas três dos quatro filhos. Não veio o Dodô, meu tio Oswaldo, que era médico-cirurgião. Minha avó assustou-se e esperava pelo pior, quando meu pai se antecipou:

— Dodô se atrasou. Está operando e já vem.

Ela desconfiou, mas os três reafirmaram a história. E era verdade, já que o Dodô apareceu uma meia hora depois. Foi um alívio. Ele estava acompanhado de duas enfermeiras voluntárias que o ajudavam com frequência nas cirurgias.

Sem trocadilho, tio Dodô anunciou que a visita era de médico, pois teria que voltar para seu posto e, por isso, estava passando para um beijo apenas. Dona Nicota ofereceu um chá, mas apenas meu pai e as enfermeiras ficaram. Os filhos deram um beijo em dona Nicota e voltaram às pressas para Quitaúna. Veio o chá, e, conversa vai, conversa vem, meu pai se interessou por uma das moças, chamada Kina, mais precisamente Joaquina Fernandes Prado, que passou a dividir com minha avó as aflições quando ele era escalado para qualquer missão mais arriscada.

As duas ficavam de plantão acompanhando as notícias. O movimento paulista durou apenas quatro meses; em outubro de 1932, passados três meses de batalhas, a Guarda Nacional de Getúlio Vargas derrotou as forças constitucionalistas de São Paulo.

Apesar do conflito encerrado, as forças federais passaram meses tentando encontrar armas que estariam nas casas dos revolucionários paulistas. Uma dessas buscas aconteceu na casa de minha avó. Eu já contei o episódio com detalhes em *O livro do Boni*, mas vale relembrar o final. Quando os soldados federais acabaram de revistar a casa, tentaram entrar no quarto dela, onde havia de fato fuzis e metralhadoras. Dona Nicota não hesitou. Passou a mão em uma carabina de caça e anunciou:

— No meu quarto não entra homem. Aqui só entra o meu marido. — Engatilhando a arma, ela completou: — O primeiro que entrar morre. E vocês vão ter que prender uma senhora que agiu em defesa da honra.

Eles se entreolharam e desistiram.

A vitória militar de Getúlio Vargas, no entanto, não derrotou o ideal, e uma nova Constituição Federal foi promulgada em 16 de julho de 1934.

O tio Dodô foi para Paraguaçu Paulista, de onde viajava para tratar gratuitamente pessoas que não tinham dinheiro para pagar pela assistência médica. O tio Reynaldo voltou a trabalhar na sua clínica dentária das oito às seis da noite. Meu pai fazia próteses e atendia das seis em diante na mesma clínica, que era emprestada pelo tio Reynaldo.

Como em final feliz de novela, o artilheiro Orlando e a enfermeira Kina se casaram no Natal de 1934. Com a grana curta, foram morar no casarão da minha avó, onde também morava o Reynaldo, solteiro naquela época. Foi no casarão de Osasco que eu nasci, em 30 de novembro de 1935.

Para mim, o casarão era imenso e imponente. Tinha um campinho de futebol e até garagem, onde o tio Reynaldo guardava seu Hudson movido a gasogênio. Quarenta anos depois, em 1975, eu fui com o meu primo Roberto Buzzoni a Osasco. Queríamos comprar o casarão e montar um restaurante em homenagem a dona Nicota. Decepcionados, vimos que o imóvel havia sido derrubado e que a região não era mais residencial. Só tinha oficinas de conserto de automóveis e casas de material de construção. No lugar de um pequeno jardim, agora ficava uma loja de carvão. Talvez um símbolo de que o passado tinha virado cinza.

GENTE **HUMILDE**

Presidente Altino, Osasco (1939)

Aníbal Augusto Sardinha, o Garoto, autor da melodia "Gente humilde".

Meu pai, chamado de Caçula pela família, continuava trabalhando como dentista, mas o que queria mesmo era ser cantor de rádio. A voz dele era linda, mas ele cantava muito mal. Quase todos os domingos ele estava em um programa de calouros diferente à procura da grande chance. Nós ficávamos em casa na torcida, mas meu pai era inevitavelmente gongado, buzinado e eliminado de qualquer competição.

No violão ele era melhor. Saía com os amigos para saraus e serestas e, quando voltava mais tarde para casa, trazia flores e uma maçã para minha mãe e esparramava na cama um embrulho de balas e chocolates, sempre com Diamante Negro, da Lacta, conforme relatei em *O livro do Boni*. Elegante, romântico e bem-humorado, driblava minha mãe e evitava qualquer bronca.

Aos sábados ele tocava no regional Chorões de Presidente Altino, um grupo criado pelo português João Antônio Ferreira, que tocava bandolim e era dono de uma padaria em Presidente Altino, um bairro vizinho de Osasco. Do grupo de amigos participavam dois profissionais. Um deles, o José Patrocínio de Oliveira. Naquela época ele ainda não era o famoso Zé Carioca, mas já fazia sucesso no rádio como Zezinho do Banjo. Quem levava o Zezinho para Presidente Altino era o Aníbal Augusto Sardinha, o Garoto, simplesmente o melhor violonista que o Brasil já teve. O Garoto era amigo do João Antônio, e a relação entre eles vinha da amizade das famílias desde Portugal.

Absolutamente todo sábado à noite, na frente da padaria do João Antônio, eram espalhadas umas cadeiras para eles tocarem e algumas outras para quem quisesse assistir. Se o público aumentasse, caixotes de madeira completavam os assentos da plateia. Tomavam caipirinha de pura cachaça e bebiam cerveja. Às vezes abriam um vinho verde Acácio, de Monções, em Portugal, claro que acompanhado de uns bolinhos de bacalhau preparados pela mulher do João Antônio. Era uma padaria portuguesa, com certeza.

Me lembro vagamente daqueles momentos e, quando ouço "Gente humilde", tenho mesmo "vontade de chorar". O Garoto é o autor desse clássico da música brasileira, para o qual Chico Buarque e o poeta Vinicius de Moraes tiveram, mais tarde, a felicidade de compor uma letra tão bela e autêntica, como se eles estivessem presentes, sentados em um dos caixotes de madeira, testemunhando aqueles encontros emocionantes.

Uma coisa curiosa é que duas crianças estavam sempre lá, levadas pela família: eu e um menino inquieto chamado João Antônio Ferreira Filho, mais tarde conhecido apenas como João Antônio, o jornalista e escritor brilhante e consagrado autor de *Malagueta, perus e bacanaço*. O João nasceu em 1937 e, aos 2 anos de idade, chorava mais que os Chorões de Presidente Altino, assustado com o evento.

O Caçula não estava à altura do Garoto nem do Zezinho, mas o amigo arranjou um emprego para meu pai, justamente como acompanhante de calouros, no programa *Peneira Rhodine*, na Rádio Cultura de São Paulo. Até os meus 6 anos, meu pai me levava com ele e me deixava na cabine de som do auditório, onde eu descobri uns papéis largados ao acaso e que continham os textos e indicações do programa. Mais tarde, me dei conta de que se chamavam scripts.

No dia 28 de setembro de 1941, um domingo, o Corinthians jogaria contra o Santos. Se vencesse, poderia até perder o jogo seguinte, que seria contra o Palmeiras. O jogo foi em Santos, na Vila Belmiro. Como havia necessidade de pegar um trem para São Paulo e um ônibus para Santos, meu pai não me levou. Minha mãe preparou um bornal com a famosa farofa, e lá foi ele com uns amigos. O Corinthians venceu o Santos por três a dois e se tornou campeão paulista daquele ano. Meu pai não voltou para casa. Minha mãe, em desespero, foi procurá-lo na casa dos amigos. Foi informada de que ele comemorava em um bar e não aparecera para pegar o ônibus de volta. Ela foi à delegacia de Osasco pedir ajuda para localizá-lo. Registraram a ocorrência, mas informaram que somente a delegacia de Santos poderia investigar o caso. O tio Reynaldo pegou seu velho Hudson, a gasogênio, e desceram para Santos. Foram a várias delegacias e nada. Reynaldo resolveu procurar nos hospitais. Bingo.

Ele havia sido identificado, recolhido em coma alcoólico e transferido para a Santa Casa de Misericórdia, em São Paulo. Foram para lá e o encontraram em uma enfermaria, ainda desfalecido. Informaram que ele estava apenas embriagado e que poderiam voltar para buscá-lo no dia seguinte com os devidos documentos. Deram o número da internação, o telefone geral e o da enfermaria para saber se ele estaria de alta. Minha mãe ligou na hora marcada, e informaram que o caso era mais grave. Ele estava com uma gripe forte e muita febre. Minha mãe resolveu ir até lá mesmo assim. Negaram-lhe a visita, dizendo que o caso havia evoluído para uma pneumonia e ele ficaria uma semana em recuperação.

Minha mãe foi procurar ajuda com o político Porfírio da Paz, amigo de boemia do meu pai. Porfírio da Paz ainda não havia sido prefeito e governador de São Paulo, mas era influente. Meu pai deixou a enfermaria e foi para um quarto. As possibilidades de visita foram aumentadas, assim como a estada do meu pai. Ficou internado de setembro de 1941 a janeiro de 1942, quando voltou para casa com o diagnóstico de tuberculose pulmonar, devendo ser tratado com medicamentos à base de sulfanilamida, substância que atacou o fígado dele, já baleado pela boemia.

Em dezembro de 1942, voltou a ser internado com uma crise hepática devido à sulfa. A penicilina, que poderia tê-lo salvado, já estava em uso no mundo todo desde 1940, mas ainda não estava disponível no Brasil. Perto do Natal, o hospital o liberou para passar as festas conosco. Foi uma alegria imensa. Enfeitamos a casa, e minha mãe foi buscá-lo. Eu aguardava feliz e, quando disseram que haviam chegado, corri ao encontro deles. Foi um choque brutal. Minha mãe, chorando, foi breve:

— Meu filho, seu pai morreu.

Abracei minha mãe. Não disse nada. Fui para o quarto chorar. Quando o corpo chegou para o velório, não tive coragem de chegar perto. Apenas olhei o caixão a distância e saí correndo para o quintal. Corria e corria em zigue-zague, absolutamente sem rumo. Meu pai se foi. Eu jamais imaginaria a falta que ele iria me fazer pelo resto da vida.

3

CINE **PARADISO**

Osasco, São Paulo (1943)

O velho cinema poeira: Cine Osasco.

Com a morte do meu pai, minha mãe resolveu se mudar para a casa da mãe dela, minha avó espanhola, Maria Purificación Fernandes Prado, chamada por todos de *dueña* Pura. O meu irmão Carlos Augusto, o Guga, tinha 1 ano, e minha mãe teria que procurar emprego.

Primeiro ela passou em um concurso para o funcionalismo público. Depois, estudou psicologia. Formou-se psicóloga clínica e foi para Oakland, nos Estados Unidos, onde se especializou em terapia de casais. Minha mãe trabalhou diariamente em seu consultório até os 83 anos. Depois passou a atender clientes especiais em casa. Escreveu vários livros, entre eles *O voo de Eros* e *Psiu! Quem é você?*. Foi colaboradora de revistas e jornais. Foi presidente da Associação de Jornalistas e Escritoras do Brasil (AJEB).

Voltando à *dueña* Pura, ela havia tido nove filhos, sendo oito mulheres. Assim, não faltou mão de obra para ajudar minha mãe depois que meu pai morreu. Eu tinha 7 anos e, para não atrapalhar, fiquei na casa da Nicota, minha avó paterna, que, aliás, foi o grande amor da minha vida.

No quintal da casa da dona Nicota, tinha um galpão para recolher borracha para os "aliados" da Segunda Guerra Mundial. Eu e meus amigos não brincávamos mais. Vivíamos em função da guerra. Recolhíamos câmaras de ar de pneus, tirávamos os bigolins — os tubinhos metálicos para encher as câmaras — e empacotávamos para mandar para os Estados Unidos. Conforme a quantidade de câmaras conseguidas, minha avó dividia um dinheirinho com a gente. No fim de semana eu ia para a casa de *dueña* Pura e aos domingos comia o tradicional *cocidito a la madrileña* feito por ela.

Eu estudava em tempo integral havia um ano no Colégio Nossa Senhora da Misericórdia, o melhor de Osasco, mas após a morte de meu pai precisei sair, porque minha família não podia mais pagar. Conservei a amizade com uma menina chamada Nidiê. Para mim, ela era minha namoradinha, mas talvez ela mesma nem suspeitasse disso.

Nidiê era da família Odalia, que era sócia da família Colino no Cine Osasco. A Nidiê me convidava para ir ao cinema sempre que trocavam de filme. De semana em semana ou mais, se o filme fosse sucesso. Como os pais da Nidiê eram sócios do cinema, o gerente nos deixava entrar de graça em todos os filmes liberados. Conheci e me tornei amigo do Giuseppe, um italiano, montador e projecionista. Ele me deixava ver na cabine enquanto estava revisando os filmes, alguns clássicos como *O grande ditador*, que fez de Charles Chaplin o meu ídolo eterno; *Casablanca,* que fez de Ingrid Bergman meu padrão de mulher; e *Cinco covas no Egito,* no qual Billy Wilder me ensinou a contar histórias. Isso sem falar dos filmes de propaganda norte-americana, como *A vitória pela Força Aérea*, de 1943, e a comédia *Marujos do amor*, de 1945, estrelada por um trêfego Frank Sinatra.

Foram mesmo as músicas incidentais que me levaram, mais tarde, a estudar violino. Não deu certo, mas eu tentei. No Cine Osasco também assisti a muitas "fitas em série", nas matinês de sábado. Evidente que não perdia um *Flash Gordon*, mas detestava o meloso Roy Rogers. Vi lotes de desenhos animados nas manhãs de domingo e me divertia com *Looney Tunes* e *Merrie Melodies*, que me levaram, quando adulto, a curtir o *Tom & Jerry* de Hanna-Barbera e depois as produções mais sofisticadas da UPA — United Productions of America —, como o velhote *Mr. Magoo.*

Esses filmes certamente me levaram a escrever dezenas de roteiros de desenho animado no meu tempo de publicitário, sempre com a participação do Laerte Agnelli. Quando assisti a *Cinema Paradiso*, quase caí da poltrona de tanto me retorcer e chorar. Era notável a semelhança entre o interior dos dois cinemas, o Paradiso e o Osasco: colunas, a janela de projeção em forma de boca de leão e a cortina de boca de cena com anúncios em prata. Parecia que o Giuseppe Tornatore havia passado por lá.

Oscarito e Dercy Gonçalves também têm tudo a ver com o Cine Osasco. Tempos depois, trabalhei com os dois. Fiz uma ponta em um filme do Oscarito contracenando com ele. Dercy foi irmã, amiga e, às vezes, mãe. Um dia lhe contei sobre meus tempos de Osasco e disse que foi lá que assisti, pela primeira vez, a um filme em que ela atuava. Quando eu e a Dercy ainda estávamos na Globo, ela combinou com minha mãe e foi a Osasco fazer um show no novo cinema da cidade. O meu *Cinema Paradiso* já não existia mais. Não pegou fogo como o verdadeiro, mas acabou degradado pelo tempo.

4 **É RÁDIO** QUE EU **QUERO** FAZER

Rio de Janeiro (1949)

A Rádio Nacional estreia em 1936.

O Porfírio da Paz, na época governador de São Paulo, tinha sido amigo de serestas do meu pai. Minha mãe o procurou quando meu pai faleceu, e o Porfírio me arranjou uma vaga no Liceu Coração de Jesus, que eu deveria pagar prestando serviços ao colégio. Foi uma sorte danada. O ensino salesiano era abrangente e da melhor qualidade. Fiquei lá três anos sem receber uma só visita. Em 1949, minha mãe foi me visitar e me contou que iria se casar de novo e que nós moraríamos no Rio de Janeiro.

No Rio eu tinha uma porção de tios, todos postiços. Tio Zéito, na realidade tio de minha mãe, era revisor do *Jornal do Brasil* e editor de livros. Tia Sandra Branca era cantora, tinha um programa só dela em horário nobre na Rádio Continental. Ela era, na verdade, sobrinha da minha mãe e se casara com o tio José Permínio, violonista e vocalista do conjunto Quatro Ases e um Coringa. O cearense Permínio era sagitariano e havia nascido no dia 28 de novembro, fazendo aniversário dois dias antes de mim. A tia Nair morava no Encantado e era, na realidade, tia do meu padrasto. E a *dueña* Artemia, irmã de minha avó *dueña* Pura, era minha tia-avó, mas virou simplesmente tia Artemia.

Um fato curioso é que tia Artemia se referia aos Quatro Ases e um Coringa como quatro maluquinhos que vieram do Ceará, se juntaram com um louco carioca e formaram… um trio. Os netos da tia Artemia, o Agostinho e a Wandinha, viraram meus primos.

Cheguei ao Rio de Janeiro no dia 25 de janeiro de 1949, e no dia 26 já fiz a primeira visita a essa fantástica nova família. Os novos primos imediatamente me convidaram para assistir ao Quatro Ases e um Coringa no programa *César de Alencar*, no auditório da Rádio Nacional. Fiquei deslumbrado. A Rádio Nacional ficava no 21º andar do edifício A Noite, na praça Mauá. Os estúdios eram modernos e imponentes. O tio Permínio me levou para conhecer toda a emissora. Para alguém que amava o rádio como eu, foi impactante ter acesso ao restaurante da Nacional, frequentado pelos grandes nomes do ramo.

Esse universo me levava cada vez mais a sonhar que um dia trabalharia em uma emissora de rádio. Mas, na prática, o que eu precisava mesmo era estudar. Logo depois do Carnaval me matriculei no Colégio Piedade, perto da minha casa, no bairro também chamado Piedade, que fica na zona norte da cidade. O colégio tinha um bom teatro e um bom grupo teatral, que montava peças bem próximas do nível profissional. Essas atividades eram coordenadas por um grêmio presidido por alunos dos cursos mais adiantados. Os espetáculos eram um sucesso, mas esporádicos. Quando não havia peças, eram exibidos filmes clássicos já passados nos cinemas.

Achei que o grêmio deveria ter uma participação maior dos alunos e não se limitar ao teatro. Fui procurá-los e sugeri a criação de um jornalzinho interno que promovesse a integração dos alunos, criasse competições literárias e esportivas. Como o professor Gama Filho, dono do colégio, também era proprietário do jornal *Correio da Noite*, sugeri imprimirmos um semanário lá nas oficinas do jornal. Adoraram a ideia, mas me empurraram para falar com o Gama Filho para ver se ele topava imprimir. Não o conhecia, mas pedi uma reunião, expliquei o assunto, e ele me recebeu. Falei sobre o projeto, e ele se entusiasmou e botou lenha na fogueira. Não queria fazer um jornal apenas para divulgação de atividades. Todo jornal que se preze deve ter uma ideologia. E continuou o professor Gama Filho:

— Eu daria ao jornal interno um caráter de brasilidade. Um artigo ou um editorial voltado para as nossas origens, o indígena e o Romantismo nacional. E o título do jornal sairia daí, alguma coisa indígena.

No meio de sua eloquência, eu interrompi o professor:

— O Assis Chateaubriand já capitalizou nas suas rádios os nomes Tupi e Tamoio.

E ele me devolveu:

— O Guarani. A miscigenação. Isso é muito importante.

Confesso que não me entusiasmei com o título, mas, contanto que ele autorizasse a impressão, estava tudo bem para mim. E aí, em algumas semanas, foi com enorme sucesso que publicamos o primeiro número do jornalzinho.

Meses depois, o professor Gama Filho viria a salvar minha vida, ou pelo menos minha perna. Sofri um acidente no bairro vizinho, Encantado, quando ia de bicicleta ver uma namorada. Fui parar inconsciente no pronto-socorro do Méier, e, como a fratura era exposta e eu estava em petição de miséria, fui levado para o Hospital Souza Aguiar, no centro da cidade. Minha mãe pediu ajuda ao professor Gama Filho, que, àquela altura, era deputado federal. Semiacordado, em uma maca improvisada, eu urrava de dor, encostado em um dos corredores do hospital. De repente dou de cara com o Gama Filho:

— Fica tranquilo. Vamos tirar você daqui. Você vai para a Maternidade Gama Filho hoje, e vamos operá-lo amanhã.

Encontrei forças para a piada pronta:

— Professor, eu estou grave, não estou grávido.

Ele estava acompanhado de um médico, Dr. Antônio Araújo, que me sapecou uma morfina, e eu acordei mais tarde no meio de mulheres barrigudas prontas para o parto. Dr. Antônio chegou e foi logo me contando que minha perna direita quase fora amputada no Souza Aguiar; ainda bem que o Gama Filho chegou a tempo.

O Gama Filho fundou, tempos depois, a universidade que levava o nome dele. Em 1970, eu já estava na Globo, e ele foi candidato a senador. Iria à Globo para um debate com Danton Jobim. Já fazia vinte anos que não nos víamos, e eu preparei uma recepção especial para ele, levando-o diretamente até minha sala. Ele não se lembrava mais de mim e nem sabia quem eu era. Estranhou tanta gentileza e atenção. Lembrei a ele do episódio e o inteirei dos detalhes. Lembrei que foi graças ao acidente, quando fiquei três meses engessado e mais três imobilizado, que fiz um curso obrigatório de rádio. Durante esse período, o meu passatempo era acompanhar o *PRK-30*, famoso programa humorístico do rádio brasileiro, as novelas da Rádio Nacional, o *Obrigado, doutor* e o *Nada além de dois minutos*, ambos do médico Paulo Roberto. Na madrugada, eu não perdia o *Cassino do Chacrinha*, que era um show de criatividade revolucionário na época. Durante o dia e pela madrugada afora, acompanhava a Rádio Continental, do deputado Rubens Berardo, a primeira emissora brasileira a se especializar em notícias. Ali, o repórter Carlos Palut, tio do meu inesquecível amigo Vizeu, colocou equipes e carros de reportagem nas ruas durante 24 horas. Ele já fazia, nos anos 1940, tudo aquilo que as emissoras de televisão somente hoje conseguem fazer. O meu corpo sem movimentos lembrava o horroroso inseto de Kafka, mas muitos livros e, em especial, o rádio mantinham meu cérebro acelerado a mil. Decidi definitivamente que era rádio que eu queria fazer.

5 DIAS **GOMES**

Rio de Janeiro (1949)

Dias Gomes foi autor de rádio, televisão, teatro e cinema.

Assim que me recuperei, fui atrás do meu recém-adotado tio Zéito, o revisor de jornais e editor de livros, que havia publicado seus dois primeiros produtos. Ele lançara ao mesmo tempo no mercado os autores Nelson Rodrigues e Dias Gomes, pela Editora Assunção. Eu li que o Dias Gomes estava assumindo a direção artística da Rádio Clube do Brasil e pedi ao tio Zéito que me levasse para falar com o Dias. Eu queria tentar aprender rádio com ele. Meu tio Zéito achou que ficaria meio sem jeito para fazer esse pedido, porque eu era muito jovem, não tinha nenhuma experiência e a conversa não daria em nada. Mas, diante da minha insistência, ele me levou até o Dias. Tive o cuidado de ler tudo sobre ele e dar uma folheada no romance que havia escrito.

Feitas as apresentações, eu me derramei em elogios ao Dias, que me cortou:

— Vamos lá, rapaz. O que você quer?

Não titubeei:

— Quero dirigir uma emissora. Quero ser diretor de rádio, como o senhor.

— Você nem começou e já quer o meu lugar — retrucou o Dias.

Meu tio interveio:

— Ele é metido, mas tem talento.

— Olha, você vai ficar alguns dias aqui, mas não fique me fazendo perguntas — acedeu o Dias. — Só veja o que eu faço. Assista às reuniões de criação e produção calado. Venha comigo nas gravações, quieto. Me siga apenas, sempre em silêncio.

Eu vibrei. Mas exagerei. Ia a todo lugar atrás do Dias, até ao banheiro. Um dia, na gravação de uma abertura musical, ousei dar um palpite:

— Tem um saxofone desafinado, e o "ataque" do coral está desencontrado.

Na sala estávamos o operador de áudio, o Dias, o maestro e eu. O Dias me fulminou com os olhos:

— Não te falei pra ficar quieto? O que que você entende disso?

Fui salvo pelo maestro:

— Ele tá certo. Já ia parar para corrigir isso.

Daí em diante fiquei menos marginalizado, e o Dias me dava algumas tarefas e até me pedia algumas opiniões. Mas isso não me fez desistir de colar nele. Um dia, ele estava andando na avenida Rio Branco, entrou em um bar e tomou um caldo de cana geladinho. Saiu, olhou para trás e disparou:

— Pombas, Boni. Até aqui você não me larga.

O pior é que eu nem estava lá. Foi um surto total. Quando chegou à rádio e me encontrou sentado na sala de espera dele, desabafou:

— Olha, Boni. Eu respeito sua dedicação. Acho que você tem futuro no ramo, mas eu preciso trabalhar. Você vai falar com um amigo meu chamado Berliet Júnior, que é o diretor da Rádio Roquette-Pinto, uma emissora pública que tem uma escola de rádio. A emissora não é comercial, e você pode aprender lá. O Berliet é um gênio. Além disso, ele tem paixão por ensinar e descobrir gente. Ele vai te avaliar e encontrar o lugar certo para você.

Fiquei muito triste, mas, ao conhecer o Berliet, meu ânimo reacendeu. Ficamos duas horas falando sobre rádio, entretenimento, missão, criação e produção. Repeti para ele que queria ser diretor de rádio, e, sorrindo, ele concordou:

— Então vamos ter que aprender muito. Você vai ter que escrever, dirigir, interpretar, fazer ruídos, escolher músicas, gravar, editar e apresentar.

— Posso levar para casa alguns roteiros seus?

Ele me mandou para o arquivo, e lá peguei scripts de teatro, comédias, crônicas e quadrinhos de humor.

Eu imaginava que minha vida no Rio seria um mar de rosas, mas não era bem assim. De manhã, ia para o colégio; à tarde, trabalhava; e, à noite, frequentava as aulas do Berliet na Rádio Roquette-Pinto. Meu padrasto pagava o Colégio Piedade, mas não me dava grana nenhuma para o dia a dia.

Arranjei um emprego no Méier através de um anúncio no jornal de recrutamento de auxiliares de protético. Era uma clínica dentária cujo dono se chamava Dr. Lobão. Eu não sabia fazer nada além de rudimentos de prótese, o que havia aprendido com meu pai. Não era um emprego fixo. Eu saía do colégio ao meio-dia e ia para o Méier de ônibus para ver se tinha serviço a ser feito. Ganhava pelos trabalhos que executava, por exemplo, cozimento de moldes de cera, polimento de dentaduras e algumas fundições de pivô.

Eu saía às sete da noite para a aula às oito no centro do Rio. Depois da aula, ia para a Central do Brasil e passava direto em uma birosca na estação de trem. Comia o que eles chamavam de cachorro com molho, um cachorro-quente com molho de tomate e cebola. No trem, eu ia lendo os textos que pegava na rádio. Em casa, escrevia.

Escrevi nessa época vários textos, que sempre levava para ele corrigir. Um desses foi um conto radiofônico sobre a paixão adolescente de um menino por uma mulher madura e casada, e dei a ela o nome de Estela. Coloquei como tema a canção "Stella by Starlight". O Berliet leu e, com os olhos marejados, me disse:

— Lindo. Você me comoveu. A história é boa, e a música é uma das minhas favoritas. Onde você achou isso?

— É do Victor Young. Vi no cinema — respondi.

Muito tempo depois, nos anos 1970, o filme *Houve uma vez um verão* abordou o mesmo tema. O meu roteirinho de rádio foi um rascunho, e o filme era absolutamente lindo, mas fiquei comovido por ter tangenciado o assunto.

Se não fosse o Dias Gomes, eu não teria o treinamento que tive.

Em 1967, na TV Globo, levei o Daniel Filho para me ajudar a tirar nossas novelas do domínio da Glória Magadan, e contratamos a Janete Clair. Ela me contou que o Dias Gomes estava marginalizado pela ditadura militar, sem emprego e deprimido. Mandei chamar o Dias. Relembramos as velhas histórias do meu começo.

Contratamos o Dias, e ele teve que fazer uma adaptação de *A ponte dos suspiros*, proposta pela Magadan. Sem poder usar o próprio nome, escreveu com o pseudônimo Estela Calderón, sugerido pelo Walter Clark.

Somente depois de negociações com a censura é que o Dias Gomes pôde assinar suas obras na Globo. A primeira foi *Verão vermelho*, e depois veio uma série sem fim de sucessos arrasadores, como *O bem-amado*, que deu novela e série, *Bandeira 2*, *O espigão*, *Saramandaia* e *Roque Santeiro* — novela que foi proibida em 1975 e regravada em 1985, com novo elenco e participação de Aguinaldo Silva.

Mas a contribuição do Dias Gomes não ficou por aí. Além da extensa obra literária e teatral, teve o filme *O pagador de promessas*, premiado com a Palma de Ouro, na França. Na Globo, o Dias foi mais que um autor. Foi meu conselheiro permanente, como se eu ainda estivesse aprendendo com ele na Rádio Clube do Brasil.

6 AM: O RÁDIO DO BRASIL

Rio de Janeiro (1950)

Na Rádio Mayrink Veiga com Haroldo Barbosa, Dorival Caymmi e Sérgio Porto.

Eu ainda estava praticando na Roquette-Pinto quando fui procurado por dois rapazes, bem-vestidos, usando elegantes ternos cinza, que se apresentaram como publicitários de uma agência doméstica (*house agency*). Eles estavam procurando redatores jovens que falassem a linguagem do público adolescente. Iriam montar um programa juvenil de rádio. O programa seria à tarde para o anunciante Toddy, e a agência me pagaria diretamente. Só fiz uma pergunta:

— Em que rádio?

A resposta me deixou atordoado:

— Rádio Nacional.

A Nacional era simplesmente o máximo. O sonho de todos os que queriam trabalhar no ramo. Se frequentar a emissora com meu tio Permínio já era incrível, poder fazer um programa lá era inacreditável. A Rádio Nacional havia sido inaugurada em 1936, quando Celso Guimarães, com aquele vozeirão característico, anunciou: "No ar a Pré-Rádio Nacional. Rio de Janeiro, Brasil." Em 1940, o governo Getúlio Vargas, preocupado em ter um veículo com alto poder de comunicação no Estado Novo, estatizou a emissora.

A Nacional tinha os melhores e mais potentes transmissores do Brasil, operando em ondas médias, curtas, ondas tropicais e frequência modulada. O auditório tinha um palco que poderia separar os estúdios do público por um vidro móvel acústico que subia e descia por controle remoto.

Pela Nacional passaram todos os maiores artistas daquela época, como Paulo Gracindo, Manoel Barcelos, Celso Guimarães,

César de Alencar, Emilinha Borba e Marlene, Iara Sales, Lamartine Babo, Renato Murce, Paulo Roberto, Brandão Filho, Walter e Ema D'Ávila, Lauro Borges e Castro Barbosa, Isis de Oliveira, Os Cariocas, Quatro Ases e um Coringa, Francisco Alves, Carlos Galhardo, Radamés Gnattali, Lyrio Panicali, Fafá Lemos, Garoto, Giuseppe Ghiaroni, Heron Domingues, Luís Jatobá e dezenas de outros que nem caberiam juntos em qualquer dos maiores palcos do mundo.

A Nacional moldou o rádio brasileiro, e tudo o que se faz na televisão atualmente tem alguma coisa a ver com esse legado. Nos anos 1940 e 1950, foi quase uma TV Globo do rádio. A diferença é que a Nacional nunca conseguiu penetrar na cidade de São Paulo, onde as rádios Tupi, Record, Cultura e Bandeirantes preservaram a liderança local. O rádio que era feito em São Paulo tinha melhor qualidade e mais diversidade, mas a Nacional predominava amplamente em todo o Brasil com uma programação mais alegre e popular.

Em São Paulo brilhavam nomes como Otávio Gabus Mendes, o pai do Cassiano, Osvaldo Moles, Júlio Atlas, Túlio de Lemos, Walter George Durst, Dias Gomes, Janete Clair, Ivani Ribeiro, Blota Júnior, Homero Silva, Samir de Montemor, Sarita Campos, Pagano Sobrinho, Nhô Totico, Rago e seu Regional, Yara Andrade, a grande estrela paulista Isaurinha Garcia e o magistral Adoniran Barbosa, comediante de primeira linha e compositor de clássicos como "Trem das onze", "Tiro ao Álvaro" e "Saudosa maloca".

Depois do sucesso na Rádio Record, o Adoniran queria entrar para a televisão. Todo dia procurava o Paulinho Machado de Carvalho, diretor e dono da TV Record, e pedia a ele:

— Paulinho, e o meu contrato? Sai ou não sai?

O Paulinho analisava a careca e respondia:

— Estou estudando... estou estudando.

Depois da enésima vez que ouviu isso do Paulinho, o Adoniran sapecou:

— Ainda está estudando? Quando você se formar, me avisa.

No Rio de Janeiro, mesmo não sendo funcionário direto da Nacional, trabalhar lá me aproximaria dos meus ídolos, e eu veria como era o verdadeiro rádio profissional. Aproveitando-me disso, passei a acompanhar programas como o *Obrigado, doutor*, do médico Paulo Roberto; as novelas; o *Repórter Esso*, com o incrível Heron Domingues; *Um milhão de melodias*, de José Mauro, Paulo Tapajós e Haroldo Barbosa, que contava com a Grande Orquestra da Rádio Nacional, dirigida por Radamés Gnattali e com arranjos do gênio Radamés e do rei das cordas, o maestro Lyrio Panicali.

Quando falam nas origens da bossa nova, poucos lembram que foi o conjunto musical Os Cariocas, ainda no *Um milhão de melodias*, que, em 1949, lançou a primeira música do gênero, a composição do mestre José Menezes intitulada "Nova ilusão". Recomendo que pesquisem e ouçam essa preciosidade harmônica para ver que todas as sacadas da bossa nova já estavam lá. As rádios Globo e Tupi conseguiam competir com a Nacional, mas, no horário nobre, somente depois de 1955 é que a Mayrink Veiga conseguiu assumir a liderança com a faixa de humorísticos às 21 horas.

Cinco anos depois de minha primeira passagem pela Rádio Nacional, voltei à emissora, agora como representante do patrocinador Lever. Supervisionei o programa *César de Alencar* e criei e produzi *Só o amor constrói*, que tinha texto do Giuseppe Ghiaroni — o maior redator brasileiro de rádio de todos os tempos.

Quanta coisa o Brasil deve às emissoras de rádio. Dá uma saudade imensa e uma dor no coração lembrar o que fez o rádio AM (amplitude modulada) pela cultura e pela integração nacional. Não havia cidadezinha do interior, por menor que fosse, que não tivesse emissora local. Por ter começado no rádio e ter sido diretor artístico da Rádio Bandeirantes, chorei quando, em 31 de dezembro de 2023, foram encerradas as atividades do rádio na frequência AM. Merecia uma comemoração mais justa e um enterro de luxo ao som de "Luar do sertão", prefixo da Rádio Nacional, seguido de "Cantoras do rádio", de Lamartine Babo, Braguinha e Alberto Ribeiro, na voz de Carmem Miranda:

Nós somos as cantoras do rádio.
Levamos a vida a cantar
De noite embalamos seus sonhos
De manhã nós vamos te acordar

Nós somos as cantoras do rádio
Nossas canções, cruzando o espaço azul
Vão reunindo em um grande abraço
Os corações de norte a sul

7 MANOEL DE **NÓBREGA**

São Paulo (1951)

Ronald Golias, Manoel de Nóbrega e Carlos Alberto de Nóbrega.

O programa juvenil, por um lado, funcionou bem, mas não era exatamente o que eu queria. Era um trabalho amador de meninos estudantes. Por outro, as relações pessoais entre mim e o meu padrasto se deterioraram. Ele passou a beber demais e, embora não agredisse minha mãe, fazia da vida dela um inferno. Uma vez se excedeu em um almoço na copa de casa e a ofendeu insistentemente, ela aos prantos. Não conversei. Peguei um pano de chão molhado que estava na soleira da porta e torci em cima dele, com um xingamento:

— Esfria a cabeça, seu merda!

Tive que fugir. A volta se deu com uma negociação intensa. Mas estava selada a incapacidade de continuarmos vivendo aquele pesadelo.

Na Nacional, fiquei sabendo que seria inaugurada a Rádio Nacional de São Paulo e que o Manoel de Nóbrega estava encarregado de buscar profissionais e novos talentos para montar a emissora paulista. Seria uma boa voltar com a minha mãe para São Paulo. Contei isso a minha tia.

Abordei o Nóbrega e disse que eu era paulista e estava disposto a voltar para o meu estado. Ele me pediu para procurá-lo na Rádio Nacional de São Paulo. Tentei várias vezes, mas não consegui falar com ele. Contei para a tia Marina, e, para minha surpresa, ela me disse que dona Dalila, esposa do Nóbrega, era uma de suas melhores clientes. O Instituto de Beleza Pompeia, do qual minha tia era dona, ficava no bairro da Pompeia, em São Paulo, na mesma rua onde o Manoel de Nóbrega morava. E ela conseguiu, por intermédio da dona Dalila, que Nóbrega finalmente me recebesse. No dia seguinte, fui à casa dele.

O Nóbrega estava acabando de almoçar. Esperei. Depois do almoço, ele me ouviu atentamente. Contei a ele a história da minha relação com o rádio, desde o tempo do meu pai até aquele momento. Ele me disse que eu era verde demais para o que estavam precisando, mas que poderia me dar uns três ou quatro esquetes de tipos que ele havia criado que serviriam para eu fazer um teste tentando seguir a mesma linha original do texto dele. Levei para casa e voltei com o trabalho feito no dia seguinte. Ele fez pequenas alterações e substituiu algumas palavras impróprias para o rádio. Ansioso, fiquei olhando ele corrigir o meu texto. No final, ele me disse:

— Você sabe fazer isso. Está mais pronto do que eu esperava. Mas ainda não dá para fazer sozinho. Te faço uma proposta: venha trabalhar como meu assistente para ir treinando um pouco mais.

Eu não quis saber quanto iria ganhar nem o que iria fazer. Com a sua habitual grandeza e despojamento total, ele me convidou para almoçar na casa dele no dia seguinte, quando eu conheci o Carlos Alberto de Nóbrega, que, como eu, estava iniciando na profissão. A Nacional de São Paulo entrou no ar, e o *Programa Manoel de Nóbrega* estourou em audiência. No almoço, ele definiu minhas obrigações: secretariá-lo nas atividades pessoais e atualizar, para o programa, alguns quadrinhos humorísticos antigos que ele tinha no baú. Essa atualização seria feita quando ele pedisse, e não só eu mas também o Carlos Alberto participaríamos dessa tarefa. E assim fizemos durante um ano.

Em algumas oportunidades, eu fazia textos originais que não assinava, porque os personagens eram do Nóbrega e não meus.

Quem me pagava era o Nóbrega e não a emissora. Mas havia uma promessa do Nóbrega de que o diretor Dermival Costa Lima iria me contratar. Nunca aconteceu, mas a vida seguiu.

Com o dinheiro curto, minha mãe arranjou um emprego em uma funerária no largo Padre Péricles, em Perdizes. Ela operava a loja durante o dia, e a gente morava no andar de cima com a obrigação de dar plantão noturno. Não havia cozinha, mas tínhamos um fogareiro elétrico em uma sacada aberta, então dava para esquentar uma feijoada em lata, um café com leite ou um chocolate quente. Na funerária, chamada Organização de Luto São Geraldo, tinha máquina de escrever, aí eu adiantava o trabalho fazendo textos humorísticos ao lado de caixões. Esperei quase dois anos, e o emprego oficial na Rádio Nacional não saía.

Certa manhã, na discoteca da rádio, eu procurava uma música do Spike Jones para colocar em um quadrinho humorístico quando a telefonista me passou uma ligação estranha. Era a secretária do Dr. Teófilo de Barros Filho, diretor da Rádio e TV Tupi de São Paulo, dizendo que ele queria que eu fosse ao Sumaré, em São Paulo, onde ficavam as instalações dos Diários Associados. Achei que fosse um trote, mas pedi o telefone dela para ter certeza. Ela forneceu e fui direto para a lista telefônica a fim de verificar se o número era verdadeiro. Era. Liguei de volta para confirmar, e ela me advertiu:

— Dr. Teófilo é muito pontual. Por favor, não se atrase.

— Estarei aí no horário. Diga a ele que também sou pontual. Até amanhã — respondi sem saber direito do que se tratava, mas prevendo uma chance de emprego.

No dia seguinte, meia hora antes do combinado, eu me apresentei na portaria e fui para a sala de espera, ansioso. Ele me recebeu no horário previsto. Disse que tinha ouvido referências minhas do Dias, do Berliet Júnior e também de pessoas da Rádio Nacional, e sabia que eu trabalhava com o Nóbrega. A Rádio Tupi estava precisando de um redator para um programa intitulado *Caravana da alegria* e de gente nova para aprender televisão. Eu disse a ele que o Nóbrega havia sido um verdadeiro pai para mim e que precisaria consultá-lo.

O Teófilo revelou que sabia que o Nóbrega me pagava do bolso dele, sabia quanto eu ganhava e que a Nacional só me prometia, mas não cumpriria. Ele me ofereceu seis vezes mais do que o Nóbrega pagava, além da chance de aprender televisão. Ele também estava ciente de que eu tinha 17 anos e me contou que eu iria trabalhar lá com um diretor também jovem, que estava com 25. Me pediu para me apresentar ao Cassiano Gabus Mendes, que entrou na sala. Fiquei encantado com a simplicidade e determinação dele, que já chegou usando meu apelido:

— Boni, vem para cá. Estamos começando aqui tudo de novo.

— Vou falar com o Nóbrega e respondo amanhã.

Teófilo aparteou:

— Sem Nóbrega. O salário é seis vezes maior, essa oportunidade você jamais terá lá.

Pensei na Organização de Luto, na feijoada em lata, no sacrifício da minha mãe e respondi:

— Onde eu assino?

Me deram o contrato, eu passei a vista nas informações de valor, prazo e obrigações e assinei. Meu coração não explodiu por pouco. Não de alegria, mas de apreensão. Como eu iria me explicar para o Nóbrega? Eu tinha a maior estima por ele. Mas não havia saída.

Tomei um carro, fui direto para a avenida Pompeia e me abri com ele. Reclamei das promessas da rádio, das minhas dificuldades financeiras, falei da oportunidade na televisão, mas ele só tinha uma queixa:

— Tudo bem, mas você não poderia fazer isso sem falar comigo. Eu teria deixado você ir. Mas sem falar comigo... isso, não.

O que eu poderia fazer? Nada. Estava consumado. Quero registrar, no entanto, que foi o Nóbrega quem me deu a primeira oportunidade profissional da vida. Não sei se eu teria conseguido seguir na carreira se não fosse o Manoel de Nóbrega. A ele toda a minha gratidão.

8 MENINOS **ATREVIDOS**

São Paulo (1952)

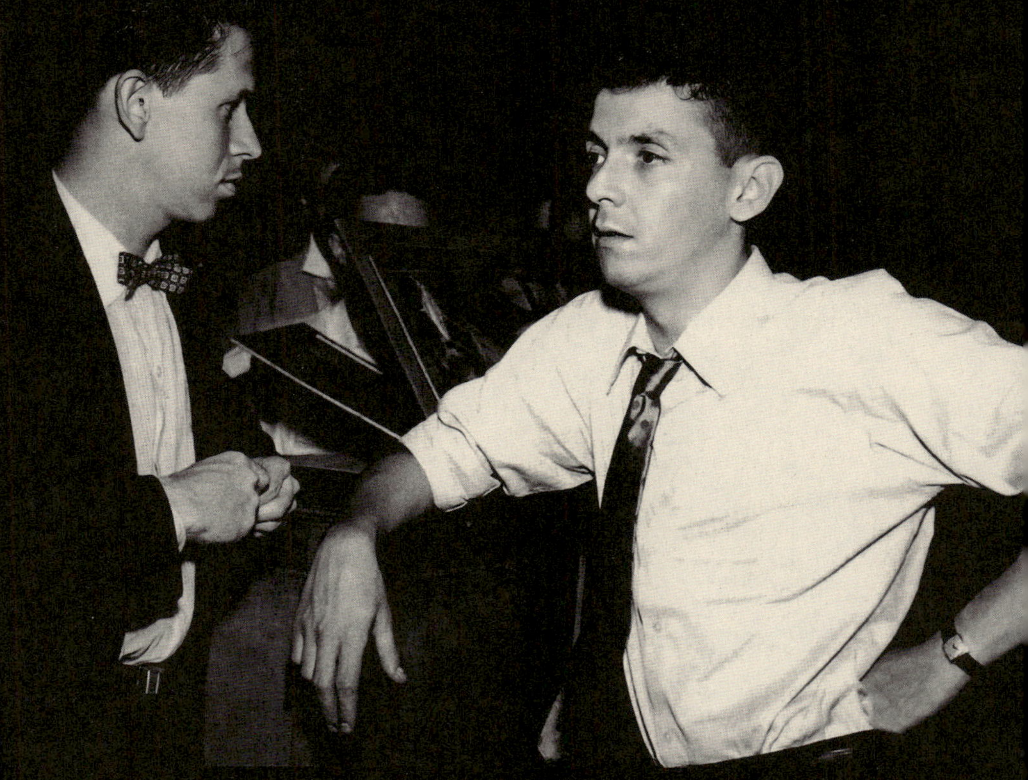

Com Cassiano Gabus Mendes na TV Tupi de São Paulo.

Me apresentei para o trabalho na Tupi. Teófilo de Barros Filho me encarregou de escrever três quadrinhos diários para um novo programa de auditório, no horário do almoço, para concorrer com o Nóbrega na Nacional. O programa seria comandado por J. Silvestre e transmitido ao vivo diretamente no Cine Oásis, localizado na praça Júlio Mesquita, no centro de São Paulo. Eu deveria acompanhar pessoalmente o programa e fazer o texto na hora para as apresentações de cantores, humoristas e o jornalismo. Era trabalhoso, mas eu sabia fazer e fiz direitinho. O Cassiano Gabus Mendes me chamou:

— Estou gostando do seu trabalho no rádio. Tem visto televisão?

Respondi:

— Muito. Não tenho TV, mas sou televizinho. Vou todas as noites na casa de uma amiga da minha mãe e lá vejo tudo... até chuvisco.

— Chuvisco?

Já contei essa história. Eu deixava o aparelho de televisão ligado mesmo depois que a TV Tupi saía do ar. Ficava vendo o chuvisco da imagem e ouvindo o chiado do som. Sempre pensava que poderia aparecer uma troca de cenário, um ensaio, alguma coisa inesperada. Quando contei isso, o Cassiano escreveu um bilhetinho e me deu: "Vá ao almoxarifado e leve para casa um televisor. Veja tudo o que pode. Gosta de cinema? Veja o *TV de vanguarda*. Gosta de música? Acompanhe *Antarctica no mundo dos sons.* Veja os jornais. Nos corredores, procure conhecer o Walter George Durst e o Túlio de Lemos, dois gênios. Conheça o Avancini, o Erlon Chaves, o Mário Fanucchi, o Tasca, o Gallon, o Tozzi e especialmente o Lima Duarte."

Parodiando o Washington Olivetto, o primeiro televisor a gente nunca esquece.

Passado algum tempo, o Cassiano me surpreendeu:

— Temos um trabalho para você aqui na televisão. O Fernando Severino é nosso diretor comercial e vai te explicar.

Ele me apresentou ao Severino, que usava um terno engomadinho, mas elegante, tinha relógio de bolso pendurado em uma corrente de ouro, era perfumado e falante. E foi logo dizendo:

— Queremos que você faça um programete humorístico com uma historinha que termine na venda de um produto. Publicidade integrada, compreende?

— Nunca vi. Nunca fiz. Mas posso tentar. Qual o produto?

— Uma loja. A Sears. Você terá que vender a promoção do dia. Mas não é um comercial. Isso eles fazem para juntar no final.

— Não sei nada disso. Para que público devo escrever?

— Para a família — respondeu o Cassiano entrando na conversa.

Eu percebi que daria.

— Então vamos fazer uma família na televisão — falei.

Foi a primeira. Não existia naquele tempo o *All in the Family.* Quando perguntei qual seria o horário, levei um susto:

— Diariamente, às 19h45, colado no *Repórter Esso.*

Expliquei que, devido ao horário, iria precisar de um elenco de peso. Me mandaram escolher. Eu pedi o Walter Stuart para o pai e a Conchita de Moraes para a mãe. Maria Vidal seria a avó que morava com eles. E mais três filhos, o Adriano Stuart, a Sonia Maria Dorce e o Araken Peixoto, mais velho, com uma namoradinha para ele. Praticamente a mesma estrutura de *A grande família*. Vale lembrar que o Adriano Stuart se tornou tempos depois um dos maiores diretores de humor da televisão e do cinema brasileiros.

O projeto foi um sucesso. Na estreia, vendemos em um dia todo o estoque de pipoqueiras da loja. Passei a ser o queridinho do pessoal da Sears. Leve-se em conta que eu tinha 17 anos e não era tão versado assim em problemas familiares, muito menos em televisão.

Entregar a mim o projeto foi uma "doce irresponsabilidade" do Cassiano e do Severino.

Como todo mundo fazia de tudo na TV Tupi, eu entrei também de ator. O Péricles Leal me escalou para fazer o papel de Pé de Coelho no seriado *O falcão negro* — uma ponta na qual eu fazia um menino esperto que era um "olheiro" para ajudar o super-herói interpretado pelo José Parisi. O Cassiano me escalou duas vezes, e nas duas fui um absoluto vexame. Em um *TV de vanguarda* chamado "O maestro", eu fazia um repórter que desvendava o segredo do sequestro de um menino regente, superdotado, vivido pelo Adriano Stuart. Esse repórter era responsável pelo final, quando eu encontraria na casa do próprio empresário a prova de que era ele o sequestrador. A prova era uma gravata-borboleta que o minigênio usaria no concerto.

A coisa era ao vivo. Ainda não havia gravação na época. Entrei glorioso, fazendo cara de esperto, mas não encontrei gravata alguma. Nada. Bateu o desespero, e eu comecei a revirar sofás, mesas, cadeiras e tapete. Era um dramalhão, mas o pessoal do estúdio se mijava de rir, até que um piedoso contrarregra me jogou rasteiramente a maldita gravata.

Terminado o programa, o Cassiano, que dirigia a peça, me chamou.

— A culpa não foi sua. Mas não aceite mais papéis dramáticos. Você é comediante.

Não perdi o rebolado e tentei um programa de humor. Meu personagem era um bêbado rico, e eu me lembrei do filme do Chaplin *Luzes da cidade*, no qual Harry Myers fazia um bêbado brilhante. Passei a mão em um smoking, amassei um charuto, fiz uma voz engraçada e, no ensaio, parti para arrasar. Nos alto-falantes do estúdio soou a voz do Cassiano:

— A roupa e o charuto estão exagerados. O cabelo na testa ficou ridículo. E não faça voz caricata. Televisão não é rádio.

Não concordei muito, mas obedeci. Troquei de roupa e, com voz natural, apenas meio titubeante, fiz o papel.

Na Rádio Tupi eu era visto como um diamante, mas na TV Tupi era apenas um novato despreparado. Existiam outros meninos mais experientes do que eu, como o Walter Avancini e o Erlon Chaves, ambos com 19 anos, o Régis Cardoso, com 20, e o grande Lima Duarte, com apenas 22 anos. O próprio Cassiano tinha 24 anos. Eu estava cercado por esses meninos atrevidos e talentosos que já estavam na TV havia mais tempo do que eu. Somente alguns poucos se interessavam por mim e pelo que eu pensava. O Erlon Chaves, pela nossa afinidade musical, era parceiro de devaneios e ideias. A Vida Alves, a Laura Cardoso, a Norah Fontes (mãe do Régis Cardoso) e a Maria Vidal adoravam trabalhar comigo. O Teófilo de Barros Filho achava que eu poderia ser um futuro Max Nunes e o Cassiano gostava de ouvir meus comentários (quando ele tinha tempo).

O Cassiano deu a partida, praticamente sozinho, na televisão brasileira. Botou de pé a TV Tupi de São Paulo e criou um modelo de televisão que permanece até hoje. O Assis Chateaubriand, pelo seu pioneirismo, merece um lugar de honra nessa história. Mas o posto principal pertence mesmo ao Cassiano. Além de implantar a emissora, ele segurou a Tupi por mais de 15 anos.

Assim que o Cassiano deixou a TV Tupi, após breve passagem dele pela Excelsior, eu o levei imediatamente para a Globo. A contribuição dele para a televisão brasileira e para a TV Globo foi inestimável. Em tudo. Novelas e mais novelas de sucesso, e sempre dando palpites incríveis sobre programação e produção. Tínhamos apenas uma divergência: o Cassiano, são-paulino fervoroso, sempre me cobrava mais futebol na Globo. Nos entendemos sempre muito bem, mas isso não me impediu de pegar no pé dele e fazer uma pequena cobrança. Elogiei a genial *Que rei sou eu?*, mas não perdi a piada:

— Maravilhoso, Cassiano. Adorei a ideia, e o texto é de matar de rir. Os personagens são caricatos. E que show são as roupas e penteados extremamente exagerados, e a impostação de voz dos atores é hilária. — E acrescentei: — Engraçado como essas coisas reforçam o humor na televisão.

Ele pegou a gozação no ar e retrucou:

— Seu chato. Você tinha razão.

9

ROBERTO **CORTE REAL** E JOSÉ **SCATENA**

São Paulo (1954)

Zé Carioca e Roberto Corte Real na RGE Discos, de José Scatena.

O Roberto Corte Real era jornalista, apresentador de telejornais, de programas musicais, diretor de programas e de gravadoras de disco. Foi ele que lançou o rei Roberto Carlos. Tendo trabalhado na Voice of America, nos Estados Unidos, tinha adquirido um jeitão de norte-americano e era chamado por todos de Bob.

Fiquei impressionado com a modernidade dele. Em 1954, ele se aproximou de mim e me disse que a televisão brasileira era muito formal e conservadora. Que precisava ser mais solta e descontraída. Que tinha vícios e poderia ser renovada. Me contou que estava indo dirigir a TV Paulista e me convidou para ser seu assistente. Queria gente jovem.

Na Tupi à época, eu estava estacionado e considerei a proposta. O Roberto foi sincero e me contou que, depois de um início brilhante em 1952, a Paulista havia entrado numa derrocada total, perdendo o elenco, os programas e os anunciantes. Não havia dinheiro. Não havia nada. Teríamos que reinventar tudo.

Cometi a loucura de aceitar. A emissora, na verdade, era apenas um pequeno apartamento. Na cozinha eram revelados os filmes; na copa ficava a redação; na sala de jantar estava o jornalismo; e no living, o estúdio principal. O local era tão pequeno que, depois que a Paulista se mudou, comprada pela Organização Victor Costa, um japonês instalou lá uma tinturaria, mas abandonou o ponto porque era pequeno demais. Sem um centavo para investimento, eu me perguntava o que fazer.

Estreamos o jornal *Mappin Movietone*, com o Roberto Corte Real ostentando seu ar de apresentador de TV norte-americana, coadjuvado por uma marcante gravatinha-borboleta. As imagens eram poucas, mas o texto do Mário Mansur era eletrizante e defendido por narração precisa do Roberto, reforçada por uma dicção clara e pela pronúncia agressivamente correta de nomes estrangeiros. O jornal foi um sucesso absoluto e durou 15 anos, com muitos e diferentes apresentadores.

Em seguida, o Roberto levou para a emissora o Silveira Sampaio, dando início ao primeiro talk show da televisão brasileira. Enveredamos pelo teleteatro com a novela *Peter Pan* e o seriado *O sombra*, com a voz grave e marcante do Luiz Guimarães, que em 1967 viria a ser meu amigo, parceiro e braço direito na TV Globo de São Paulo.

Na TV Paulista, fomos pioneiros na transmissão de desfiles de Carnaval, com o concurso "A Melhor Escola de Samba do Quarto Centenário", vencido por Henricão e sua Escola de Samba. Por falta de elenco, exibíamos às 18 horas, diariamente, um programa chamado *Um piano ao cair da tarde*. Tínhamos um piano de cauda, e o Roberto Corte Real aparecia todo dia fingindo que tocava, sem que as mãos dele aparecessem. O som vinha dos discos. Eram álbuns de Carmen Cavallaro, Roberto Inglez, Antonio Robledo e outros pianistas clássicos. Um dia, a telefonista me passou uma senhora irritada:

— Seus mentirosos. Pensam que somos idiotas? Não tem Carmen Cavallaro nem pianista nenhum.

— Nunca dissemos que era a Cavallaro de verdade. Dissemos apenas, nos letreiros, "Hoje Carmen Cavallaro". É uma homenagem aos grandes pianistas populares, nada mais — expliquei calmamente.

— Ah, agora entendi. Obrigada.

A penúria era tanta que, aos domingos, eu mesmo atuei como animador de um programa chamado *Clube dos novos valores*. Eu era ruim demais nessa função, e a audiência era horrorosa, o que levou a Paulista a alugar o horário, quase de graça, para o novato Silvio Santos lançar o seu *Brincando de forca*.

O caos financeiro era total, e todos os salários eram pagos em material recebido em permuta de anunciantes. Ao chegar ao caixa para tentar receber alguma coisa, o Nabor Merchiorato anunciava:

— Tenho pneu Goodyear, cortes de Casemira Masber, vales-compra no *Mappin* e passagens para Santos no Expresso Brasileiro. Ah! Também tem vales-refeição do Restaurante Papai.

Eu ficava logo com o vale do restaurante, onde serviam uma feijoada maravilhosa às quartas e aos sábados. E ficava com passagens do Expresso Brasileiro, que eu ia vender na avenida Ipiranga com ágio quando os ônibus lotavam.

O Roberto Corte Real foi convidado para assumir a direção artística da CBS Discos. Como as coisas continuavam magras na TV Paulista, passei a receber uma graninha por fora para fazer divulgação dos contratados da CBS. Com isso, comecei a frequentar as emissoras de rádio e o estúdio de gravação da RGE Discos, de propriedade do José Scatena, que ficava na rua Paula Souza, na área do mercado, no mesmo prédio da Rádio Bandeirantes. Passei a fazer um "frila" por ali, ou seja, um trabalho avulso, para recolher alguma grana.

O Scatena me deu alguns textos de publicidade para comerciais de clientes. O gênio do rádio paulista Osvaldo Moles, diretor da Rádio Bandeirantes, estava lançando o *RB 55*, um inovador carrossel de anúncios radiofônicos que duravam sessenta segundos e continham seis mensagens de dez segundos escritas de maneira alegre e divertida. Eram muitos redatores, mas eu pegava uma beiradinha na produção.

O Roberto Corte Real e o Scatena me adotaram, e eu vivia dos bicos que eles arranjavam para mim. O Scatena me ensinou tudo o que sei sobre jingles e sobre produção de discos. O Roberto me ensinou tudo o que sei sobre jazz, gênero que eu amo, e sobre todo o mundo musical internacional.

O Scatena gostava de fazer reuniões artísticas e saraus musicais na própria casa. Em uma dessas reuniões conheci o Rodolfo Lima Martensen. Ele era simplesmente o presidente da agência de publicidade Lintas — Lever International Advertising System — e o maior publicitário da época. Eu já tinha ouvido muito falar dele e sabia pelos publicitários que frequentavam os estúdios do Scatena que ele estava procurando um chefe para o departamento de rádio e TV da agência. O momento não era propício para um pedido de emprego, mas fiquei sabendo que o Rudi, como os íntimos chamavam o Rodolfo, que ele morava na Vila Pompeia. Por coincidência, a dona Arminda Martensen, esposa do Rodolfo, também frequentava o salão de beleza da minha tia Marina, então pedi a ela:

— Quando dona Arminda aparecer aí, me avisa, por favor.

Dona Arminda era uma simpatia única. Me atendeu e pediu que o Rodolfo me recebesse. Que sorte.

10 RODOLFO LIMA MARTENSEN

São Paulo (1955)

O megapublicitário Rodolfo Lima Martensen.

No dia seguinte, a pedido de dona Arminda, ele me recebeu em sua fantástica sala, na Lintas, na rua Senador Queirós. Perguntou por que eu pedira o encontro, e pedi que ele ouvisse um relato breve das minhas tentativas.

O Rodolfo Lima Martensen era simpático e afável. Gaúcho, nascido na cidade de Rio Grande, era alto e bem nutrido. Tinha na época uns 40 anos, mas, devido aos cabelos brancos, aparentava mais.

— O que você quer? — questionou ele. — Quer entrar na Escola Superior de Propaganda. É isso?

— Não, não — disse afoito ao "seu" Rodolfo. — Preciso sobreviver. Preciso trabalhar já. Vim atrás da vaga do departamento de rádio e TV.

— Já trabalhou em publicidade? Alguma agência? — Esclareci que vinha do rádio e da televisão e não sabia nada de publicidade. Ele continuou: — Olha, você não é a pessoa que preciso. É um cargo de chefia para uma pessoa mais velha e com muita experiência em publicidade. Você é jovem demais.

Não desisti. Eu havia pesquisado sobre a vida do Rodolfo.

— Soube que o senhor começou aos 16 anos. O senhor não daria uma oportunidade a um jovem de 20 anos?

Ele abriu um sorriso.

— É por isso mesmo que eu estou te recebendo. De fato comecei minha vida profissional muito cedo.

O Rodolfo, aos 16 anos, tinha fundado a própria emissora, a Rádio Sociedade do Rio Grande, onde fazia de tudo: montava a programação, escrevia, apresentava programas e visitava os clientes para vender publicidade. Foi para São Paulo, onde foi locutor e produtor de textos para a Rádio São Paulo. Aos 32 anos foi convidado para montar a Lintas. Em 1947, representou o Brasil no I Congresso Internacional de Propaganda, em Paris. Fundou em 1951 a ESP, Escola Superior de Propaganda, a primeira do gênero no Brasil, que mais tarde se tornaria a ESPM, pioneira no ensino de marketing no país e uma das mais conceituadas de todo o mundo. Além de radialista, locutor, escritor e um dos maiores publicitários nacionais, o Rodolfo era apaixonado por ensinar o que sabia.

— Eu aprendo rápido — prossegui. — O senhor não me ouviria um instante?

Com a característica voz tonitruante, ele me surpreendeu:

— Vamos falar. Queres almoçar comigo?

Aceitei, mas nem comi. Comecei a falar sobre o que eu achava do rádio e da televisão brasileiros e sobre as pessoas que eu conhecia e com quem tinha trabalhado. Citei o Dias Gomes, o Berliet Júnior, o Manoel de Nóbrega, o Cassiano Gabus Mendes, o Roberto Côrte Real e o Scatena. Continuei tagarelando. Terminada minha exposição, ele me disse:

— Gostei de você. Três meses de experiência como interino. Topas?

— Quando começo?

— Agora, depois do almoço. Vou chamar a Mura Frischmann, chefe de mídia, que vai te mostrar a agência toda.

Três meses depois, assumi a chefia do departamento de rádio e TV da Lintas, uma das mais conceituadas agências de publicidade do mundo. Foi uma oportunidade de ouro. Criei programas, fiz textos e compus jingles. A parte mais interessante do meu trabalho era acompanhar os programas que a Lever patrocinava nas emissoras de rádio.

Na carioca Rádio Mayrink Veiga, tínhamos o programa *Levertimentos*, escrito pelo Haroldo Barbosa, pelo Sérgio Porto e por um estreante chamado Francisco Anysio. Logo na primeira visita para acompanhar a atração ao vivo, o Edmundo de Souza, diretor da emissora, me convidou para um chopinho pós-programa na famosa Galeria Cruzeiro. O Haroldo, o Sérgio e o Chico Anysio nos acompanharam, além do Henrique Foréis, o Almirante, conhecido como "a mais alta patente do rádio brasileiro" e contratado da Lintas para supervisionar as produções cariocas.

Imagine só. Eu, "grumete", já era chefe do Almirante. O Chico tinha 24 anos e não parava de ter ideias e sugerir coisas; começou aí a minha admiração por ele. Além do *Levertimentos*, criado pelo Rodolfo, a Lever patrocinava em todo o Brasil o PRK-30, programa do Lauro Borges e do Castro Barbosa pelo qual eu era deslumbrado desde os 15 anos.

O Rodolfo, pioneiro em quase tudo na publicidade brasileira, queria que os anúncios comerciais fossem parte do programa, integrados ao texto, e com o mesmo humor do PRK-30. Ele me desafiou a conseguir isso. Fiz alguns textos experimentais em forma de piada, mas vendendo nossos produtos. Levei o material ao Lauro e ao Castro, certo de que eles torceriam o nariz. Que nada. Adoraram. Passei a redigir esses textos e a fazer a mesma coisa no *Levertimentos*. O Chico Anysio me dizia que as mensagens dos produtos Lever eram mais engraçadas que o programa, e os ouvintes esperavam com atenção os nossos comerciais.

Na Lintas, tudo soprava a meu favor. Fizemos uma turnê nacional de rádio com a PRK-30, e eu conheci as mais importantes capitais do Brasil, sendo o responsável por toda a programação. Os dois eram incríveis artistas e os melhores companheiros de viagem. O Lauro, inquieto, fazia piada com tudo e mexia com todo mundo. Quando íamos aos restaurantes, ele se sentava e já soltava sua piadinha clássica.

— Ei. Me chupa os nabos aqui, por favor.

Os garçons, meio ressabiados ou mesmo agressivos, perguntavam:

— O quê? O que o senhor disse?

E o Lauro:

— Mais guardanapos aqui, por favor.

Os garçons identificavam o Lauro e o Castro e caíam na risada.

Um dia, na Bahia, o Lauro repetiu:

— Ei. Me chupa os nabos aqui, por favor.

O garçom já chegou fazendo festa:

— Chupo seus nabos, sim, senhor, seu Lauro Borges. O senhor é o maior humorista do Brasil. Não perco uma *PRK-30*. De um gênio como o senhor, eu chupo até os nabos.

O Lauro, sem saber o que fazer, levantou-se e abraçou o garçom, se desculpando. Aprendeu a lição. Nunca mais fez essa brincadeira.

Quando a Lever quis introduzir o sabão em pó no Brasil, mais especificamente a marca Rinso, eu participei ativamente. Tínhamos que superar o problema da não existência de máquinas de lavar no país, para as quais o produto seria indicado. O Rodolfo, então, inventou um molho espumoso Rinso, que era uma forma de diluir o sabão em pó em um tanque de lavar roupa de uso caseiro. A proposta para o consumidor era deixar a roupa de molho para retirar a sujeira, ganhando um branco absoluto nas peças sem precisar ficar esfregando.

Nasceu a campanha "Brancura Rinso", e eu fiz uma melodia de apenas sete notas que era repetida em todos os comerciais. Um sucesso. Mais tarde, no lançamento do detergente OMO, o Rodolfo me pediu:

— Precisamos de outra assinatura musical como a que você fez para a Rinso.

— Essa é fácil — respondi. — Agora são apenas duas notas musicais: O-MO.

Ele adorou, foi comigo ao estúdio e, com aquele vozeirão de baixo profundo, gravou ele mesmo a mensagem que marcou o produto: OOOOMOOOO.

Meu salário na Lintas cresceu mais do que eu esperava. Pude alugar um bom apartamento, para onde levei minha mãe e meu irmão, comprei um televisor, um belo aparelho de som de alta-fidelidade e ainda uma espetacular geladeira importada. Como diria o Washington Olivetto: "A primeira geladeira a gente não esquece."

Eu me dedicava ao trabalho com entusiasmo e aproveitava todas as oportunidades para aprender. O Rodolfo foi meu grande professor, e em toda a minha carreira usei conceitos, princípios e valores que aprendi com ele — os quais também usei na Globo e uso até hoje. Em tudo o que fiz na Globo, sempre esteve presente alguma contribuição do Rodolfo Lima Martensen.

11 NETWORK

Nova York
(1956)

Estúdios da NBC.

Nos anos 1950, para avaliar a eficiência das campanhas publicitárias, eram usadas cidades-teste como Curitiba, Campinas e Bauru. A Lintas decidiu fazer um teste em Bauru.

Sugeri uma operação denominada "Quinzena de Brancura Rinso". Alugamos por 15 dias todos os cinemas e teatros da cidade e montamos um circo. Para frequentá-los não era necessário pagar. Bastava apresentar a tampinha superior da embalagem de Rinso, que durante duas semanas passava a ser a chave-mestra da cidade. Antes dos filmes e espetáculos de circo, fazíamos um show demonstrando como lavar com o "molho espumoso". Na praça principal, montamos uma enorme urna para receber tampinhas com os nomes e endereços, e diariamente, às 18 horas, havia um sorteio de prêmios em rede pelas rádios locais.

Foi um sucesso. Triplicamos a tonelagem de venda prevista para os 15 dias na região. No Rio, compramos, na Rádio Nacional, o programa *César de Alencar.* Em um sábado, fechamos o parque Quinta da Boa Vista para um show com todo o elenco da emissora e conseguimos um retorno de quinhentas mil tampinhas em um só dia. Recebi uma menção honrosa no *Unilever Marketing Reporter* e ganhei uma viagem para Nova York, Los Angeles e Londres com o objetivo de conhecer as agências de publicidade que atendiam a Lever e visitar estúdios de produção e emissoras de televisão.

Mais do que a publicidade, o foco de minha viagem foi o negócio de televisão. Em Nova York, visitei agências de publicidade e os estúdios de jornalismo da NBC. O telejornal da NBC, na época, era transmitido de Nova York pelo âncora Chet Huntley e de Washington por David Brinkley. Fui a Washington para entender melhor essa operação.

Eu me lembro da guerra publicitária entre os telejornais da NBC e da CBS. A CBS, que era líder no horário, publicou um anúncio em revistas e jornais com uma foto de seu famoso âncora Walter Cronkite, na qual ele era visto sentado em uma poltrona, com os pés em primeiro plano sobre uma mesinha onde figurava um globo terrestre. O título do anúncio alardeava: "Esses pés já percorreram o mundo." A NBC publicou uma resposta na qual o Huntley e o Brinkley apareciam com a cabeça encostada uma na outra, e o título dizia: "Nós achamos que duas cabeças pensam melhor."

Depois fui para Los Angeles, onde visitei os estúdios da NBC, da CBS e da ABC. Em Londres, estive em agências e nas melhores produtoras de filmes de publicidade. Voltei pensando que nossa qualidade de filmes estava abaixo da crítica e, mais importante, que a televisão só poderia ser viável se construíssemos uma rede nacional.

Nos Estados Unidos, o rádio se estruturou com as transmissões *coast to coast*, e a televisão seguiu esse modelo. Quando cheguei lá, em 1956, todo o país já trabalhava em rede de micro-ondas, que consiste em antenas que transmitem sons e imagens para formar os enlaces entre diferentes cidades. Ficou claro para mim que somente a diluição nacional de custos de produção poderia permitir uma programação rica em volume e qualidade. Naquele país, as emissoras eram, na realidade, exibidoras e não produtoras. Com exceção do jornalismo e dos talk shows, que eram produzidos pelas emissoras, o restante da programação era produzido pelo poderoso cinema norte-americano.

Aqui, sem uma indústria cinematográfica, tínhamos que ser exibidores e produtores. Mais uma razão para pensar na rede: não só pela unificação dos programas para todo o território nacional, mas também pela diluição de custos da produção, o que permitiria destinar mais recursos financeiros para criar atrações melhores, com mais qualidade e diversidade. Para servir ao mercado publicitário, as emissoras ofereciam aos anunciantes um público de alto poder aquisitivo, facilidade de planejamento de mídia e imediata fiscalização e controle da exibição das mensagens autorizadas. Esses pontos fechavam e definiam o que era necessário adotar no Brasil.

Voltei para a Lintas ainda mais apaixonado pela televisão e com a certeza de que ela só daria certo com a implantação do modelo network — a transmissão em rede.

12 **UM COMETA** VAI SE **CHOCAR** COM A TERRA

São Paulo
(1957)

Lima Duarte na TV Tupi em *Lima Duarte show*. Em *Lever no espaço*, o Lima salvou o planeta — e também o programa.

Em 1957, na volta da minha viagem, a Lever decidiu definitivamente entrar na televisão como anunciante. O Rodolfo queria começar com um pé no entretenimento para testar nossa convivência com o veículo. A participação de clientes e de agências na criação de programas de rádio era comum, e na televisão o modelo vinha sendo repetido.

O Rodolfo era meio filósofo e meio publicitário. Ele era um sonhador e, por isso mesmo, apaixonado por ficção científica. Não raramente nos reuníamos na residência dele para curtir o gênero. Assim, o Rodolfo nos lançou um desafio. Produzir um seriado de televisão sobre o tema com o nome *Lever no espaço*. Não havia videoteipe, então teria que ser ao vivo.

Não foi fácil fazer, mas fizemos. O Mário Fannuchi, autor do texto, e o Cassiano Gabus Mendes, o diretor, queriam gente nova no elenco para dar credibilidade à história. Além do poderoso elenco da Tupi na época, contratamos a estreante Beatriz Segall (que em 1988 viria a fazer a Odete Roitman na Globo) e o ator Miro Sérgio, que seria o protagonista. O Miro, vindo do cinema, não se adaptou à televisão e eu tive que me socorrer do Lima Duarte para consertar a série. O personagem do Lima salvou o planeta Terra da destruição, e o Lima Duarte salvou a série do fracasso. Diante da precariedade da época, tínhamos que encher as roupas espaciais com ar comprimido. Um dia, um dos atores se sentou em um prego do cenário, e o traje se esvaziou no ar. Usávamos desenhos animados feitos pelo Mário Fanucchi para simular as naves espaciais. Em uma ocasião, o pessoal do telecine projetou o desenho de frente para trás, e o foguete apareceu na tela dando marcha à ré. O Lima Duarte era o capitão da nave. Cortamos para ele nos comandos.

— Reatores à frente! Reatores à frente! — gritou o Lima.

Acertaram o desenho animado, e a nave partiu rumo ao infinito.

A história do *Lever no espaço* era baseada em um cometa que iria se chocar com a Terra, e seres extraterrestres superdotados queriam nos avisar do perigo. Fizemos tudo para que a ficção parecesse o mais real possível, mas não esperávamos que ela chegasse tão longe. O Rodolfo recebeu na Lintas um telefonema misterioso de um indivíduo que se dizia presidente de uma seita religiosa e queria falar com ele sobre o programa. Curioso, o Lima atendeu e ouviu do outro lado da linha:

— Tudo o que vocês estão mostrando é real. A hipótese de um choque iminente não pode ser descartada. Se aceitarem, gostaríamos de recebê-los em nosso templo na próxima sexta-feira às nove horas da noite.

O Rodolfo me chamou e propôs:

— Vamos?

— Acho esquisito, mas vamos!

E lá fomos nós, meio curiosos e meio preocupados. Fomos recebidos por pessoas vestidas como monges. Mulheres bonitas em trajes diáfanos. O salão era decorado com bordados em dourado, bem rococó. O som vinha de um maestro que executava com gestos um instrumento chamado teremim, enchendo o ar com músicas e sons espaciais.

Fizeram uma oração em uma língua que eu jamais tinha ouvido, e em seguida um breve discurso nos agradeceu pelo bem que estávamos fazendo à humanidade. Foi preciso segurar o riso, mas nos entregaram um medalhão, e o Rodolfo agradeceu:

— Estamos honrados com a homenagem, mas não merecemos. Somos publicitários. Somos apenas vendedores de sabonete.

— Isso é o que vocês pensam — disse o Primaz, como era chamado o chefe do grupo. — Vocês estão sendo guiados por forças mentais e não sabem disso.

Para lançar o *Lever no espaço*, forjamos interferências na imagem e no som da TV Tupi. O *Diário da Noite* publicou uma imagem disforme, provavelmente de um alienígena querendo se comunicar com a Terra. Até a revista *O Cruzeiro* fez uma matéria sobre o assunto. O lançamento teve repercussão internacional. Alguns jornais brasileiros nos chamaram de Orson Welles caboclos, e no exterior o comentário era que "a televisão brasileira repete Welles". O Primaz da seita tinha todos os recortes de jornais sobre o assunto e fez sua despedida:

— O meteoro que destruiu os dinossauros foi esquecido no tempo. Temos certeza de que astrônomos do mundo inteiro foram acordados pela mensagem de vocês para voltar a vigiar o espaço.

Para conter o riso, entreguei um cartão de visita:

— Se quiserem incluir alguma mensagem no programa, me liguem.

— Não precisamos disso. Controlamos sua mente, e vocês agora são do nosso planeta — alertou o Primaz.

Saímos com pena deles, mas respeitosos. O Rodolfo entrou no carro para me deixar em casa:

— E se esse cometa vem mesmo?

— Esquece. Agora nós somos de outro planeta.

O *Lever no espaço* foi, na realidade, apenas um balão de ensaio e cumpriu sua função. Para mim foi um exercício completo sobre como enfrentar e superar as deficiências da nossa televisão. Nunca mais pensei em ficção científica.

13 WALTER **CLARK**

Rio de Janeiro (1957)

Comemorando com Walter Clark a conquista da liderança pela Globo.

O Rodolfo queria mesmo era uma entrada triunfal da Lintas e da Lever. Juntos resolvemos patrocinar *A próxima atração*, um projeto antigo da TV Tupi. Nossa versão era nova e impactante. Música, desenhos, efeitos sonoros e efeitos visuais eram novidade. E fazíamos uma rotatividade dos produtos Lever, cada hora um deles anunciando o programa seguinte.

Começamos na TV Tupi de São Paulo, mas choveram ofertas a preços convidativos para repetirmos o modelo em outros canais. Uma das emissoras que batalhavam pela nossa verba era a TV Rio, mas ela tinha dificuldades para operacionalizar o projeto. O Cerqueira Leite, diretor comercial da TV Rio, me chamou até lá para encontrar uma solução. Chegando ao Rio, fui apresentado ao assistente do Cerqueira. Era o Walter Clark. Um jovem, com a mesma idade que eu, simpático e falante. Resolvemos o problema de exibição dos nossos comerciais e ficamos amigos.

O Walter sabia que eu acabara de voltar dos Estados Unidos e queria ouvir o que eu pensava sobre a televisão. Fomos jantar, e depois disso discutir televisão com o Walter passou a ser uma rotina. Eu ia frequentemente ao Rio. Dispensávamos as eventuais namoradas para falar sobre televisão madrugada afora. O Walter dizia sempre:

— A televisão é a nossa namorada.

Perdi várias namoradas desconfiadas de que eu tinha outras no Rio. O Walter, devido a sua extraordinária competência de vendedor, logo substituiu o Cerqueira Leite na direção comercial da TV Rio. Às vezes me dava um toque:

— Deixa a publicidade e volta para a televisão. Vamos trabalhar juntos.

Com a amarga experiência que vivi na TV Paulista, eu sempre respondia:

— Contrato de risco nunca mais.

O Walter assumiria meses depois a direção-geral da TV Rio, e fez lá um brilhante trabalho. No fim dos anos 1950, o rádio ainda era forte, e um dos maiores sucessos era a linha de humor da Rádio Mayrink Veiga. Transmitida às 21 horas diariamente, ela atraía os ouvintes da Rádio Nacional que acompanhavam a novela das oito e depois migravam para a programação da Mayrink.

Foi o Chico Anysio quem teve a ideia de levar o sucesso do rádio para a televisão e convenceu o Walter Clark a montar o mesmo modelo de sucesso. E então surgiram *A cidade se diverte*, *O riso é o limite*, *Noites cariocas* e, mais tarde, quando chegou o videoteipe, o inovador *Chico Anysio show*.

A TV Rio bombou com programas simples, baratos e de altíssima audiência, abrindo, assim, novos caminhos para o entretenimento. Em 1963 criei para a TV Rio o personagem Carioquinha, desenhado pelo Laerte Agnelli, e fiz todos os jingles que davam um tom de brasilidade à emissora. No final do trabalho, o Walter me convidou para ir para a TV Rio, e depois, em 1967, para assumir a programação e a produção da TV Globo.

Eu topei, mas avisei a ele:

— Walter, essa é minha última tentativa. Ou vai ou racha. Eu venho para a Globo, mas só saio se me mandarem embora. Venho para minha cartada final!

Eu estava cansado de brigar, desistir e ter que ir embora. Em março de 1967, eu estava com 31 anos, e não havia mais tempo para novas tentativas. Entendido isso, começamos a discutir com franqueza todos os planos, esmiuçando detalhes para ficar tudo muito claro. O começo foi maravilhoso, com meu encontro com o Joe Wallach, o Walter me apoiando irrestritamente e eu ouvindo as opiniões dos dois com o máximo carinho e respeito.

Quando demiti a Glória Magadan, que havia sido contratada por ele, o Walter bancou a minha decisão. Quando a Yoná Magalhães e o Carlos Alberto quiseram me impor a realização de uma novela baseada em *Cleópatra*, eu me recusei a fazer, e os dois deram uma de "dá ou desce". Não aceitei, e eles foram embora. Eles eram os favoritos do Walter, mas mesmo assim ele concordou com a saída dos dois. Na briga com o Chacrinha, o Walter também apostou em mim. Somente em 1974, durante a Copa do Mundo, tivemos um desentendimento, que relatarei mais adiante.

Em 1976, aconteceu outro episódio grave, mas dessa vez não foi comigo. O Roberto Marinho, contestando a autoridade do Walter, ordenou a transferência do sinal da Globo da TV Iguaçu, em Curitiba, para a TV Paranaense, do Chico Cunha. O Paulo Pimentel, dono da TV Iguaçu, tinha montado uma emissora perfeita e era um de nossos melhores afiliados. O presidente Geisel detestava o Paulo Pimentel por motivos políticos e pressionou o Roberto para tirá-lo da Rede Globo. Sem discutir o caso com ninguém, o Roberto determinou que fosse feita a vontade do Geisel. O Walter pediu uma reunião com o Roberto, que mandou avisar ao Walter que, se fosse para tratar desse assunto, não o receberia. Foi aí que o Walter percebeu que a Globo não era dele e perdeu o encanto pelo nosso projeto. Magoado e inconformado, ele entrou em depressão, não aparecia nas reuniões e passou a tecer críticas abertas ao Roberto. Pessoal e profissionalmente, ficou complicada a convivência com ele. Eu e o Joe continuávamos firmes no propósito de tocar a Globo independentemente de acidentes de percurso. Tínhamos que tomar decisões mesmo sem a presença do Walter. Ele se aborreceu com isso.

Em março de 1977, quando fiz dez anos de Globo, ele me deu uma foto nossa em que estávamos abraçados e, ao fazer a dedicatória, cometeu um lapso, escrevendo "com os votos de 10 anos mais aflitos". Perguntei:

— Mais aflitos?

E ele riscou o "mais" e escreveu acima "menos".

Poucos dias depois, em Brasília, ocorreu o episódio, conhecido por todos e comentado à exaustão, que levou o Roberto a demitir o Walter. Para mim uma surpresa absoluta. Fui com o Joe Wallach à residência do Roberto, no Cosme Velho, pedir uma chance para o Walter. O Roberto foi taxativo:

— Prefiro perder a Globo a ficar com o Walter.

O Joe estava comigo e é testemunha de que foi assim. Uma pena. Sem o Walter, estávamos perdendo nossa autonomia. Eu nunca imaginei que ele sairia e jamais movi uma palha para que saísse. Mesmo assim ele me cobrou:

— Você deveria ter saído comigo.

Lembrei ao Walter que eu tinha dito que iria até o fim. E lembrei a ele que eu havia levado para a Globo quase todo o elenco da empresa e centenas de profissionais que confiaram em mim. Meu compromisso naquele momento era com eles e não mais com o Walter.

Pela primeira vez, reconheço que errei ao dar uma entrevista à *Veja* sobre a saída do Walter. Não deveria ter dado. Mas, preocupado em acalmar o mercado publicitário e em proteger a TV Globo, acabei dizendo que o Walter Clark não faria falta. Eu pensava isso, mas nunca deveria ter dito.

Sempre tive pelo Walter o maior respeito profissional e um grande carinho pessoal. Lamento que ele não tenha sabido superar as adversidades que enfrentou. Até o fim da vida dele, eu o ajudei como pude. Nunca reatamos nossa amizade, mas tínhamos uma relação cordial. O Walter teve um papel extremamente importante na minha vida, e foi ele quem nos reuniu em torno do projeto TV Globo. O Walter Clark foi um ser humano inacreditável em sensibilidade e inteligência. Grande companheiro.

14 O **CINEMA** PUBLICITÁRIO

São Paulo (1957)

Washington Olivetto: o primeiro *soutien* a gente nunca esquece.

A televisão brasileira demorou para provar sua eficiência como veículo de publicidade. Quando entrou no ar, tinha apenas os duzentos televisores que o Assis Chateaubriand havia mandado comprar nos Estados Unidos. Os aparelhos receptores eram caros; somente as famílias de alta renda conseguiam comprar um. Os anunciantes eram somente os próprios clientes que financiaram o Chateaubriand na marra, colocando dinheiro no empreendimento em troca de publicidade.

Em 1954 ainda eram apenas 120 mil aparelhos na cidade de São Paulo. Com as promoções e festas do Quarto Centenário, estima-se que esse número tenha dobrado, chegando a quinhentos mil. Mas foi em 1957 que os clientes de peso começaram a acreditar no novo veículo.

A indústria cinematográfica no Brasil era pobre e ineficiente. Os raros comerciais filmados em 16 milímetros eram feitos para serem exibidos na tela grande dos cinemas e não na TV. Quebravam o galho no cinema e não funcionavam na televisão. Raras produtoras, como a Cine Castro, no Rio, e o Gilberto Martins, em São Paulo, se aventuravam a produzir para o novo mercado. No cinema brasileiro de longas-metragens, destacava-se a companhia cinematográfica Vera Cruz, montada pelo italiano Franco Zampari com capital paulista. A Vera Cruz realizou em 1953 *O cangaceiro*, filme do cineasta Lima Barreto, premiado em Cannes, com uma fotografia primorosa do inglês Chick Fowle.

Em 1957 fui procurado pelo publicitário João Carlos Magaldi, que estava ajudando a produtora de comerciais Lynce Filmes. A

Lynce tinha como sócios alguns profissionais saídos da Vera Cruz, como os diretores César Mêmolo Jr., Galileu Garcia e Roberto Santos e o Chick Fowle. Resolvi fazer uma experiência com o Magaldi: produzimos o filme da Rinso para exibição em cinemas e em 35 milímetros. O resultado foi excelente, e a Lever encomendou mais de mil cópias para cobertura nacional. A partir daí, decidi rodar os filmes para televisão em 35 milímetros e reduzir para 16 milímetros, e pressionamos os laboratórios de revelação para ter mais qualidade.

O som ainda era um problema, captado, mixado e editado de forma absolutamente amadora. Precisávamos de investimento e conhecimento tecnológico, e eu recorri ao socorro do amigo José Scatena, dono da RGE Discos. Com aquela cara de Richard Burton e conversinha mole, o Scatena impôs uma condição:

— Entro no negócio, mas você sai da Lintas e vem ser meu sócio. Não só na produtora de filmes, mas também na RGE Discos.

A proposta me atraiu, mas eu não saberia o que dizer ao Rodolfo Lima Martensen, da Lintas. O Scatena insistiu:

— Se quiser, eu converso com ele.

— Não. Não vou fugir. Eu é que falo com ele.

A conversa com o Rodolfo foi melhor do que eu esperava. A Lynce Filmes passou a ser RGE Lynce Filmes (pouco tempo depois, passaria a se chamar Lynxfilm), e nós partimos para a luta. Na época convoquei o amigo Laerte Agnelli, que foi precioso. Ele participou comigo da criação de centenas de roteiros, começou a fazer storyboards para que agências e clientes visualizassem melhor a ideia.

Entupidos de encomendas, chamei para nos ajudar meu irmão Guga e meu primo Júlio Xavier da Silveira, que queriam entrar nesse mercado. Guga se tornou um brilhante produtor e montou depois sua própria produtora, a Blimp Films. O Julinho gostava mais da direção e abocanhou vários prêmios internacionais. Eu passei a acumular o trabalho no cinema publicitário com minhas funções na RGE Discos e produzi o primeiro álbum do Juca Chaves, *As duas faces de Juca Chaves*. Fiz o lançamento do primeiro disco de Maysa, *Convite para ouvir Maysa*, produzido e dirigido pelo Roberto Corte Real. Fiz com o Simonetti *Samba 707* e mais quatro álbuns patrocinados pela Varig.

Minha relação com a Varig começou na RGE Lynce Filmes, quando o diretor de publicidade da empresa, o Clovis Hazar, nos solicitou um roteiro para o lançamento do primeiro voo noturno da Varig entre o Rio e Nova York. Fiz o roteiro de um filme musical com a participação do compositor Victor Dagô, mas o Clovis me informou que o Ruben Berta, presidente da empresa, recusou a ideia. O Berta não achava pertinente para uma empresa aérea ter comerciais cantados. Fiz então um filme absolutamente convencional: *O sono que atravessa as Américas*, no qual lançamos a Lucia Cury, que mais tarde se tornou modelo da Rhodia, e depois a Sra. Walther Moreira Salles. O Berta adorou e quis falar comigo.

— Esse filme ficou lindo. Quero manter essa linha. Não me venha mais com cantorias.

— As pessoas ouvem e memorizam a mensagem. Se o senhor não quer um jingle, poderíamos usar ao menos uma assinatura musical — insisti.

— Não sei o que é, mas faça e me mostre — disse ele.

Eu detestava o logotipo da Varig, que era gordo, pesado, baixo e esticado. Pedi ao Laerte Agnelli que me fizesse algumas opções de letreiros com fontes alegres e, entre as sugestões, escolhi duas fontes para, em cortes rápidos, dar um movimento e finalizar, é claro, com o logo tradicional da Varig. Chamei o Victor Dagô para produzir e disse a ele:

— Quero uma melodia assim.

E cantei:

— Varig... Varig... Varig.

— Está feito. É só gravar.

Gravamos com arranjos diferentes, várias versões, e eu sincronizei os acordes com os letreiros. O Berta viu e aprovou. Assim, a assinatura musical "Varig-Varig-Varig" passou a ser usada em todos os nossos comerciais de rádio e televisão.

No fim de 1960, o Clovis me pediu, em cima da hora, para criar uma mensagem de fim de ano para a Varig a fim de marcar a entrada da empresa no mercado de "jato puro". Resolvi tentar mais uma vez um comercial musical. O Caetano Zamma estava chegando dos Estados Unidos e nunca havia pensado em compor um jingle; ele nem sabia o que era isso. Pedi a ele que fizesse uma música de Natal para a Varig e escrevi um briefing como referência para ele compor. Ele teria que usar "Papai Noel voando a jato pelo céu", porque eu pensava em colocar o Papai Noel como comandante do Boeing 707. Obrigatoriamente deveria ter a assinatura com o Varig-Varig-Varig, que já era consagrada. O Zamma acabou musicando o meu briefing com uma melodia, e ficou uma obra-prima. Pedi ao Berta que ouvisse a mensagem sem preconceito. Toquei uma vez. Ele mandou tocar de novo, de novo e de novo. Olhou bem para mim:

— E a imagem?

Parece que o Berta adivinhou minhas intenções. Fiquei indeciso, e ele completou:

— Não vou querer nenhum Papai Noel pilotando meu avião.

Garanti que não teria, e não teve. A peça virou um sucesso logo no primeiro dia de exibição. Nesse ano, a televisão já atingia um milhão de lares, com três milhões de espectadores qualificados. A televisão e a produção de filmes publicitários consolidavam-se a passos pequenos quando a propaganda brasileira, nos anos 1960, deu um salto.

O Alex Periscinoto, ainda trabalhando no *Mappin*, fez uma visita à agência DDB — Doyle, Dane and Bernbach —, nos Estados Unidos, e trouxe de lá o conceito de duplas de criação. Associou-se ao José de Alcântara Machado, na Almap. Um ano depois, em 1961, me convidou para montar o departamento de rádio e televisão, e eu fui trabalhar com ele. Saí depois para fazer a Proeme com o Otto Sherb — assunto do qual falarei mais adiante. O Alex me convenceu a voltar, e eu retornei à Almap.

O Periscinoto foi um divisor de águas na propaganda. Ele é o responsável por uma revolução criativa que permitiu o surgimento de uma nova geração de profissionais que viria tornar a publicidade brasileira aplaudida e reconhecida internacionalmente. Dez anos depois, em 1970, chegou a vez da televisão dar um salto. Com a rede de micro-ondas da Embratel, as transmissões de televisão passaram a ser feitas em rede nacional. Somou-se a isso a primeira transmissão ao vivo de uma Copa do Mundo. Os dois eventos impulsionaram as vendas de aparelhos de TV, que pularam de dois milhões para quatro milhões de lares, com 12 milhões de espectadores. Um veículo de respeito.

A chegada da televisão em cores, em 1973, quase dobrou esse número. Com vinte milhões de espectadores potenciais e a evolução da qualidade artística e técnica das emissoras, foi aberta uma janela para que agências e clientes vissem a televisão com outros olhos e rapidamente passassem a produzir comerciais mais criativos e de melhor qualidade.

Foi com comerciais de televisão que a publicidade brasileira se projetou no cenário mundial. Os responsáveis por isso foram os audaciosos Roberto Duailibi, seus parceiros Petit e Zaragoza, o gênio Washington Olivetto, o mais premiado dos nossos publicitários, e o incrível Nizan Guanaes, que, com empreendimentos ambiciosos, se tornou um dos cinco brasileiros mais influentes do mundo. Peças como "O homem de mais de 40 anos", da DPZ, "Valisere", do Washington Olivetto, e "Hitler", do Nizan Guanaes, encantaram os jurados internacionais e deram início a uma sequência infinita de criações premiadas em festivais da Europa e dos Estados Unidos.

Citar todos os publicitários importantes que deram sua contribuição para o cinema publicitário é impossível, mas alguns deles são Petit, Zaragoza, Júlio Ribeiro, Neil Ferreira, Fábio Fernandes, Marcelo Serpa, Luiz Lara, Guga Valenti, Anselmo Ramos, Eduardo Fischer, Rodolfo Medina e Paulo Giovanni. Televisão e publicidade se uniram em um casamento indissolúvel.

Na edição de 2023 do Festival de Cannes, o Brasil arrebatou nada menos que 92 leões em diferentes categorias, o que atesta a importância dos inúmeros novos criadores de publicidade no país que aqui não foram citados.

15 JORGE **ADIB**

São Paulo
(1960)

Jorge Adib, o criador do merchandising na televisão.

Eu criava e produzia roteiros para quase todas as agências de publicidade, acompanhava gravações de álbuns de artistas, escrevia contracapas e fazia divulgação. Estava exausto. Conheci o Jorge Adib na Multi Propaganda, onde ele chefiava a área de rádio e TV, encarregado não só da compra de espaço na televisão — a chamada mídia eletrônica —, mas também da criação e produção de comerciais para televisão. O Scatena nos apresentou, e o Jorge Adib me pediu roteiros para o creme dental e o sabonete Gessy. Levei para ele algumas ideias, além de uma provinha de áudio com as músicas que acompanhariam os filmes.

O Jorge pirou. Era tudo o que ele queria. Durante o processo de produção, ele ia à RGE Lynce Filmes, e passamos a sair juntos com frequência. Terminado o trabalho, ele me fez uma proposta:

— Vem para a Multi trabalhar comigo. O presidente, o David Monteiro, acredita na televisão e quer ser a maior agência nessa área.

— Sou sócio da RGE, Jorge. Não vou voltar a ser empregado.

— Quanto você ganha lá?

Era uma coisa variável. Os lucros eram ainda muito baixos. Mas dei a ele uma base.

— Pago o dobro — disse o Jorge. — E você vai trabalhar muito menos.

Expliquei ao Jorge que o Laerte Agnelli era essencial.

— Pois contrate o Laerte.

Eu era feliz com o que estava fazendo, mas não tinha vida pessoal. Só trabalhava, correndo entre a Lynx e a RGE. O dinheiro era uma coisa que eu jamais havia esperado.

Aceitei. Laerte Agnelli foi comigo. Quando fui apresentado ao David Monteiro, ele me fez uma confissão, em particular:

— O Jorge é seu admirador. Saiba que você está ganhando mais que ele, que é seu chefe. E o Jorge me fez prometer que não daria um aumento a ele por causa do seu salário. Esse Jorge tem um caráter raro.

Era verdade. Eu e o Jorge nos tornamos muito amigos, e a grandeza de caráter dele se manifestou para o resto da vida. Vou narrar um episódio sobre a competência negocial do Jorge que não narrei em *O livro do Boni*.

Tínhamos como cliente a Willys Overland do Brasil, fabricante de carros como o Aero Willys e os Renault Dauphine e Gordini. O cliente pediu um comercial para o Dauphine que mostrasse que o carro era o mais econômico do Brasil, com um desempenho incomparável no consumo mínimo de combustível. Criei com Laerte Agnelli um roteiro no qual a bomba de gasolina era um conta-gotas humanizado, que transferia seu conteúdo em gotas para o carro. O norte-americano Garner, diretor de propaganda da Willys, disse que conta-gotas era um *dropper*, que significa "desperdício" nos Estados Unidos, e ele não associaria o carro da Willys a um *dropper*.

Tentei explicar para ele que no Brasil o conta-gotas nada tinha a ver com a palavra inglesa *dropper*. Não consegui.

— Isso é uma confusão linguística. Só me faltava essa! É burrice, porra! — reagi, insatisfeito e revoltado.

O cliente ficou perplexo e me expulsou da sala. No dia seguinte, bem cedo, mandou uma carta para a Multi exigindo minha demissão. O David Monteiro mandou o Jorge Adib lá, e o malandro do turquinho saiu-se com esta:

— Garner, o Boni concordou com você. Você não domina a língua nem conhece o Boni. Quando ele disse "só me faltava essa", estava querendo dizer "só faltava a ele cometer um erro tão primário". — E acrescentou: — O Boni, quando erra, fica furioso e xinga ele mesmo. Ele disse "burrice", mas era dele. Burrice dele. Não era com você.

O Garner caiu na conversa do Jorge e acalmou-se. O Jorge me pediu que ligasse para ele. Receoso, liguei e confirmei:

— Garner, eu estava xingando a mim, não você.

— Desculpe, Boni. Eu não domino mesmo a língua. Foi um *misunderstanding*.

— Ok, Garner. Já estou trabalhando em outro roteiro.

E o Garner, afobado, pediu:

— Não, não. O pessoal de vendas adorou o conta-gotas. Vamos produzir esse filme.

Foi um sucesso danado.

Na Multi eu fiquei dois anos. Lá eu e o Jorge criamos programas de TV, e um deles era a parada de sucessos da TV Record, na qual lançamos o Tarcísio Meira. Na Tupi, criamos o *Três é demais*, escrito pelo Jô Soares, que ia para a Multi de motocicleta entregar os textos. Patrocinávamos o *Alô, doçura*, também da TV Tupi.

Eu e o Laerte criamos filmes para a Willys, para a Cica, para a Knorr, para o sabonete e o creme dental Gessy e para a Cobertores Parahyba. O Jorge Adib teve a ideia genial de comprar o "Tá na hora de dormir", criado pelo Mário Fanucchi e pelo Erlon Chaves para a TV Tupi, e eu fiz a adaptação para a Cobertores Parahyba. Decidi usar três irmãozinhos para evitar a sensação de solidão. Eu fiz o roteiro, o Laerte fez o storyboard, e a Lynx Lynce produziu.

Minha passagem pela Multi ficou marcada por inúmeros sucessos, e acabei recebendo uma oferta com salário bem maior do Alex Periscinoto, da Alcântara Machado. Pedi demissão da Multi. O Jorge entendeu, e nossa amizade não foi afetada.

Alguns anos depois, o Jorge Adib foi para a CBS — Columbia Broadcast Company —, representando no Brasil a CBS Films, empresa que era a maior fornecedora de séries e longas-metragens para a televisão brasileira. Eu estava indo para a Globo e, com o Joe Wallach, tinha que negociar a dívida com a CBS, que era enorme.

A inauguração da Globo, em 1965, havia sido um fracasso total, e nenhum pagamento foi feito aos fornecedores. A CBS deu ordens ao Jorge Adib para colocar a Globo na justiça, o que era grave, pois, além do desprestígio do processo, a emissora ficaria sem os produtos da CBS. O Joe Wallach, com o jeito meigo e doce que ele tinha, foi logo dizendo ao Jorge:

— Vamos pagar. Precisamos apenas de prazo. Estamos aqui eu, o Boni e o Walter. Vamos liderar a audiência daqui a pouco, pode acreditar.

O Jorge, com sua competência de turco, ainda tentou:

— Um sinal. Um dinheiro qualquer, alguma coisa para sossegar a CBS.

— Amigo, não temos nada. Só posso pedir que confiem em nós — prosseguiu Joe Wallach no mesmo tom.

O Jorge saiu e escreveu uma linda carta para a CBS se posicionando como fiador da Globo e colocando o emprego dele em risco ao assegurar que nós seríamos o maior e melhor cliente da empresa. E isso aconteceu. A Globo pagou todas as dívidas e se tornou o maior comprador da CBS. Eu fazia negócios com o Jorge apenas na palavra, e as formalidades vinham depois.

Quando o Joe resolveu desenvolver o merchandising na empresa, trouxe o Jorge Adib para montar a área. Pedi que acrescentasse às funções do Jorge a chefia de compras internacionais de filmes. O Jorge deu um banho nos dois casos. Com a vinda do Jorge para o Rio, eu e ele, que já éramos amigos, passamos a conviver intensamente. Fizemos centenas de projetos juntos.

O Jorge foi uma das pessoas mais queridas na Globo. Amado e respeitado por todos os companheiros, era o apaziguador de conflitos e sempre o conselheiro de plantão para todos nós. Ele tinha algumas esquisitices muito engraçadas, seu lado folclórico. Quando jogava pôquer, picava uma nota de dinheiro e a colocava debaixo da cadeira do adversário para dar azar. Não entrava no mar, e dizem que tomava banho de chuveiro agarrado no cano. Quando a gente gozava o Jorge sobre isso, ele tinha uma resposta pronta:

— Meu pai sempre me avisou: "Cuidado, filho! Água mata!"

O Roberto Marinho era apaixonado por ele e várias vezes o levou em viagens internacionais. O Roberto Irineu Marinho seguiu essa linha afetiva. O Jorge Adib era um desses seres que deveriam ser eternos e jamais morrer. No velório dele, fiz uma batucada no caixão esperando acordá-lo de novo para a vida. O Jorge nunca ofendeu um amigo e sempre defendeu todos nós. Sempre foi um exemplo de amizade, honestidade e sinceridade. O Jorge deveria ser eterno. Pessoa insubstituível. Não se faz mais gente como o Jorge Adib. O Jorge foi meu pai, meu filho e meu melhor amigo.

São Paulo (1963)

Edson Leite, narrador esportivo, diretor da Rádio Bandeirantes e diretor-geral da TV Excelsior.

A história da TV Excelsior começa com José Luis Moura, exportador de café de Santos cujo desejo era ter uma emissora de televisão em sua cidade. Ele entrou em negociações com a OVC — Organização Victor Costa — para montar uma afiliada.

Victor Costa era poderoso na era de ouro do rádio. De contrarregra da Rádio Nacional, chegou a presidente da empresa e, mais tarde, com a compra da Rádio Mayrink Veiga, montou a OVC e expandiu os domínios com a aquisição de outras emissoras, entre elas a Rádio Nacional de São Paulo, a TV Paulista e a Rádio Excelsior de São Paulo. As negociações evoluíram, e o José Luis Moura acabou comprando de Victor Costa a Rádio Excelsior, que tinha em São Paulo a concessão do canal 9 de televisão. Victor ficou com a TV Paulista e a Rádio Nacional de São Paulo, que venderia mais tarde a Roberto Marinho.

O também exportador de café Mário Wallace Simonsen tornou-se sócio de José Luis Moura, mas os dois tinham objetivos diferentes: o Moura gostava de televisão, e o Mário Wallace pensava que a Excelsior seria o ponto de partida para um complexo de comunicação para defender seus interesses comerciais e políticos. Com o tempo o José Luis Moura saiu, e o Mário Wallace Simonsen tornou-se o único proprietário da Excelsior.

Acreditar que uma rede de televisão, mesmo dominando a audiência, poderia ter peso para sustentar políticos ou grupos políticos foi um erro brutal cometido pelo Mário Wallace Simonsen. Na verdade, a televisão pode ser mais forte atacando do que agindo como uma arma de defesa.

O Mário era um democrata liberal e um dos maiores empresários que o Brasil já conheceu. Era dono da maior empresa aérea do país, a Panair do Brasil, de uma empresa de manutenção de motores e eletricidade, a Celma, da Colmar e da Wasin, que lideravam as exportações do café brasileiro no mundo inteiro. No total ele tinha mais de trinta empresas, com escritórios nos mais importantes países. Tornou-se o único e exclusivo mentor da política de exportação de café no governo Juscelino Kubitschek, de quem era amigo e defensor.

Apoiou a candidatura de Lott e mais tarde a dobradinha "Jan-jan", de Jânio e Jango. O Simonsen teve que engolir o Jânio mesmo detestando a UDN. O advogado e amigo Saulo Ramos, herança que José Luis Moura deixou na Excelsior, foi o algodão entre cristais nessa relação. Com Jânio e Jango eleitos, as benesses e os privilégios foram ampliados, o que provocou uma crise de inveja no mercado do café.

A derrocada de Mário Wallace Simonsen começou quando foi acusado por Herbert Levy, da *Gazeta Mercantil*, de praticar duplo faturamento nas exportações de café, o que lesava os cofres públicos brasileiros. Herbert Levy escreveu *O livro negro do café*, publicou colunas diárias no jornal e fez campanhas no rádio e na televisão.

Saulo Ramos sempre jurou de pés juntos que Herbert Levy atuou em nome de grupos exportadores norte-americanos, e montou um dossiê para provar essa interferência. Mesmo assim, o episódio gerou perda do status do Mário Wallace, que, para defender seus interesses pessoais somados à defesa do regime democrático que o protegia, decidiu, em 1963, investir maciçamente na expansão da TV Excelsior, buscando montar uma rede de comunicação de massa da maneira mais rápida possível.

Mário Wallace Simonsen, além da TV Excelsior de São Paulo, tinha a concessão do canal 2 do Rio, dada a ele pelo Juscelino, mas ainda fora do ar. Chamou o Edson Leite e o Alberto Saad, que na época estavam na Rádio Bandeirantes, para tocar o projeto. Eu ouvi uma história que, se não for verdadeira, é *bene trovata*. O criador da expressão "vamos Jangar" foi o publicitário e compositor Miguel Gustavo, que, por isso, era ouvido pelo Jango em todos os assuntos de rádio e televisão. O Simonsen revelou seus planos ao Jango, e ele indicou o Miguel Gustavo para liderar o projeto.

O Miguel era um talento, cheio de ideias, mas estava longe de pensar em um empreendimento desses e indicou seus amigos de unha e carne, o Edson Leite e o Alberto Saad, referendados pelos gaúchos Macedo, Petronio e Mafuz, amigos do Jango e do Brizola. Quando o Edson me levou para lá, não me deu nenhuma informação sobre os motivos daquele súbito empreendimento. Eu via na Excelsior a possibilidade da rede nacional, que era meu sonho desde 1957. O Edson me garantiu que era para isso que me chamara. Mas já no primeiro dia fiquei assustado ao tentar acertar minha situação. O Edson me disse:

— Já combinei com o Alberto. Vai lá e vai tirando o que precisar. Depois a gente acerta.

— Quais os objetivos? O que nós vamos fazer? Qual o posicionamento no mercado? — Eu quis saber, com a maldita mania de planejamento, adquirida na publicidade.

— Liderança nacional em meses, no máximo um ano — declarou o Edson de maneira simplista.

— Não é assim. Temos que ter diretrizes, etapas, recursos, gente e orçamentos cuidadosos. Isso custa tempo e dinheiro.

— Não importa. Dinheiro é a fundo perdido. O Mário Simonsen cobre o que faltar entre custo e faturamento de publicidade — disse Edson.

As empresas do Wallace Simonsen sustentavam a operação. A Excelsior brotou no meio do café da Wasin e decolou nas asas da Panair.

17 **SALTO-MORTAL** TRIPLO, **SEM REDE**

São Paulo
(1963)

Bibi Ferreira em *Brasil 60*, de Manoel Carlos.

Logo no começo de 1962, o Plínio Toni, famoso contato publicitário da época, me convidou para ir à casa do Otto Sherb, um dos mais importantes diretores da Alcântara Machado. Fui lá, e, para minha surpresa, o Otto me disse que a Volkswagen estava insatisfeita com a Alcântara e queria deixar a agência. O Otto tinha também a conta do moinho santista da Herta, empresa alemã de frios e embutidos. Ele queria montar uma nova agência e nos propôs sociedade. Pensava em mim para rádio e TV. Cada um de nós ficaria com 30%. O investimento para a montagem seria dividido proporcionalmente.

O Otto apresentou um atraente *business plan*, e eu resolvi embarcar na aventura. Nascia a Proeme. Alugamos uma casa no Pacaembu, em São Paulo, instalamos a agência e contratamos alguns bons profissionais. Os clientes iniciais foram Volkswagen, Lençóis Santista e Herta. A agência deslanchou, e conquistamos novos clientes. Mas eu não estava confortável e tinha divergências quanto ao estilo de trabalho, ao rumo e ao modelo implantado.

No fim do ano de 1962, o Alex Periscinoto me procurou para um almoço. Contou que a Volkswagen estava arrependida de ter deixado a Alcântara e que pretendia voltar para a agência. Ele me disse que a Volkswagen apreciava a minha contribuição e havia pedido ao Alex para me trazer de volta. Procurei meus sócios na Proeme e ofereci minha parte a eles. Não aceitaram, porque não havia dinheiro para isso. Me propuseram um valor de compra que seria pago assim que a Proeme conseguisse um novo sócio para assumir minha parte. Fizemos um contrato, que foi cumprido corretamente, e eu voltei para a Alcântara Machado. Tempos depois, o Enio Maynard comprou toda a Proeme. O Enio, com sua competência e criatividade, fez da agência um sucesso absoluto. Minha volta à Alcântara durou apenas algumas horas.

Em 1955 eu havia conhecido o Edson Leite, diretor-geral da Rádio Bandeirantes, e em 1958, na Copa do Mundo, dei vários palpites na criação da *Cadeia verde-amarela — norte-sul do país*. O Edson, além de diretor da emissora, era um dos maiores narradores esportivos do Brasil, e já estava definido que seria o futuro diretor-geral da TV Bandeirantes. Não se sabia quando ela seria inaugurada, mas o Edson seria o titular. Jantávamos às vezes no restaurante Jardim de Napoli para falar sobre televisão, programação e pessoas que seriam necessárias. O Edson sempre me dizia que, na hora certa, iria me tirar da publicidade e levar de volta para a televisão. Em 1963, na manhã de meu primeiro dia de volta à Alcântara, ele chegou e me surpreendeu:

— Pega o paletó e vamos embora.

— Não uso paletó. E ir embora para onde?

O Edson havia assumido a TV Excelsior, e eu sabia disso, mas não sabia por que esse repentino investimento na empresa e não estava entendendo nada do que ele queria. O Edson se sentou e me deu uma explicação evasiva:

— O que iríamos fazer na Bandeirantes, faremos na Excelsior. E vamos assumir a liderança da televisão.

— Mas a Excelsior não tem dinheiro para um projeto desses — ponderei.

Fazendo cara de mistério, o Edson insistiu:

— Não vou te contar agora, mas que tem, tem. E você está contratado como meu assistente.

— Não dá — disse para o Edson. — Nem sentei a bunda na cadeira. Eu tenho que falar com o José Alcântara e com o Alex.

— Já falei. Você está liberado. Tem um carro novo de presente em seu nome na Vemag. É um adiantamento pelo contrato. Passa lá, pega, e vamos trabalhar. Você mesmo faz o seu salário. O que quiser.

— Loucura!

— Te espero na Nestor Pestana.

Naquele dia, de manhã, eu havia passado na Proeme para me despedir dos colegas. Fui para a Alcântara Machado na hora do almoço e à tarde estava na minha sala na Excelsior. Foi realmente um salto-mortal triplo. Em casa, o susto foi pior. Saí de Volkswagen e voltei de Vemaguet. Estava na publicidade e fui para a televisão. Era dono e voltei a ser empregado. Como diria o Jô Soares, *chose de loque*.

18 **GELEIA** GERAL

São Paulo (1963)

Ritinha e Paulinho, os bonequinhos da TV Excelsior de São Paulo.

Um dos primeiros trabalhos que fiz na TV Excelsior, a pedido do Edson, foi a criação de vinhetas de identidade e de informação da hora, tempo e temperatura, usando um casalzinho de mascotes.

Já ouvi dizer, por alguns desinformados, que esses bonecos vieram da Argentina e foram adaptados. Que nada. Nunca vimos o que foi feito lá. Foram criados aqui mesmo pelo Laerte Agnelli, sempre ao meu lado. Nomeei o casal como Joãozinho e Maria, mas o Edson mudou para Paulinho e Ritinha. Não entendi por quê, mas ficou assim. Eu fiz os primeiros roteiros e criei todas as músicas de acordo com cada situação. Ruy Perotti Barbosa animou os bonecos. Mais tarde, o Carlos Manga, no Rio, descartou os bonecos do Laerte e fez outros para o canal 2, primários, diga-se de passagem.

Levei vários profissionais para a TV Excelsior, inclusive o meu amigo Solano Ribeiro, que produziu depois os festivais da Excelsior e em seguida os da Record. O meu querido Jorge Adib havia deixado a Multi e era o chefe de propaganda da Colgate-Palmolive. Ele e o Peñaranda, presidente da empresa, insistiam comigo para que fizéssemos uma novela diária. Se fosse ao ar, essa novela teria imediatamente o patrocínio deles. A Colgate-Palmolive era a maior produtora e patrocinadora e patrocinadores de novela no rádio. Eles tinham até texto pronto para fornecer.

O problema é que, espremidos no Teatro de Cultura Artística, na rua Nestor Pestana, e sem estúdios, não tínhamos como produzir. Um dos argentinos, o Tito Di Miglio, sugeriu uma novela que estava fazendo sucesso por lá. Precisava apenas de dois ou três cenários e basicamente de uma atriz e um ator. O Edson topou testar. O texto do também argentino Alberto Migré para a novela *2-5499 ocupado* era horroroso, mesmo assim a primeira novela diária da televisão brasileira foi um êxito e abriu o caminho para o sucesso da Excelsior. Atribuo esse sucesso ao fato de ter sido a primeira novela diária e, especialmente, à participação do casal Tarcísio Meira e Glória Menezes. De qualquer forma, eu não estava mais lá. Um pouco antes, quando a novela estava sendo preparada, eu tive uma surpresa. A direção da TV Excelsior do Rio de Janeiro, canal 2, havia sido entregue ao Felício Maluhy, parente do Alberto Saad, e ao Miguel Gustavo, maravilhoso compositor, mas que nada tinha a ver com televisão. E eu nem sequer fui consultado. Cobrei o Edson:

— Estão tocando o Rio sem a minha participação. Como fica nosso projeto de rede?

— Continua de pé. Tudo produzido aqui. Eles são cariocas, dominam o espírito do Rio e farão lá o que for local.

Eu azedei. Imaginava que iríamos montar a sonhada rede de fato e percebi que não era bem assim. Isso acabou ficando mais claro quando, alguns dias depois, ocorreu o episódio que eu chamo de "Noite de São Bartolomeu". Em uma só noite, de uma só vez, a Excelsior carioca contratou todo o elenco da TV Rio. De manhã recebi em casa um telefonema do Walter Clark, irritado comigo:

— Ô, Boni. Por que isso? Por quê?

— Por que o quê? — perguntei.

— Vocês contrataram todo o elenco em uma noite só. Isso é concorrência desleal.

Expliquei a ele que estava tomando conhecimento do fato através dele. Que não sabia de nada, que estava arrasado e iria para a Nestor Pestana saber o que houve. Chegando lá, entrei intempestivamente na sala do Edson. Ele nem me deixou falar e foi se explicando:

— Não tive nada com isso. Estou tão surpreso quanto você. Senta aí, vamos conversar.

O Edson me contou que tinha sido coisa do meu amigo Ricardo Amaral com o Wallinho, filho do dono, e que ele não podia fazer nada. Era fato consumado.

Eu liguei para a casa do Ricardo. Havia chegado do Rio e dormia. Somente muito tempo depois foi que o Ricardo me contou com detalhes: ele havia encontrado o Chico Anysio em um voo da ponte aérea. No caminho, voltando do aeroporto, o Ricardo deu uma carona para o Chico, e ele se queixou das más condições técnicas da TV, da falta de pagamento de figurantes e dos constantes atrasos no salário. O Ricardo era amicíssimo do Wallace Simonsen Neto, o Wallinho, filho do Mário Wallace. O Wallinho quis cuidar da área de contratação de artistas internacionais e convidou o Ricardo para assumir essa função. Devido à intimidade que tinha com o Wallinho, o Ricardo ofereceu ao Chico a possibilidade de ir para a Excelsior:

— Se você quiser vir para a TV Excelsior, resolvo isso já.

O Chico não se animou muito:

— Eu não sou sozinho. Tem o Carlos Manga e mais uns vinte artistas.

O Ricardo sempre foi direto e agressivamente franco:

— Isso não é problema. Se quiser, vamos direto para o escritório da Wasin. O Wallinho deve estar lá agora.

Foram os dois para lá. O Wallinho topou e fechou contrato verbal com o Chico. Chamou o advogado dele, o José Carlos Ráo, e pediu para ele fazer todos os contratos que o Chico quisesse, mas tudo em sigilo absoluto. O Chico chamou o elenco e o Manga, que contratou não vinte, mas cerca de quarenta artistas da TV Rio.

Eu já andava desesperado com a loucura que era a Excelsior e vinha reclamando da falta de reuniões, de tomada de decisões, de orçamentos, de planejamento, enfim. E, mais do que isso, eu não aceitava decisões que fugiam ao meu controle e até ao controle do próprio Edson. A resposta aos meus argumentos foi que a urgência não permitia respeitar esses princípios. O Edson era um determinado obsessivo e dizia:

— É melhor errar rápido que acertar devagar. Essas coisas administrativas não têm a menor importância. Vamos fazer o que queremos de qualquer forma.

Fui embora. Não sabia trabalhar assim. Dentro da Excelsior muita gente concordava comigo, mas o Edson achava que éramos um bando de loucos que não enxergavam a grande oportunidade. Como o João Bacamarte, de *O alienista*, de Machado de Assis, o Edson pensava que era o único lúcido. O projeto foi em frente, mas se extinguiu em apenas cinco anos. Não se pode deixar de reconhecer que o Edson Leite rompeu o convênio entre as emissoras de televisão e libertou os artistas brasileiros.

Rio de Janeiro (1963)

Cassino Atlântico, em Copacabana, onde foi montada a TV Rio.

Eu ainda estava arrumando as coisas para sair da Excelsior quando recebi um telefonema do Walter Clark pedindo que eu fosse ajudá-lo na TV Rio. Outro telefonema veio do Murilo Leite. O Murilo, que fazia parte do triunvirato que comandava a Rádio Bandeirantes, havia optado por permanecer na emissora e não acompanhar o Edson e o Alberto. Se o Murilo Leite, administrador de pulso, tivesse acompanhado o Edson, talvez a história da Excelsior tivesse sido outra. Encontrei o Murilo no prédio da Bandeirantes, velho conhecido meu, na rua Paula Souza.

O Murilo me propôs que eu fosse o diretor artístico da futura TV Bandeirantes, e, enquanto ela não estivesse pronta para ir ao ar, eu assumiria o departamento de programação da rádio, colaborando com ele. Ainda me disse que o prédio estava em fase de conclusão e que todos os equipamentos já estavam comprados. A previsão era entrar no ar em 1965. Eu iria passar dois anos longe da TV e sugeri que eu ficasse, ao mesmo tempo, com um pé na Rádio Bandeirantes e outro na TV Rio, para, por um lado, não me desatualizar da televisão e, por outro, ajudar o Walter Clark.

Fomos até o João Saad, figura especial, simples e afável, e o João não concordou. Primeiro eu teria que dar uma ajeitada na rádio, que estava com problemas de audiência, e depois poderíamos adotar a minha divisão entre a Rádio Bandeirantes e a TV Rio até uma determinada data. No esporte, a Bandeirantes havia perdido o Pedro Luiz e sua equipe esportiva, que migraram para a Rádio Tupi. O Murilo trouxe o Fiori Gigliotti e precisava começar tudo de novo para não perder o prestígio que a Bandeirantes tinha nessa área. A programação também precisava de um novo impulso. Consultei o Walter Clark, que concordou em me esperar.

Na Bandeirantes, mexi na programação inteira. Criei uma identidade para a rádio que usava as dez músicas mais tocadas no Brasil em versões de trinta segundos, com arranjos musicais semelhantes ao original e letras falando da rádio. Era uma inovação e fez um sucesso danado. Levamos o Sergio Andrade para redigir vários programas. O Walter Silva, o Pica-Pau, foi meu introdutor junto aos contratados da empresa, e o Samir Razuk fez um excelente trabalho cancelando os programas que eu iria tirar do ar, convencendo outros clientes a mudar de horário e vendendo a nova programação. O Júlio Atlas sempre foi um conselheiro competente e meu apoiador. Modernizei as transmissões de futebol e introduzi programas transmitidos ao vivo de diversos bairros. Foi uma revolução.

A Bandeirantes era um celeiro de talentos, como o Vicente Leporace, o Enzo de Almeida Passos, o Walter Silva, o Moraes Sarmento, o Alexandre Kadunc, o José Paulo de Andrade, o Luiz Aguiar e o Clodoaldo José, pai do Cléber Machado, que por sua vez foi locutor esportivo da Globo durante anos. Todos já estavam lá quando cheguei. Foi fácil recuperar a liderança de audiência, e enquanto estive na Bandeirantes jamais perdemos essa posição. O problema é que o projeto TV Bandeirantes era protelado continuamente.

Conversei com o João Saad para atualizar o cronograma de investimentos necessários a fim de que a TV Bandeirantes pudesse ser inaugurada. O volume de providências e projetos e o treinamento de pessoal exigiriam tempo e dinheiro. Mas o João Saad, sincero e cuidadoso, ponderou que queria um ritmo mais lento para não dar um passo maior que a perna. Não pudemos fazer uma previsão de lançamento do canal 13 de São Paulo.

Pedi que ele me liberasse para a TV Rio e eu voltaria quando a TV Bandeirantes precisasse de mim. O João compreendeu e me liberou por seis meses. Fui para o Rio e fiquei morando no Hotel Miramar, onde a hospedagem era em permuta, já que a emissora não pagava a conta. Eu tinha poucos amigos no Rio e não conhecia o pessoal da TV Rio. Com meus filhos no colégio, não daria para trazer a família por um tempo tão curto. O jeito era encarar uma ponte aérea semanal. Tempos bicudos.

O Walter Clark havia conseguido levar o Chico Anysio de volta para a TV Rio, e o Chico criou o *Praça Onze,* com músicas do João Roberto Kelly, o campeão de marchinhas de Carnaval, compositor extraordinário e um amigo querido. A Excelsior, no entanto, duplicou a oferta de salário, e o Chico mais uma vez deixou a TV Rio. Para quebrar o galho, tiramos o Chacrinha das tardes de sábado e o colocamos no horário nobre. A audiência explodiu, e a Excelsior levou também o Chacrinha.

No humor e em variedades, estávamos sem saída. Não havia estúdios nem elenco para produzir dramaturgia. Eu e o Walter decidimos apelar para a TV Record de São Paulo e conseguimos produzir lá, pelo menos, uma novela, *Renúncia*, de Oduvaldo Vianna, o pai do Vianinha. A novela, que tinha como protagonistas Irina Greco e Francisco Cuoco, emplacou no Rio, mas em São Paulo o resultado de audiência foi mediano. Mesmo assim a Excelsior levou o Francisco Cuoco. A TV Record desistiu de fazer novelas.

Eu e o Moacyr Areas, na época superintendente da TV Rio, tomamos o trem noturno e fomos fazer um apelo para o Paulinho

Carvalho, mas ele só pensava em musicais, e todos voltados para o mercado de São Paulo. Ficou difícil. Todos os projetos estavam bloqueados, ou pela falta de entendimento entre a TV Rio e a TV Record ou por inércia da emissora carioca. O proprietário da TV Rio, João Batista Amaral, conhecido como Pipa Amaral, era cunhado do Paulo Machado de Carvalho, dono da TV Record. A ideia inicial era fazer uma operação conjunta, mas isso só funcionou nos nomes de fantasia, primeiro REI — Rede de Emissoras Independentes — e depois Emissoras Unidas.

O Pipa era jovial, alegre e divertido, mas distante do negócio. Várias vezes parou a produção de cenários na emissora para que a carpintaria pudesse fazer móveis para sua casa de fazenda, no Tanguá, em Angra dos Reis. Não costumava ir à emissora, e as reuniões administrativas, quando aconteciam, eram na sede de sua holding. Quem aparecia mais nos escritórios da TV Rio era o João Batista Amaral Filho, rapaz fino e educado, agradável e inteligente, mas que não tinha autonomia para tomar decisões. A TV Rio vivia apenas o dia a dia, e nada que fosse planejado para o futuro saía do papel. O Pipa engavetava tudo na escrivaninha dele, que eu acabei apelidando de TV Gaveta.

20 DERCY GONÇALVES

Rio de Janeiro (1963)

Dercy Gonçalves, a rainha absoluta da televisão.

Dercy Goncalves, nascida Dolores Gonçalves Costa, é um dos maiores nomes do cenário artístico brasileiro. Filha do alfaiate Manuel Gonçalves Costa e da lavadeira Margarida Gonçalves Costa, ela nasceu em 1907, em Santa Maria Madalena, no interior do estado do Rio de Janeiro. A avó era africana, e o avô, português, o que deu a Dercy um tipo forte e ao mesmo tempo brejeiro.

Foi no meu Cinema Paradiso, em 1943, que eu vi a Dercy pela primeira vez, em uma comédia chamada *Samba em Berlim*, na qual ela era apenas uma coadjuvante que interpretava uma empregada. O filme tinha os astros Mesquitinha e Brandão Filho, mas era ela quem pulava para fora da tela. Vinte anos depois, em 1963, conheci pessoalmente a Dercy, e nos anos 1970 pedi a minha querida amiga Maria Adelaide Amaral que colocasse a vida dessa artista em um livro. A Maria Adelaide escreveu, então, o magnífico *Dercy de cabo a rabo*, uma biografia escancarada. Lá estão relatos preciosos.

A Dercy, então Dolores, foi trabalhar como bilheteira de um cinema pulga da cidade e aprendeu, vendo filmes, a atuar, fazer maquiagem e se vestir. A companhia de circo Maria Castro, em 1928, passou por Santa Maria Madalena, e a Dercy, que cantava maravilhosamente bem, preparou um show na janela de casa, que dava para a rua. Quando os artistas do grupo vinham caminhado pela rua, fazendo propaganda do espetáculo, ela abriu a janela e fez a apresentação. Foi imediatamente convidada para integrar a companhia Maria Castro. Pediu permissão aos pais; como não deram, fugiu de casa. Em 1929, ela estreou cantando um dueto com Eduardo Paschoal, que havia violentado a Dercy assim que a conheceu.

À Maria Adelaide ela contou que, naquele tempo, era sem graça e tão pobre que sua camisola era feita de um saco usado de farinha. Dercy pensava que Eduardo queria matá-la. Mesmo assim ela acabou se apaixonando por ele, e viveram juntos 25 anos; até montaram juntos um espetáculo itinerante chamado *Os Pascoalinos*.

Nos anos 1930, a Dercy começou a participar de espetáculos como atriz. Naquele tempo, a dupla Jararaca e Ratinho era campeã nacional de bilheteria, e seus shows tinham um ato de abertura, com o objetivo de esquentar a plateia, feito pela Durvalina Duarte. Um dia, a Durvalina não apareceu e jogaram a Dercy no palco para fazer o ato de improviso. Ela entrou em cena, pegou um telefone e começou a fazer um monólogo. Falava e dizia para a plateia:

— Ninguém responde.

Quanto mais ela exagerava a irritação e quanto mais brigava com o telefone mudo, mais a plateia ria. No auge do entusiasmo, ela decidiu dar uma cusparada no telefone. O cuspe saiu forte, bateu no telefone, passou sobre a orquestra e caiu exatamente na cabeça de um careca na plateia. Foi um delírio. O careca ria, a plateia ria, e ria a Dercy. A dupla Jararaca e Ratinho já havia chegado, mas o público aplaudia e pedia:

— Bis. Bis. Queremos mais… queremos mais.

Tirar a Dercy do palco foi uma guerra. Estava descoberto o seu caminho: o humor popular nas últimas consequências. Daí em diante foram sucessos em cima de sucessos, no teatro e no cinema. Foi estrela de espetáculos do Walter Pinto e fez dezenas de filmes.

Em 1963, o Carlos Manga montou a linha de shows da TV Excelsior com cinco programas no horário nobre: O *Dercy Beaucoup*, com a Dercy, e mais o *Chico Anysio show*, o *Times Square* e o *My Fair Show* e também a *Discoteca do Chacrinha*. Com exceção da Dercy, todos os outros programas eram feitos com artistas que o Manga havia tirado da TV Rio. O Walter Clark levou o Chico de volta, e eu fiquei encarregado de chamar a Dercy.

Depois de muita conversa, ela foi trabalhar conosco. De presente, demos a ela uma viagem ao México e aproveitamos para pedir que ela levasse o dinheiro para pagar os direitos da novela *O direito de nascer*. Mas, rapidamente, o Chico e a Dercy voltaram para a Excelsior. Não havia condições de trabalho para eles na TV Rio.

O Chico foi embora sem se despedir, e a Dercy, que me queria bem, montou um golpe para sair alegando um motivo. Internou-se em um hospital fingindo uma doença. Eu fui visitá-la, e o Carlos Manga, que estava lá, se escondeu no banheiro para que eu não o visse. Ela mesma me contou isso posteriormente. Em 1966, quando o Walter Clark foi para a Globo, levou a Dercy, e ela tomou conta da audiência das tardes de domingo, atingindo números que nenhum programa conseguia naquele horário. Em dezembro desse mesmo ano, ela estava insatisfeita e queria ir trabalhar comigo na TV Tupi. Lembrei à Dercy que a TV Tupi não era muito diferente da TV Rio e que ela iria ter que fingir de novo e se internar no hospital. Ela agradeceu e me informou:

— Vou falar com o Walter Clark. Se você acha que eu não devo ir para a Tupi, vem comigo para a Globo.

Eu revelei a ela que já havia um compromisso meu com o Walter e com o Joe, e que até março de 1967 eu estaria na Globo.

— Jura aí de pés juntos. Se você não vier, eu deixo a televisão e volto para o teatro. — Dercy me fez prometer.

Jurei e cumpri. Levei o João Loredo comigo. Entreguei a ele a direção do programa da Dercy, mas me mantive na supervisão.

Eu frequentava todas as reuniões que eram feitas na casa dela, na rua Tonelero, e a Dercy preparava para mim, semanalmente, a carne assada dela, sem dúvida a melhor do mundo. Um dia me atrasei porque roubaram meu carro. No dia seguinte, ela me mandou de presente um carro novo.

Nos anos 1970, a censura começou a implicar com o programa dela e chegou a suspender a Dercy por 15 dias. Para ela voltar, a censura exigiu que o programa não fosse mais ao vivo. Passamos a gravar, e de três horas de programa sobrava apenas uma hora ou menos, sendo todo o resto proibido pela censura. O programa teve que sair do ar.

Dercy voltou ao teatro e fazia participações esporádicas na televisão. Em 1989 eu a coloquei fixa no quadro Jogo da Velha e a liberei, a pedido do Cassiano Gabus Mendes, para a novela *Que rei sou eu?*. A grande Dercy voltou a brilhar e foi o ponto alto da novela. Depois, Silvio de Abreu a requisitou para *Deus nos acuda*.

Ela fazia tudo muito bem, mas queria um programa próprio e foi para o SBT. Ela teve um empresário safado que acabou lhe roubando dinheiro. No ano 2000, ela me procurou e se queixou da vida, daquele jeito dela, pronta para brigar mais do que reclamar. Queixou-se de problemas de locomoção. Então mandei ela escolher um carro de quatro portas para que ela pudesse entrar e sair com facilidade e avisei que seria um presente meu. Ela relutou, mas escolheu o carro, e eu comprei e entreguei para ela. Alguns dias depois, ela vendeu o carro. Eu liguei cobrando:

— Você que escolheu o carro. Por que vendeu?

— Vendi para jogar no bingo — respondeu ela do outro lado da linha.

— Porra... se queria dinheiro, por que não me pediu dinheiro? — Dei uma bronca no estilo dela.

— Se eu dissesse que era para jogar, você não iria me dar. — A sabida me desmontou.

Eu disse a ela que daria o dinheiro mesmo sendo contra o bingo, que ela curtia.

Eu devia tanto à Dercy que não poderia negar nada a ela. A cada discussão de texto com ela, aprendia truques e jogadas para conquistar e fazer o público rir. Não tenho a menor dúvida de que foram figuras como a Dercy Gonçalves e o Oscarito que determinaram o timing da comédia brasileira. Devo também à Dercy lições de vida e mais uma vida inteira de carne assada. Devo o carinho que ela sempre teve com a minha mãe, Kina. Engraçada, polêmica, autoritária e com uma enorme inteligência e capacidade de analisar pessoas, comportamentos e a sociedade, a Dercy foi muito mais que a artista especial que todos conhecem. Foi uma pessoa muito à frente de seu tempo.

21 O *DIREITO* DE *NASCER*

Rio de Janeiro (1964)

Exibida pela TV Tupi de São Paulo e pela TV Rio, a novela parou o Brasil.

Não desisti, especialmente das novelas, e me lembrei do sucesso radiofônico da Rádio Nacional, *O direito de nascer*. Descobri que o autor, Félix Caignet, estava morando no México, e meu amigo Alfredo Gil, do Trio Los Panchos, me conseguiu o contato do Caignet. Era apenas um número de telex, porque o Félix Caignet era cubano, estava refugiado no México e não queria ser rastreado.

Telex era uma geringonça que precedeu o fax e o e-mail, e que usava fitas perfuradas, mais difíceis de rastrear que os telefones comuns de linha. Passei um telex para Félix Caignet e disse a ele que gostaria de comprar os direitos para a televisão no Brasil. Ele me respondeu que a novela era de rádio e precisaria ser adaptada para a televisão, e ele não tinha como fazer isso. Mandei outro telex dizendo que a adaptação nós faríamos aqui, e que só queríamos comprar os direitos e receber os textos de rádio. O Caignet respondeu que o valor era de cinco mil dólares, mas teriam que ser pagos em espécie e sem recibo, devido à situação política dele. Concordei e pedi apenas um contrato brasileiro cedendo os direitos, que nós prepararíamos no Brasil, e ele e o seu advogado assinariam, sem passar pelas autoridades mexicanas.

Levei ao Walter a ideia, expliquei a negociação que eu estava fazendo. O Walter se entusiasmou. O problema era que a TV Rio, além de não ter caixa, não tinha como executar o pagamento dessa forma. Propus ao Walter:

— Compramos nós. Cada um entra com a metade, e a gente recebe quando vender.

Cinco mil dólares era muito dinheiro em 1963, mas nós dois topamos e fomos ajudados pelo acaso. Nós tínhamos acabado de contratar a Dercy Gonçalves, que estava na Excelsior. Como luva, ela nos pediu duas passagens e hotel para ela e o namorado, a fim de descansar uns dias no exterior. Oferecemos o México, e ela adorou. Pedimos a Dercy que levasse os cinco mil dólares em notas de cem para pagar o Félix Caignet, pegar a assinatura dele e do advogado no contrato de cessão e trazer os textos da novela.

Quando a Dercy chegou ao México, telefonou, apavorada:

— Roubaram o dinheiro. Roubaram no hotel!

Ela me disse que havia pedido para o namorado colocar no cofre do quarto, e, quando abriram o cofre, ele estava vazio. Perguntei quem sabia o segredo, e ela explodiu do outro lado da linha:

— Porra, Boni! Que segredo? Você sabe que eu não tenho cabeça para guardar merda nenhuma. Quem sabe é o meu namorado. Ele que botou no cofre, e ele é que sabia.

Na hora saquei que somente ele poderia ter passado a mão na grana.

— Esse cara não tem conta em banco no México, e seria difícil abrir uma e ainda transferir para o Brasil. E se fizesse isso ele saberia que seria rastreado. O dinheiro está com ele. Reviste todas as coisas, malas, roupas e sapatos — instruí.

Foi rápido. Passado pouco tempo, a Dercy ligou:

— Tô com a grana aqui. O filho da puta tinha costurado na bainha das calças dele. Não quero ficar nem um minuto mais com essa grana. De repente o cara me mata. Já marquei com o advogado e estou indo para lá.

O advogado do Caignet se chamava Ladrón de Guevara. Ela deu o dinheiro, o advogado assinou os documentos que nós tínhamos preparado e entregou uma mala contendo os textos de *O direito de nascer*. A Dercy voltou para o hotel e ligou para mim.

— Cacete. Esse Ladrón de Guevara é um ladrão mesmo. Dei cinco mil dólares a ele e agora, abrindo a mala, vi que só tem papel velho amarelado — reclamou.

Expliquei a ela que era isso mesmo. Duas semanas depois, ela entregou a mala na minha sala.

— Quase fui presa como contrabandista de pele de animais por causa dessa mala miserável. Cheira a mijo de gato.

Com a mala fedorenta na mão, voltei à Record para tentar a coprodução da novela. Ouvi um sonoro não.

Liguei para o Walter:

— Temos os direitos, mas não temos onde e nem como produzir. Vou procurar o Rodolfo Lima Martensen para ele me ajudar.

— Não sei como — disse o Walter.

— Vou oferecer para a Lever. Ficamos sem a novela, mas recuperamos o dinheiro — respondi.

Quando apresentei os documentos de cessão de direitos, o Rodolfo Lima Martensen apostou no sucesso.

— Isso vai ser um tiro de canhão. Vou falar com o Fernando Severino, da Tupi. Vocês cederiam os direitos autorais à Lintas, a Tupi de São Paulo produz e passa no Brasil inteiro, e talvez a gente consiga que a TV Rio exiba no Rio — disse ele.

— A Tupi do Rio não vai querer ficar de fora — ponderei.

O Rodolfo fez aquela cara de otimista, arregalou os olhos e levantou as imensas sobrancelhas.

— Se a Tupi de São Paulo se interessar, acho que temos como resolver isso.

No dia seguinte, o Rodolfo me ligou e, feliz, disse que a reação do Fernando Severino tinha sido muito positiva e que o Cassiano Gabus Mendes queria falar comigo e ver o que eu tinha de documentos e se os textos estavam preservados. Comprei uma mala nova, acomodei os papéis, mas o cheiro permanecia. Achei melhor deixar a mala no carro. Mostrei o documento de cessão e disse que tinha os textos comigo. Cassiano quis ver se estavam legíveis.

Fui até o carro, peguei a mala e levei para a sala do Cassiano. Quando abri a mala, veio aquele fedor.

— Isso cheira mal, mas vai cheirar muito bem. Os textos estão legíveis. Verifiquei do primeiro ao último capítulo. — Me desculpei, envergonhado.

O Cassiano deu uma olhada em alguns textos.

— A princípio vamos fazer. Em 15 dias indico adaptador e diretor — falou.

— "A princípio", não. Preciso decidir isso até amanhã — argumentei.

O Cassiano estendeu a mão.

— Ok. Fechado. Mas essa história de não passar na TV Tupi do Rio não é comigo. É com o comercial do Rio de Janeiro.

Essa era a parada mais difícil. Como convencer a Tupi do Rio de Janeiro?

Voltei para o Rodolfo Lima Martensen com a aprovação do Cassiano. Teríamos que falar com o Rogério Severino, irmão do Fernando, diretor comercial da TV Tupi do Rio. Nos reunimos com o Rogério, e o Rodolfo assumiu o compromisso de colocar na Tupi a mesma verba que seria programada na TV Rio durante a exibição da novela. O Rogério foi franco:

— Não seria normal acontecer uma coisa dessas, mas, como é a Lintas, e por você, Rodolfo, vamos aceitar. Vou ser crucificado por isso, mas está fechado.

O contrato de direitos estava em meu nome e em nome do Walter. Transferimos legalmente para a Lintas e recebemos nossos cinco mil dólares de volta. *O direito de nascer* foi produzida na TV Tupi de São Paulo e, no Rio, exibida pela TV Rio. Enquanto a novela esteve no ar, as duas emissoras recuperaram a liderança. Thalma de Oliveira e Teixeira Filho modernizaram a trama de Félix Caignet. Os diretores Lima Duarte, José Parisi e Henrique Martins não tiveram preconceito e contribuíram para que o folhetim tivesse um belo nível artístico.

O direito de nascer foi ao ar de dezembro de 1964 a dezembro de 1965. O Walter Clark teve a ideia de transmitir o final da novela ao vivo, direto do Maracanãzinho, para o Rio e para São Paulo. O ginásio foi ocupado pelo maior público já recebido.

22 O INFERNO ASTRAL

Rio de Janeiro e São Paulo (1963 a 1967)

TV Tupi, canal 6, sede do Telecentro das Emissoras Associadas.

Como a TV Rio não pagava os salários, eu não tinha como ficar na cidade e voltei para a Bandeirantes. Em novembro de 1965, passados nove meses desde o meu retorno, procurei o João Saad para algumas definições. Brinquei com ele:

— Olha só, em nove meses se faz uma vida. Estamos grávidos da TV Bandeirantes, mas não há sinais do parto.

O João engoliu em seco:

— Boni, é muito dinheiro. Não vou te enganar. Vamos esperar mais um pouco.

— Mas sai ou não sai? — perguntei.

— Sai. Um ano antes eu dou o sinal de partida.

Era uma agonia. Foi quando o Moacyr Franco, que eu havia contratado para a Rádio Bandeirantes, me convidou para dirigir o programa dele na TV Excelsior. O João Saad concordou. Logo no primeiro programa ficou claro que tínhamos coisas novas para mostrar. Do ponto de vista formal, exploramos pela primeira vez o chão do palco, que foi forrado com fórmica branca, dando uma inusitada luminosidade à atração. Passamos a trabalhar com mais câmeras, uma delas posicionada no nível do piso, com enquadramento de baixo para cima, o que não era comum na época.

Como conteúdo, os textos de humor foram enxugados, e o auditório era intensamente ensaiado para cantar junto com o Moacyr. Usei até desenhos de Norman McLaren como moldura em uma canção do Piazzolla. O Moacyr levou o filho Guto, que agradou em cheio o auditório e a audiência em casa. Para valorizar as falas do Guto, eu antecipava o corte para antes da "deixa" do Moacyr. Simples, mas também novo.

Mexeu com o mercado. Correram atrás da gente. A TV Record fez uma proposta irrecusável. O Moacyr aceitou. A TV Tupi dobrou o valor da Record. Fomos convidados para uma reunião com o Edmundo Monteiro, cacique maior da tribo Tupi em São Paulo. O Moacyr aceitou, embora tivesse assinado com a TV Record antes. Tive que ir à TV Record, junto com o Moacyr, para desfazer o nó em que ele havia se metido.

Minha vida profissional mudou após o contato com Moacyr Franco. A mim foi proposto um contrato duplo, um deles para dirigir o programa do Moacyr e outro, por indicação do Chico Anysio, para assumir a direção-geral do Telecentro, um nome fantasia para um empreendimento que pretendia unificar a Rede de Emissoras Associadas em todo o Brasil. Nesse momento, o Walter Clark já havia me convidado para trabalhar na Globo, então liguei e pedi a ele para ficar um ano com o Moacyr, cumprindo o compromisso que assumi com ele. E tentaria, nesse período, viabilizar o Telecentro.

Eram muitos pássaros voando e nenhum na mão, inclusive ficar na TV Bandeirantes. Fui até o João Saad de novo, e ele foi sincero:

— Não faremos nada até 1967. Não temos como antecipar os investimentos.

Eu pedi demissão. O João compreendeu e me liberou. Só depois assinei com a Tupi. Já relatei no meu primeiro livro, mas quero repetir a história. Eu havia recebido de presente do João Saad um terreno próximo ao prédio da TV Bandeirantes. Quis devolver, e ele não aceitou:

— Boni, o terreno é um presente pelo que você já fez e não pelo que iria fazer.

Fomos para o Rio. O Chico Anysio já havia contratado muita gente, e a Tupi tinha nomeado o Nereu Bastos controller do projeto e o Ary Nogueira gerente-geral de produção. Na primeira reunião, conheci o elenco e as facilidades de produção que teria. Como Sísifo, eu estava de novo empurrando a minha pesada pedra para cima. Era apenas um estúdio e o palco-auditório do Cassino da Urca, que dava para o gasto. As câmeras eram as TK-3 da RCA, as mesmas que vieram em 1950 para inaugurar as emissoras da Tupi. Os videoteipes eram ainda de freio a pedal, e às vezes partiam as fitas de vídeo. Não tínhamos lentes, e eu fui a São Paulo pedir emprestado ao Cassiano uma Varotal para fazer zoom. O diretor que o Chico contratou para dirigi-lo foi o Daniel Filho, e eu e ele compramos do nosso bolso um microfone Eletro Voice, de fita, para usar nos números musicais. Diante das dificuldades, o Chico Anysio reclamou:

— Vamos desistir. Não dá.

Convenci todo mundo de que não haveria volta. Teríamos que tentar. Em três ou quatro programas, o Moacyr Franco assumiu a liderança do horário. O Chico, em seguida, passou a liderar. E depois a Bibi Ferreira e o Flávio Cavalcanti. A novela do Benedito Ruy Barbosa *Somos todos irmãos* conseguia, diariamente, mais de trinta pontos no Ibope.

O esquema parecia vitorioso, mas em pouco tempo começou a faltar dinheiro, pondo tudo em risco. O pagamento dos artistas começou a atrasar porque as emissoras da TV Tupi não pagavam as contas da rede.

O Assis Chateaubriand tinha dúvidas quanto a sua sucessão e, para perpetuar o seu império, teve a ideia de fazer um condomínio acionário. Já esgotei isso em *O livro do Boni*, mas, resumindo, o condomínio era formado por 22 pessoas escolhidas pelo Chateau, todos diretores de emissoras ou jornais, respondendo em conjunto pelo patrimônio dos Diários e Emissoras Associadas. Com a eventual morte de um condômino, seria necessário eleger um substituto, não havendo, portanto, herdeiros. O "comunheiro" reinava em vida e mais nada. Com isso, eles queriam poder e dinheiro enquanto vivos.

Essa foi a armadilha que acabou com o império do Chateaubriand. Uma das primeiras vítimas foi o Telecentro, porque a maior parte dos condôminos não pagava os custos da produção, abrindo um rombo no orçamento. Como na Excelsior, os pagamentos começaram a atrasar. O meu ficava por último por uma questão moral.

De 1963 a 1967, vivi um inferno astral, um amargo mas valioso aprendizado. Em março de 1967, o Walter Clark e o Joe Wallach me levaram para a Globo. O Moacyr Franco foi para a TV Rio, e o Chico Anysio, para a Record. Meu último ato no Telecentro foi uma conversa franca com o Daniel Filho. Ele se sentou no banco do carona do meu carro, e rodamos pelo aterro do Flamengo, indo e voltando enquanto conversávamos. O Daniel estava desolado:

— Vou fazer cinema. Vou fazer meus filmes. Não dá para fazer televisão no Brasil!

Eu tentava acalmá-lo:

— Vai dar, Daniel. Ainda vamos fazer televisão.

23 TV GLOBO BANDEIRANTES

São Paulo (1964)

João Saad, fundador do Grupo Bandeirantes.

Como é de praxe no Brasil, tudo acontece depois do Carnaval. Em março de 1965, o Murilo Leite me telefonou com uma notícia:

— Arruma as malas aí e vem arrumar as suas malas aqui. Estamos de mudança da Paula Souza para o Morumbi. — Rimou, mas era verdade.

O prédio da televisão já estava pronto, com habite-se e tudo. A rádio estava completamente montada. Só faltava a mudança dos escritórios.

Eu estava no auge das comemorações de *O direito de nascer*, mas a vida carioca estava complicada para mim, além da luta mensal para receber meu salário da TV Rio.

Arrumei as malas no Rio e fui fazer a mudança da minha sala em São Paulo, que estava intacta, o que me comoveu, porque senti que me queriam de volta mesmo. O prédio da Bandeirantes, no Morumbi, era outra vida. Parar um carro na rua Paula Souza, na zona do Mercado, era um inferno. No prédio novo tinha vaga com meu nome. Antes de ir para o Rio, eu havia pedido algumas alterações no layout dos estúdios. No projeto original, o switcher (corte) ficava alto demais, impedindo um contato físico mais próximo entre os diretores e os atores. Estava modificado e prontinho como eu queria. Não havia sido previsto um estúdio para gravações de trilhas sonoras, mas eu instalei. Pronto mesmo somente os estúdios de rádio, que eram um show.

Assim que cheguei à rádio, o Murilo me disse que o Moraes Sarmento estava de saída e precisávamos de um substituto para o *Hora da saudade*. O maior sucesso do momento na música popular era o Altemar Dutra. Eu o contratei, e lançamos o *Sentimental*, que era o nome de sua música mais tocada. O Altemar era o apresentador, cantava suas canções e apresentava os maiores sucessos de toda a música romântica da época. Dobrou a audiência no horário.

O problema é que o Altemar viajava muito e não tinha tempo disponível nesse horário. Pensei no Moacyr Franco, que estava na TV Excelsior, mas poderia fazer rádio livremente. Já pensando em trazê-lo para a futura TV Bandeirantes, eu o convidei para fazer o *Moacyr Franco Show*, diariamente, na Rádio Bandeirantes. Mais um salto de audiência.

Modernizei as transmissões esportivas da Rádio Bandeirantes. Há cinquenta anos lancei a primeira rádio estilo FM em AM mesmo. Tinha ouvido nos Estados Unidos e montei a Rádio América Go Go usando exatamente as vinhetas que se usam hoje nas FMs, criadas por mim e pelo Erlon Chaves. A Rádio América estava em 12º lugar de audiência e foi para o terceiro lugar em 15 dias.

Tudo caminhava muito bem, e trabalhar com o João Saad era um choque cultural devido a sua franqueza permanente, sua elegância no trato e sua extraordinária capacidade de ouvir. Mostrei para ele que o jornalismo e a produção de novelas diárias seriam inevitáveis, além do humor, dos musicais e dos filmes, exatamente como todas as emissoras faziam. Claro que nós poderíamos fazer melhor, considerando a qualidade dos equipamentos e dos estúdios que tínhamos. Acentuei que o esporte devia ser prioritário, pela tradição da rádio nessa área. Quando disse que teríamos que comprar direitos para filmes, esportes, notícias e eventos, o João arregalou os olhos e me perguntou:

— Tudo de uma vez? Não podemos começar aos poucos?

Claro que poderíamos. Eu disse a ele que até daria para fazer um cardápio para escolher o tamanho que queríamos ter.

— Faça. Não precisa ser um orçamento. Basta uma estimativa.

Eu trabalhei com três hipóteses e levei para ele. A resposta foi:

— Você está louco. Não é possível que os custos sejam esses.

— São — respondi. — Lidei com eles na TV Excelsior e na TV Rio.

Fiz outros ensaios menores, e o João não se cansava de repetir, sorrindo e coçando a cabeça:

— Toda vez que vou dormir, quando ponho a cabeça no travesseiro, penso no diabo desses custos.

— Podemos fazer somente jornalismo e esporte ou podemos só exibir filmes. Mas não sou eu que vou determinar isso. É o tamanho do seu investimento. Se quiser, como a gente faz com os médicos, peça uma segunda opinião.

O João suspirou.

— Não posso fazer isso. Mas o Murilo pode falar com o Alberto Saad na Excelsior e com o Edmundo Monteiro na Tupi.

Recomendei que ele fizesse isso, e foi um deus nos acuda. Os números da Excelsior eram alarmantes. Gastavam em um mês o que eu estava propondo por ano. Os números da Tupi eram mais modestos, mas quatro ou cinco vezes maiores que as minhas estimativas. Alertei o João para o fato de que a única saída era montar uma rede. E lembrei que a Globo estava inaugurando em abril e não tinha emissora em São Paulo. O Mauro Salles estava negociando a compra da TV Paulista, mas ainda não havia concluído o negócio:

— Quer que eu fale com o Mauro?

— Pode sondar, mas sem compromisso.

Falei com o Mauro, que marcou uma reunião com o João no Rio, na sede do jornal *O Globo*. Fomos o João, o Mauro e eu, acompanhados do Paulo Andrade Lima, amigo do Roberto Marinho e do João Saad. A conversa correu bem, e o Roberto achou que merecia um estudo.

— Ponham no papel, me mandem e vamos fazer uma segunda reunião.

Fui incumbido de redigir a proposta. Na segunda reunião, o Roberto abriu a conversa:

— Antes de mais nada, João, eu gostaria de saber se você aceitaria ter um sócio americano.

— Não. Sócio, não. Não é do meu temperamento. — O João foi direto.

— Não sócio na propriedade — aparteou o Roberto Marinho. — Isso a lei nem permite. Vocês seriam parceiros. Tenho compromisso com eles. Sem a participação deles não podemos fazer nada.

— O que eu gostaria de fazer seria um acordo operacional com o senhor. Sócios, parceiros e coisas assim, não — enfatizou o João.

Cada um seguiu seu caminho. O Roberto fechou negócio com a TV Paulista, e o João conseguiu a concessão do canal 7 do Rio, da Rádio Guanabara, que se tornou Bandeirantes. A Globo foi inaugurada em abril de 1965, e a Bandeirantes, em maio de 1967. Após a morte do João Saad, em 1999, seu filho Johnny Saad assumiu o comando e deu uma nova dimensão ao grupo. Herdeiro da fidalguia e habilidade do pai, multiplicou o complexo Bandeirantes de comunicação, diversificando e ampliando a rede. Por sugestão do Enio Maynard, mudou o nome da TV Bandeirantes para Band TV. A Rede Globo Bandeirantes foi uma espécie de Viúva Porcina, a que foi sem nunca ter sido.

24 O NASCIMENTO DA GLOBO

Rio de Janeiro (1965)

Juscelino Kubitschek devolve à Globo o canal cassado por Getúlio.

Em 1951, a Rádio Globo pleiteou junto ao governo do general Eurico Dutra a concessão de um canal de televisão, tendo recebido como outorga o canal 4 do Rio de Janeiro, antes concedido à Rádio Nacional, que havia desistido do projeto. Em 1953, Getúlio Vargas, arqui-inimigo da Globo, caçou a concessão. Somente em 1957 foi que a Rádio Globo conseguiu, com o presidente Juscelino Kubitschek, recuperar o canal de televisão.

Finalmente, em abril de 1965 a TV Globo foi ao ar. Em 1962, a Globo assinou um contrato de assistência técnica com o Time-Life, e isso provocou a reação das redes da época, especialmente dos Diários e Emissoras Associados. Os ataques contra a TV Globo partiam diretamente do João Calmon, presidente dos Diários Associados, nas emissoras de televisão da rede Tupi, nas rádios e nos jornais dos Associados. O governador Carlos Lacerda, do Rio de Janeiro, arqui-inimigo do Roberto Marinho, engrossava os protestos vociferando contra o chamado acordo Globo/Time-Life. No Brasil, a lei impedia a participação de capital estrangeiro nas empresas jornalísticas e de comunicação social, o que exigiu que a TV Globo e o Time-Life elaborassem um complicado contrato para dar aparência legal ao acordo. O contrato foi elaborado pelos advogados da Globo e pelo escritório de advocacia José Thomaz.

Esse contrato teve duas versões, uma que não saiu do território norte-americano, sendo, portanto, inválida no Brasil, e outra que substituía o objeto inicial do contrato, transformando o Time-Life em mero proprietário do terreno e dos estúdios de televisão construídos na rua Von Martius, no Jardim Botânico. Na verdade, nas duas versões, o grupo Time-Life passava a ser sócio da TV Globo.

Embora toda a imaginação jurídica fosse usada para legitimar o instrumento, estava claro, dentro do espírito da lei, que se tratava de um contrato ilegal. Houve o cuidado de preservar a independência editorial da TV Globo, e foram aproveitados buracos na lei para tornar o documento defensável. Nesse ponto, é importante entender quais foram os motivos da vinda do Time-Life para o Brasil.

O grupo Time-Life havia nascido em 1961, nos Estados Unidos, reunindo duas das maiores revistas da época, tendo como finalidade principal, por um lado, o marketing direto de venda da rica produção musical do período e, por outro, a participação no mercado de televisão que vinha preocupando revistas e jornais. O grupo conseguiu comprar apenas algumas emissoras em pequenas cidades nos Estados Unidos, e isso levou o Time-Life a procurar oportunidades fora do país.

No Brasil, o polêmico acordo com a TV Globo foi objeto de uma Comissão Parlamentar de Inquérito que concluiu pela ilegalidade da transação. Mesmo assim, como foi muito bem costurado, o acordo acabou sendo aprovado e validado pelo consultor-geral da República Adroaldo Mesquita da Costa. O dinheiro recebido do Time-Life havia mesmo sido aplicado na construção do prédio e na compra de equipamentos alugados à Globo, o que encerrou a acusação de sociedade entre o grupo norte-americano e a emissora brasileira. O Time-Life prosseguiu dando assistência técnica e nunca se meteu no conteúdo da TV Globo. O grupo sempre esteve longe disso, proibindo seus representantes de visitar a redação ou de se imiscuir com o jornalismo. O ponto de interesse era meramente comercial, ou seja, o negócio.

O primeiro representante do Time-Life na TV Globo foi o Hernández Catá, e o primeiro diretor-geral da nova emissora foi o Rubens Amaral. O falecido Mauro Salles, jornalista, publicitário e empresário, era diretor de jornalismo da empresa e quis me levar para a Globo. Naquela época, o Roberto pediu ao Rubens Amaral que conversasse comigo. Fui até o Jardim Botânico, e o Rubens Amaral me deu um chá de cadeira, me deixou esperando horas pelo encontro e mandou eu voltar no dia seguinte. Fui embora sem dar satisfação a ninguém.

Apenas avisei ao Mauro Salles que eu não havia sido recebido. Mais tarde, quando o Walter e o Joe me levaram para a TV Globo, o Walter já ocupava o lugar do Rubens Amaral, e o Joe Wallach era o substituto do Hernández Catá, que voltara para casa.

No começo, outros executivos do Time-Life vinham esporadicamente ao Brasil. Um deles, o Pullen, era um bonachão e apostava na gente. Outro norte-americano, o Baldwin, engenheiro competente, diagnosticou o problema do nosso sinal em São Paulo. Em 1970, eu conheci o presidente do Time-Life em uma reunião com o Joe Wallach e o Walter Clark. Nessa reunião fomos cobrados pelos lucros que nunca apareciam. O Walter quis dizer que os lucros viriam no fim do ano. No entanto, nervoso, soltou em inglês: "In the end of the world." Os gringos caíram para trás. O Time-Life, assustado com sua posição de vilão da história e insatisfeito com os resultados financeiros, resolveu sair definitivamente do negócio.

A Globo ainda pagava suas dívidas da primeira tentativa de se estabelecer e precisava de dinheiro para acertar as contas com o Time-Life. O Roberto Marinho procurou os banqueiros, especialmente os mais amigos. Recebeu promessas, mas os banqueiros amigos sumiram. Quem bancou a parada foi o José Luiz de Magalhães Lins, à época figura máxima do Banco Nacional de Minas Gerais. Emprestou o dinheiro e ainda foi avalista da dívida. O José Luiz era um apaixonado pela cultura e pela arte. Financiou o teatro, a música clássica, a música popular e tudo o mais que tivesse um caráter nacional e representasse um avanço para o Brasil.

Quando fui para a Globo, o Zé Luiz ficou três anos pagando o meu salário. Eu tinha promissórias vencidas que recebi da TV Tupi, e todo mês ele as transformava em dinheiro, descontando esses papéis para mim, sem mesmo saber se iria ser ressarcido ou não.

Se o acordo do Time-Life foi um estorvo político, o problema mais grave na TV Globo foi ela ter nascido de uma forma amadora e sem profissionais do ramo na condução da empresa. A engenharia ficou nas mãos do general Lauro de Medeiros, profissional detalhista que, no entanto, com regras rígidas de utilização dos equipamentos, tolhia a criatividade da produção. O diretor de programação era o também milico Abdon Torres, que, como bagagem, tinha apenas uma breve passagem pela TV Tupi. Poucos profissionais de televisão ocupavam postos secundários. Não sei até hoje quais influências levaram o Roberto Marinho a se cercar de um núcleo que jamais havia atuado na televisão. Mais adiante, em outro capítulo, vou detalhar essa situação. O fato é que o ambiente de televisão estava agitado em 1965. Os concorrentes estavam receosos e apreensivos, mas ficaram aliviados. A programação foi um fiasco completo. Nem o filme em série *O Super-Homem* conseguiu levantar voo para salvar a emissora. A programação tinha até algumas ideias interessantes, mas de baixo interesse para a audiência e sem faturamento comercial. O Time-Life e a Globo amargaram fracassos e prejuízos na malfadada estreia da emissora em 1965. Desesperado, o Time-Life substituiu Hernández Catá, seu representante desde o início, e enviou para o Brasil o gerente de uma emissora do grupo em San Diego: Joseph Wallach, conhecido simplesmente como Joe Wallach. Se isso não tivesse ocorrido, seria difícil afirmar se a TV Globo existiria. O Joe fez um diagnóstico preciso do problema e receitou os remédios que salvariam a vida da recém-nascida empresa. Foi o Joe quem procurou profissionais qualificados e os contratou. Foram o talento e a competência que fizeram a TV Globo.

25 JOE WALLACH

Rio de Janeiro (1967)

Joe Wallach, o americano que se apaixonou pelo Brasil.

O convite para que eu fosse para a Globo foi feito pelo Walter Clark em 1966, mas só fiquei disponível em março de 1967. O Walter me pediu para fazer os acertos contratuais com o Joe Wallach. O Joe foi à minha casa, e conversamos um pouco sobre meus conceitos de televisão, o modelo de negócio, a rede e a parte artística.

Fiquei impressionado com a afinidade de ideias e com a objetividade dele. Percebi que nos daríamos muito bem na Globo e que poderíamos trabalhar juntos. O Joe se mostrou uma pessoa simples e afetiva, o que não é do costume norte-americano. Falando baixo e olhando fundo nos olhos da gente, ele inspirava confiança e fazia parecer que nos conhecíamos havia séculos. Havia se formado em contabilidade nos Estados Unidos, tinha administrado uma lavanderia do pai e de lá saltara para uma emissora local de televisão em San Diego. O Time-Life comprou a emissora e promoveu o Joe a gerente. Pouco depois, ele era o responsável-geral. Graças a sua grande capacidade administrativa, o Time-Life mandou o Joe para sanear as finanças da Globo, combalidas pelo primeiro ano de operação.

O Joe era bom em números, mas melhor ainda como ser humano. Essa foi a sorte do Roberto Marinho e, principalmente, a nossa. A maior habilidade do Joe era apaziguar conflitos. Um algodão entre cristais. De cara ele conduziu a relação Globo/Time-Life para a zona de conforto entre os dois. Evitava e contornava as divergências naturais dentro do grupo, fazendo com que todos trabalhássemos com prazer e tranquilidade. Se o Walter teve o mérito de montar o núcleo inicial, foi o Joe que fez esse núcleo funcionar com estabilidade e produtividade.

Superesperto, o Joe, quando chegou ao Brasil, se deparou com duas opções: ou reformar a programação e tentar vender, ou vender e reformar a programação. Acertadamente, optou por vender e ir ao mercado buscar dinheiro. São Paulo era o centro das agências de publicidade, e o maior vendedor de São Paulo era o Roberto Montoro, da TV Rio. O Joe contratou o Montoro, que por sua vez indicou o Walter Clark para dirigir a comercialização nacional. O Joe contratou o Walter. O Walter Clark sempre foi mais que um homem de vendas; era bom de produção de televisão e ainda melhor como estrategista de programação.

Quando cheguei, assumi a direção de produção e programação e depois passei a ser superintendente, respondendo também pelo jornalismo, pela engenharia e pela comunicação. O início foi difícil. Para montar a sonhada rede, precisávamos de afiliados, e um dos mercados mais importantes, fora do Rio e de São Paulo, era o do Rio Grande do Sul, onde a TV Gaúcha dominava. Eu era velho amigo do dono, o Maurício Sirotsky, e fui a Porto Alegre com Joe, Walter Clark e José Octavio de Castro Neves.

Depois da reunião, os carros da TV Gaúcha foram nos levar a Caxias do Sul para um almoço. Fizemos uma parada para um café em Novo Hamburgo. Eu e o Joe fomos dar uma volta a pé pela cidade. O Joe, com um timbre de Louis Armstrong, cantava muito bem e conhecia todas as letras das melhores canções norte-americanas. Eu, amante de jazz, comecei também a cantarolar. Enquanto nós dois, como em um filme de Vincente Minnelli, cantávamos pelas ruas, o Walter Clark e o José Octavio resolveram disputar uma corrida de carros. Cada um pegou um, e então deram voltas pela pracinha da cidade. Eu e o Joe descobrimos na música mais uma afinidade. O Walter e o José Castro Neves foram presos, encarcerados na delegacia. Só foram liberados à noite, após muitas negociações feitas pelo Maurício por telefone. Como tínhamos fechado acordo com a TV Gaúcha, não perdi o trocadilho:

— Não temos rede ainda, mas temos uma cadeia.

Na época, o número de aparelhos de televisão ainda era pequeno, e o mercado publicitário, mínimo. O dinheiro era curto. Os investimentos e contratações eram inflacionados pela disputa entre as emissoras pelos poucos nomes capazes de levantar a audiência. Com a interferência inteligente do Joe, passamos a ter planejamento, coisa que antes não havia na atividade. Conseguimos descrever todas as metas e sequenciar os objetivos para a criação de uma rede nacional, com orçamentos rígidos e definição de prioridades. Mérito total do Joe Wallach, mas não bastaria a experiência dele para atingirmos esse comportamento. Foi a personalidade dele, franco, carinhoso e meigo, que nos conduziu pacificamente ao patamar de uma grande empresa.

Quando o Walter deixou a empresa, eu e o Joe sentimos que era preciso dar um novo salto. Ampliamos os afiliados e espalhamos nosso sinal para todos os cantos do Brasil. Uma vez chegamos a comprar nos Estados Unidos mais ou menos 12 transmissores de uma vez, escondido do Roberto Marinho, e em três meses montamos a rede no interior de São Paulo.

O Joe se naturalizou e foi mais brasileiro que todos nós. Ficou na Globo de 1965 a 1980 e voltou para os Estados Unidos para ficar perto dos filhos, em Los Angeles. Amante do conhecimento, especialmente da história, foi cursar a UCLA — Universidade da Califórnia em Los Angeles —, onde se formou em vários cursos. Já estava de pijama quando resolveu lançar a Telemundo, um canal de língua espanhola para concorrer com a Univision. Deu certo, mas ele preferiu a tranquilidade de sua casa em Beverly Hills. Em 1991, Joe voltou ao Brasil, e juntos lançamos a Globosat, com quatro canais operando 24 horas por dia, sem que tivéssemos ainda um só assinante.

Em 2023, Joe completou 100 anos. Comemorou o centenário dançando bossa nova num cruzeiro marítimo. Ele caminha diariamente pelas ruas do bairro em que lê, recebe os amigos e discute política. Se não fosse a presença do Joe na TV Globo, é provável que eu tivesse deixado a empresa logo no início. Quando ligo e ouço a voz dele, não digo “alô”. Digo de cara: “Eu te amo.”

26 ESTRANHOS NO NINHO

Rio de Janeiro (1967)

Com Walter Clark e Roberto Marinho.

A minha negociação com o Walter Clark foi feita na casa dele e finalizada com o Joe Wallach na minha casa. O meu contrato eu assinei com o Roberto Marinho na sala dele no jornal *O Globo*. No dia seguinte, fui pela primeira vez à TV Globo, direto para trabalhar. Quando cheguei ao majestoso prédio do Jardim Botânico, fui barrado no baile.

— O senhor quer falar com quem? — perguntaram na portaria.

Dei a minha identidade:

— Não vim falar com ninguém. Vim trabalhar. Sou o novo diretor artístico.

— É o seu Boni? — perguntou o porteiro.

— Sou eu. Posso entrar?

— Um minutinho, Sr. Boni. Dona Tatiana está esperando o senhor.

Tatiana era a Tatiana Memória, uma senhora elegante, responsável pelos serviços gerais e pela disciplina na Globo. Veio, muito solícita e sorridente, com meu crachá na mão.

— Bem-vindo. Bem-vindo.

Entramos e fomos até a sala dela, onde me ofereceu um café e desandou a falar:

— Vou mostrar tudo aqui para o senhor, escritórios, estúdios e toda a infraestrutura, só que temos uma pequena formalidade. Amanhã, por favor, venha de terno e gravata, que é o traje obrigatório dos executivos. Hoje vamos lhe emprestar um paletó.

Eu sorri e avisei a ela:

— Não uso paletó e não vou usar o seu. Vamos direto ao Walter, e outro dia a senhora me mostra o interior do prédio.

Ela ficou muda. Respirou fundo e consentiu:

— Está bem. Vou levá-lo à sala do Sr. Walter Clark.

Entrei. O Walter estava vestido impecavelmente, como de hábito, e, depois dos abraços de praxe, ele explicou que esse negócio de paletó fazia parte de regras internas vindas diretamente do Roberto Marinho. Executivos tinham que vir mesmo de terno. Para os artistas, bastava paletó. As atrizes e bailarinas deveriam usar roupão para trafegar entre os camarins e estúdios, caso estivessem vestindo trajes de cena com as pernas de fora. Os técnicos tinham que usar guarda-pó.

— Isso é um absurdo. Não vim fazer desfile de moda. Vim trabalhar — disse ao Walter.

— Bota o paletó para entrar e tira aqui dentro, só para não criar caso — pediu ele.

Walter me explicou que a Tatiana Memória era diretora da Sociedade Hípica Brasileira e amiga de longa data do Roberto Marinho. Seria melhor não mexer com esse assunto.

Fui para minha sala, chamei a Tatiana Memória e disse a ela que não iria cumprir a regra e iria liberar o meu pessoal. Avisei que faria um memorando cancelando todas essas imposições, que deixariam de valer imediatamente. Ela ouviu, muito assustada, e, quando terminei, me disse:

— As regras não são minhas. Eu apenas cumpro o desejo do dono. Acho melhor o senhor falar com o Roberto.

Eu achei que seria uma conversa inútil, na qual o Roberto Marinho iria me pedir tempo para examinar o assunto. Optei pela política de fato consumado e mandei o memorando.

O Roberto raramente aparecia no Jardim Botânico, mas ouvi rumores de que ele iria até lá para falar comigo. De fato, apareceu à noite, dois ou três dias depois.

Andou pelos estúdios, pelos camarins e pela área técnica. Daniel Filho dirigia de bermuda e sandália, Talma tinha cabelos longos e usava bata comprida, e todo mundo estava vestido informalmente. Era mesmo um bando de estranhos no ninho. O Roberto me chamou na sala dele. Fui sem paletó. Mal me cumprimentou e foi logo dizendo:

— Boni, só recebo as pessoas vestidas corretamente. Cadê aquele paletó que você usava quando assinou o contrato?

— Era alugado, Roberto. Já devolvi.

Ele, sorrindo, prosseguiu:

— Vou abrir uma exceção para você. Mas me diga o que está acontecendo aqui. Esse pessoal vestido assim não pode — disse ele, calmamente.

— Como não pode?

— As bailarinas estão andando seminuas nos corredores. Virou um caos… o inferno de Dante. Vi gente até de camisola e pijama.

— Estão trabalhando dia e noite e, quando o trabalho exige, eles até dormem aqui mesmo.

— Dormem aqui?! — perguntou o Roberto espantado.

— Alguns. Outros vão para casa rapidinho e voltam. Muito entusiasmo para construir a nossa Globo.

— A Tatiana Memória me disse que você suspendeu uma ordem minha — observou ele, ressabiado.

— Ela me avisou que as regras eram suas, mas eu não acreditei. Uma coisa tão absurda não poderia vir de um homem inteligente e moderno como o senhor.

O Roberto balançou a cabeça:

— Não me venha com elogios baratos. Se você acha necessário, faça como quiser. Vamos ver no que vai dar. Espero que dê certo.

A minha resposta foi título de um capítulo do primeiro livro:

— Vai dar certo.

• • •

Quando cheguei à TV Globo, em 1967, quem mandava na engenharia era o general Lauro Medeiros. Ele havia sido chefe do Gabinete de Comunicações do Exército.

Assessorado pelo engenheiro Herbert Fiuza, também militar, e pelos engenheiros civis Oswaldo Leonardo, egresso da TV Tupi, e Rene Xavier dos Santos, o general Lauro fez um belo trabalho técnico na instalação da TV Globo do Rio de Janeiro. O problema é que ele instituiu normas operacionais rígidas, que limitavam a produção. A engenharia pertencia aos diretores técnicos, e só eles podiam sentar na mesa de corte. Mas eram técnicos e não artistas. Os operadores de câmera também eram subordinados a normas e regras ditadas pela engenharia. Equipamentos e horários de uso dos estúdios eram igualmente controlados pela equipe do general Lauro Medeiros.

Outros militares pontificaram no início da TV Globo. Além do Fiuza, participava do núcleo principal o coronel Paiva Chaves. Ambos tinham a mente mais aberta, mas, embora prontos para colaborar, estavam acostumados ao estilo militar de administração. Eram boas-praças e se tornaram bons amigos meus. Havia passado também pela emissora o capitão Abdon Torres, que, depois de uma temporada de meses na TV Tupi, assumiu a direção artística da Globo. Do grupo inicial, não eram militares o diretor-geral, Rubens Amaral, e o chefe do jornalismo, Mauro Salles.

Os profissionais brasileiros de televisão trabalharam desde o início em prédios e instalações adaptados para fazer televisão, como os dois estúdios do Sumaré, construídos no jardim da TV Tupi; a TV Record, no prédio do antigo Buffet Colonial; a TV Paulista, em um pequeno apartamento da rua da Consolação; a Excelsior, no Teatro Cultura Artística; a Tupi do Rio, nos estúdios de rádio da avenida Venezuela e mais tarde no Cassino da Urca; e a TV Rio, no Cassino Atlântico.

Por ser nova e construída especificamente para ser uma emissora de televisão, eu imaginava que os estúdios, equipamentos e procedimentos operacionais da Globo fossem perfeitos. Conversa. O estúdio A, onde ficava o auditório, tinha um palco mínimo. Os estúdios B, C e D eram minúsculos. O Roberto Marinho havia imaginado uma emissora voltada para o jornalismo, os debates e os pequenos programas. No andar de cima dos estúdios ficavam as salas dos executivos e um restaurante para os funcionários. Na hora do almoço, as gravações tinham que ser interrompidas todas as vezes que batiam um bife na cozinha. Esqueceram que a emissora precisaria ter um carro de transmissão externa para eventos, futebol e produção artística.

Estabeleci que os investimentos em recursos para gravação em externas, ou seja, fora dos estúdios, seriam prioritários. Também tive que tomar outras providências que mexeram com todos os hábitos que encontrei na Globo. Desde pequenos detalhes até mudanças radicais. No meu primeiro memorando, proibi o restaurante de fazer bife batido. Nada a ver com televisão, mas ganhamos mais duas horas de gravação nos estúdios. Ganhei mais uma hora mudando um procedimento primário nas novelas: ninguém imaginaria, mas as aberturas eram gravadas todos os dias, e era a mesma coisa, somente mudando uma imagem que era escolhida do capítulo anterior sobre a qual eram projetados os letreiros. Proibi isso, e passamos a criar e utilizar uma única abertura para todos os capítulos das novelas. As câmeras eram soltas, acompanhando gestos e pequenos movimentos dos atores. Em um único memorando, obriguei que as câmeras fossem travadas e que os movimentos fossem de deslocamento das câmeras e não de correções, e também obriguei que os microfones fossem colocados estrategicamente para suprir deficiências de captação do microfone suspenso, chamado de *boom*. Acabei com a luz chapada, exigindo a observância das fontes de luz, sombras e contraluz para dar dimensão às imagens.

Levei algum tempo, mas acabei com a ditadura da engenharia e a coloquei no lugar certo: atendendo e apoiando a área artística. Um ciclo de reuniões de pré-produção passou a ser rotina para todos os programas e novelas. Como a televisão é um veículo de publicidade, determinei que todos os operadores que manejassem películas usassem luvas brancas para evitar impressões digitais nos filmes exibidos pelo equipamento de telecine.

Para os filmes de entretenimento, passei a exigir que as dubladoras entregassem o material com som magnético e não mais com som ótico, que era distorcido e apresentava chiado. Todas as equipes e todos os envolvidos passaram a participar de todos os detalhes da produção, e saímos do estágio amador para o profissionalismo, o que nos permitiu produzir, de 1957 a 1995, mesmo em espaços pequenos e poucos estúdios, os maiores sucessos da história da televisão brasileira.

27 BORJALO

Rio de Janeiro (1967)

O cartunista Borjalo se tornou um dos mais importantes diretores da TV Globo.

Quem me recebeu no colo na minha ida para a TV Globo, em 1967, foi o Mauro Borja Lopes, o Borjalo. Conforme combinado com o Walter Clark, ele ocupava interinamente a programação e a produção enquanto eu ainda não estava livre para deixar a TV Tupi. Ele foi meu braço direito, cicerone e amigo. Nosso trabalho era intenso, e ficávamos na emissora até de madrugada, quando saíamos para fazer um lanche no Antonio's. Aos sábados nos reuníamos na casa dele para um churrasco e, nas noites de domingo, jantávamos juntos, obrigatoriamente. Não importava onde estivéssemos, o assunto era trabalho.

Culto, politizado e simples, o mineiro Borjalo conquistava todos. Além de criativo, o Borjalo era um cartunista impecável, comparável aos melhores do mundo, como o Steinberg. Havia passado pelos jornais de Minas e pela revista *Manchete*.

Quando assumi a superintendência da Globo, respondendo por jornalismo, produção, programação, engenharia e comunicação, entreguei a ele a Central de Produção, onde, com o Renato Pacote, foi criada a primeira estrutura profissional de produção da televisão brasileira. Mais tarde, ele me pediu para ficar somente na criação, e o Daniel Filho assumiu a Central de Produção, modernizando-a e estabelecendo novos métodos de trabalho. Quando o Daniel resolveu tirar um período sabático das responsabilidades, o Mário Lúcio Vaz assumiu aquela Central.

O Mário Lúcio Vaz foi um companheiro exemplar pela sua competência, lealdade e amor sem limites à empresa. Depois que todos tinham saído, ele ainda ficou lá, como último guerreiro.

Homem de criação e chefe do controle de qualidade, o Borjalo foi intransigente e impecável, sempre com a preciosa colaboração do Durval Honório, um profissional dedicado com um alto feeling para o gosto do grande público. O dedo do Borjalo esteve em todas as decisões criativas da TV Globo, desde a definição de programas, supervisão de textos, controle de detalhes de cenário e contrarregra a palpites preciosos na filosofia de programação e produção. O Borjalo foi também um anteparo à censura. Em uma das chamadas que recebeu para comparecer ao DOPS, deparou-se com a seguinte interrogação:

— O senhor é o Borjalo, vulgo Henfil?

E a resposta veio pronta:

— Não, senhor. Eu sou o Borjalo, vulgo Mauro Borja Lopes.

Certa vez, uma senhora da equipe de censura desandou a criticar a televisão, continuamente, sem parar. O Borjalo, já cansado, respondeu à tagarela: "Minha senhora, a televisão é muito melhor que a senhora. Tem um botãozinho que eu posso desligar!"

Ainda com relação à censura, quando a Globo teve que produzir o *Ordem do dia*, o Borjalo criou uma vinheta que tinha um dedo duro, o que só veio a ser percebido muito tempo depois.

O primeiro logo da TV Globo, resultado de um concurso, foi um cata-vento formando quatro números 4. Quando montamos a rede, o Borjalo desenhou uma sequência de círculos que terminava em um globo. Ficou muito tempo no ar. Nessa época, a meu pedido, ele criou o diafragma fotográfico que separava comerciais dos longas-metragens e deu origem ao "plim-plim" na era Hans Donner. São do Borjalo também a popularíssima zebrinha da Loteria Esportiva e os bonequinhos caminhantes do *Jornal de Vanguarda*.

Pelo ser humano adorável, pela inteligência brilhante e pelo carinho que ele dedicou à Globo, o Borjalo tem o meu eterno agradecimento.

28 ARMANDO **NOGUEIRA**

Rio de Janeiro
(1967)

Armando, criador e diretor-geral da Central Globo de Jornalismo.

O Armando Nogueira, diretor de jornalismo da Globo, morreu em um acidente aéreo em 1944, quando tinha apenas 17 anos.

Pelo menos isso era o que constava na ficha dele na Aeronáutica.

Getúlio Vargas criou a FAB — Força Aérea Brasileira — em 1941, e o menino Armando, ao completar 16 anos, ingressou como cadete nessa instituição. Nascido em Xapuri, no Acre, em 1927, filho de uma família de cearenses, o Armando era apaixonado por aviação. Aplicado, depois de um ano de curso, fazia um dos seus primeiros voos solo e sofreu um acidente ao pousar, quando se chocou na pista com outro avião da FAB que demorou para decolar. O Armando foi dado como morto, quando na verdade o outro piloto é que havia morrido.

A ficha foi corrigida, mas o Armando desistiu da Aeronáutica e fez outro voo, direto para o Rio, trocando a aviação pela Faculdade de Direito, onde se formou em 1953. Mesmo antes de concluir a faculdade, o Armando se interessou pelo jornalismo, e em 1950 conseguiu um emprego no *Diário Carioca*, na editoria de esportes. O *Diário Carioca* contava nesse tempo com o maior e melhor time de jornalistas do Brasil e foi uma escola viva para o Armando. Ele passou também por revistas como *Manchete* e *O Cruzeiro*, como colaborador. Em 1959, foi trabalhar com Fernando Barbosa Lima, que estava montando uma produtora independente para a televisão.

Em 1961, a convite do Walter Clark, foi para a TV Rio fazer uma mesa-redonda de esportes e chefiar a redação do *Telejornal*

Pirelli, apresentado por Leo Batista e Heron Domingues. No mesmo ano lançou sua famosa coluna "Na grande área" no *Jornal do Brasil*, que ele manteve até 1976 como atividade paralela à televisão.

Em 1963, quando fui para a TV Rio, conheci o Armando Nogueira. Em 1966, ele foi com o Walter Clark para a Globo e passou a chefiar todo o jornalismo da emissora, sem nunca ter sido oficialmente nomeado para o cargo. Quando cheguei à Globo, em 1967, ele e a Alice-Maria foram uma grata surpresa. O jornalismo não era ainda subordinado à minha área, mas o Borjalo era muito amigo do Armando, e passamos os três a conversar sobre televisão e, sempre que possível, a almoçar e jantar juntos. Um ano depois, o comitê executivo da Globo decidiu colocar as centrais sob o comando de superintendentes, e o jornalismo passou a integrar a minha área.

Minha amizade com o Armando se ampliou, e, além de trabalharmos juntos, passamos a sair nos fins de semana. Alugamos uma casa permanente em Cabo Frio e íamos lá fazer churrasco, nadar e pescar. O Armando era um exímio catador de mexilhão e voltava sempre com uma quantidade imensa, que eu cozinhava e nós distribuíamos para os amigos. A vantagem é que a televisão ainda não pegava na região, e a Bruna, mulher do Armando, tinha uma voz linda e cantava muito bem, o que nos permitia curtir a boa música brasileira. Depois, o grande amigo Walter Sampaio comprou uma casa em Bonsucesso, no município de Petrópolis, e nós trocamos o mar pela montanha. O Otto Lara Resende comprou um terreno quase vizinho e passou a participar de nossos fins de semana. Com isso, o Armando comprou um sítio ao lado, que se chamava Xapuri.

O Walter Sampaio sempre convidava amigos maravilhosos e permitia que eu convidasse meus amigos também. Foi um tempo muito bom, mas eu, com minha obsessão pelo mar, acabei sendo convencido pelo Roberto Osório a comprar uma casa na ilha da Gipoia, em Angra dos Reis. Em 1977, o Armando vendeu o sítio e passou a ir para minha casa na praia. Lá, no fim da tarde, enquanto o sol se punha, a gente ouvia, vindo do quarto do Armando, o som dele ensaiando melodias na gaitinha.

O Armando tinha, como eu, paixão pela gastronomia e pelos vinhos. Em Angra nos reuníamos frequentemente com o Sérgio Mendes, Ivo Pitanguy, Olympio Faissol, Celso Colombo e Marcelo Barbosa. O Armando era um príncipe e encantava todo mundo com simplicidade e papos fascinantes. Para minha mulher, Lou, ele sempre deixava um bilhetinho agradecendo a estada, com textos primorosos ilustrados por pequenos desenhos que ele mesmo fazia. Quando aparecia uma oportunidade, viajávamos para Paris, Nova York e Londres a fim de desfrutar das melhores cozinhas, ver shows e peças teatrais ou acompanhar eventos como Olimpíadas e Copa do Mundo.

O Armando não fugia de desafios. Enfrentou a missão de colocar no ar o *Jornal nacional*, o *Hoje*, o *Bom dia Brasil*, o *Globo repórter*, o *Esporte espetacular* e todas as coberturas de telejornalismo da Globo. Precisei do Armando na montagem do *Fantástico*, e ele entrou de corpo e alma no projeto. Quando ocorreu o controverso episódio da edição do debate Lula × Collor, ele demonstrou muita coragem e foi direto ao Roberto Marinho para expressar sua insatisfação. O Armando, na época, havia me pedido para deixar o jornalismo e ir para a área de esporte. Não queria mais, e demonstrava isso. Passou 26 anos espremido entre os deveres de jornalista e a censura política, que atingia todos os veículos. Livres desse fardo incômodo, não imaginávamos que outros interesses surgiriam. O Roberto demitiu o Armando, e eu pensei em sair junto, mas o Armando recusou meu envolvimento me dizendo:

— Eu estava na Globo. Tu és a Globo.

Armando continuou ativo, trabalhando em várias rádios e jornais, até que ele mesmo percebeu os sinais de seu problema cerebral ao ver que não conseguia mais datilografar em sua velha máquina de escrever, da qual não abria mão. Falou comigo sobre isso, e eu o levei pessoalmente ao Dr. Paulo Niemeyer Filho. Feita uma ressonância magnética, comprovou-se a existência de um glioblastoma no cérebro, tumor maligno e extremamente agressivo. O Dr. Paulo achou que seria melhor tentar retirar o tumor, e eu acompanhei o Armando no dia da cirurgia, com sua ex-mulher, Bruna, e seu filho Manduca. Terminado o procedimento, o Dr. Paulo pediu que eu fosse sozinho à sala dele e me relatou que não fora possível remover o tumor, que já havia se espalhado por várias zonas. Restava tentar a radioterapia.

Coube a mim a desagradável tarefa de comunicar a notícia à família. As sessões de radioterapia não se mostraram eficientes. Disposto a amenizar os sofrimentos e dar a ele alguma alegria, eu colocava o Armando no meu helicóptero e o levava para o sítio que havia comprado em Mangaratiba. O helicóptero voava com dois pilotos, mas eu colocava um no banco de trás e o Armando viajava no lugar de um dos pilotos, como se ele estivesse pilotando. Comprei para ele copos especiais de vinho, e, com o Jorge Adib, almoçávamos religiosamente uma vez por semana. Assim foi até sua morte, em 2010.

Posso dizer com segurança que o Armando foi meu amigão, campeão da lealdade e parceiro na realização de todos os meus sonhos profissionais. Talvez nunca o telejornalismo brasileiro tivesse atingido a posição que atingiu se não fosse a inteligência, a sensibilidade e o espírito de luta do Armando Nogueira.

29 MODÉSTIA **À PARTE,** AQUI É **DA GLOBO**

Rio de Janeiro
(1967)

REDE GLOBO

A TV Globo passa a ser Rede Globo.

Em 1967, eu havia esgotado as minhas tentativas de fazer televisão como a imaginava. Agora tinha que acontecer de qualquer jeito. Quando assinei o contrato, avisei ao Walter Clark que a Globo seria a última. Avisei ao Walter e ao Joe Wallach:

— Vou ficar aqui, brigar, gritar e espernear, mas não vou embora.

No começo me dividi ou, melhor dizendo, me multipliquei para atender a duas vertentes. Criamos um comitê executivo com quatro pessoas: o Walter, o Joe, eu e o diretor comercial José Ulisses Arce. Nos encontrávamos diariamente, bem cedo, na sala de reuniões para traçar planos estratégicos, planejar ações e definir rumos. Quando era necessário, convidávamos outros assessores e chefes de departamento. Depois do almoço, eu ia trabalhar na produção e programação.

No início era um verdadeiro mutirão. Para facilitar as coisas e acelerar o processo, decidi montar uma sala única com três mesas, onde o Borjalo, o Renato Pacote e eu decidíamos tudo em conjunto para que todos soubessem o que fazer, independentemente da ausência de qualquer um de nós. Por medida de economia, a secretária era uma só para os três.

O Borjalo era polivalente: redigia, desenhava e ainda criava. Bater bola com ele era um agradável e enriquecedor exercício, porque suas ideias iam sempre além do que eu propunha. O Renato Pacote era preciso em números e um senhor administrador de talentos. Daquela sala saíam projetos e diretrizes artísticas para toda a empresa. Começávamos a construir uma televisão profissional e com métodos de trabalho muito claros. A Globo no Rio estava em quarto lugar, e a recém-comprada TV Paulista em São Paulo estava em quinto.

O Walter tinha implantado dois horários em que a Globo era líder: a novela das nove e o programa da Dercy Gonçalves, nas tardes de domingo. Mas a Dercy estava infeliz e pretendia até deixar a Globo. Quando eu estava no Telecentro, ela me sondou para ver se eu queria contratá-la, e eu informei o fato ao Walter. Eu levei o João Loredo da Tupi, diretor de pulso e disciplinador, que resolveu o problema de insegurança dela.

O nosso elenco era mínimo, e os programas, raros. Além da Dercy, tínhamos dois humorísticos de trinta minutos, o *TV 1* e o *TV zero*, o *Telecatch* e os longas-metragens, que o Walter aproveitou muito bem criando a *Sessão das dez*, apresentada pela Célia Biar com um gato angorá, Zé Roberto, no colo. Era sofisticado e funcionava bem.

O Fernando Barbosa Lima fez na Globo o *Jornal de vanguarda*, mas não houve continuidade. Ele saiu, mas o Borjalo ficou na Globo, e nós tínhamos o *Jornal de verdade*, no mesmo formato do anterior. O Armando Nogueira cuidava do *Jornal da Globo*, apresentado pelo Hilton Gomes e pelo Leo Batista. Já estavam também na Globo engenheiros como o Herbert Fiuza e o Oswaldo Leonardo e os diretores Walter Campos, Ziembinski, Augusto César Vannucci e Walter Lacet.

Os cenógrafos eram de primeira linha, como o Fernando Pamplona e o Arlindo Rodrigues. O mais apaixonado pela televisão era o Mário Monteiro, e entreguei a ele a chefia da cenografia. O Mário estabeleceu métodos de trabalho, padrões de criação e organizou a cenotécnica. Ficou aproximadamente quarenta anos à frente da cenografia da Globo.

Para cuidar da iluminação eu trouxe o Peter Gasper, um gênio de criatividade e bom gosto. Trouxe também o cenógrafo argentino Federico Padilla, que estava na Excelsior, para renovar os programas da linha de shows.

Fui levando aos poucos alguns profissionais para ver a produção de teatro, cinema e televisão nos Estados Unidos. Levei o Vannucci a Nova York para ver os shows da Broadway, levei o Mário Monteiro a Hollywood e a Burbank para ver a construção de cidades cenográficas. Levei o Lacet e o Mário Lúcio Vaz a Los Angeles para ver produções da ABC, NBC e CBS. Aos poucos fui mudando a cultura profissional da equipe. Falarei sobre isso em outros capítulos.

Assim que cheguei, tivemos um problema com o *Telecatch*. Um juiz do Rio, incomodado por chamarmos de "juiz" os árbitros do programa, tirou a atração do ar. Ted Boy Marino era o ídolo do *Telecatch*. Argentino, ele não falava português, mas, como quem não tem cão caça com gato, ele apresentou com a Célia Biar o *Oh, que delícia de show*, escrito por Haroldo Barbosa e Max Nunes, e dirigido pelo Augusto César Vannucci. A dificuldade de falar português do Ted Boy Marino era mais engraçada que o próprio programa. Durou pouco e foi substituído por *Alô Brasil... aquele abraço*, com a mesma equipe. O *Balança mas não cai* veio em seguida, com um sucesso imenso, embora ninguém acreditasse que pudesse funcionar. Quando me cobravam, eu respondia:

— O programa é popular, mas é inteligente, e suas críticas sociais são criativas.

Em seguida contratamos o Chacrinha. O Walter Clark tinha uma disputa permanente com o Carlos Manga, então diretor da TV Rio, e resolveu tirar de lá o Chacrinha para alavancar nossa audiência. O Velho Guerreiro estourou no Rio de Janeiro. São Paulo caminhava com as próprias pernas, misturando atrações locais e programando as novelas e algumas atrações do Rio.

O fato é que estávamos vivendo de improviso e com uma programação de combate. Mas estávamos trabalhando para uma segunda etapa, formatando novos programas de humor, shows e uma entrada maciça no jornalismo. Atingir uma audiência qualificada era a cláusula pétrea entre nós. O objetivo era nos tornarmos uma televisão de qualidade e o mais importante veículo de comunicação do país, além de ser o primeiro veículo de publicidade realmente comprometido com agências e anunciantes. Foi para isso que nós viemos, e precisávamos que a equipe pensasse assim.

Para conquistar a adesão de todos, logo depois dos primeiros movimentos, convoquei uma reunião com autores, diretores, artistas e técnicos, que lotaram o auditório da Globo. Fiz uma rápida retrospectiva da história da televisão brasileira e enumerei os erros cometidos e os desafios que teríamos pela frente. Repeti que vinha para ficar e pedi a todos que empunhassem a bandeira da Globo, não fazendo da empresa um simples lugar de trabalho, mas lutando para realizar o sonho de todos de construir a televisão brasileira e um mercado de trabalho seguro e crescente.

— Vamos lutar juntos. Não vamos deixar acontecer aqui o que aconteceu com as outras empresas de televisão. Vamos empunhar a bandeira da Globo até a vitória final.

O discurso deu certo. Mudou o ânimo da tropa. E os nossos conceitos passaram a ser os conceitos dos funcionários de todas as áreas. A verticalização do espírito de luta ocorreu de forma impressionante.

Eu adotei o método de trabalhar com as portas da minha sala abertas, e quem quisesse falar comigo bastava chegar. Implantei o hábito de, em todas as estreias, enviar flores para todo o elenco feminino. Juntos decidimos que iríamos pagar os salários rigorosamente em dia, mesmo que tivéssemos que pagar juros ou pedir emprestado. Nesse período, o Silvio Santos nos socorreu várias vezes, adiantando o pagamento do aluguel de seu horário. A máquina estava pronta e azeitada, e o material humano, contagiado pela vontade de vencer.

A autoestima se espalhou por todos os departamentos e unidades. Uma telefonista de Recife atendia ao telefone com o clássico bom-dia e ficava calada. Quando perguntavam "de onde falam", ela deitava e rolava:

— Modéstia à parte, aqui é da Globo.

30 *A* ***RAINHA*** *LOUCA*

Rio de Janeiro (1968)

Nathália Timberg, a protagonista da novela de Glória Magadan.

O band-aid no meu calcanhar era a Glória Magadan. Contratada pelo Walter antes que eu chegasse à Globo, ela desfrutava de uma situação privilegiada. Quem contratou a Magadan foi o Walter Clark, e esse contrato dava a ela todo o poder sobre as novelas e garantia que ninguém poderia intervir no trabalho dela. A Magadan entendia realmente do assunto, mas seu gosto estava atrelado às raízes cubanas e à sua passagem pelo México. E pior: a Magadan era pretensiosa, usava o poder para perseguir autores, atrizes e atores que não a bajulavam. Do mesmo modo, promovia seus protegidos e aliados.

Quando, em março de 1967, eu cheguei à Globo, estava no ar *A rainha louca*, novela escrita por Magadan e baseada no romance *Memórias de um médico*, de Alexandre Dumas. O elenco e os diretores, quando se referiam à Magadan, a chamavam de rainha louca. Para conviver em paz com ela, eu usava toda a minha habilidade de engolir sapos.

Minha primeira briga com a Magadan aconteceu quando o Ziembinski, que dirigia *A rainha louca*, adoeceu e, de uma hora para outra, a novela ficou sem diretor. Eu imediatamente convidei o Daniel Filho, mas a Magadan, sem saber direito quem ele era, não aceitou. Queria um diretor de teatro, mas não tinha nenhum nome para indicar. Ela alegava que o Daniel não entendia de novelas, só dirigia programas de humor; além do mais, pelas cláusulas contratuais, seria dela o direito de escolher o diretor. Eu considerava a Magadan minha subordinada, mas ela se considerava subordinada ao Walter Clark. Eu tinha certeza de que ela iria procurá-lo e o avisei que eu considerava assunto encerrado. O Walter Clark era extremamente habilidoso e a convenceu de que ela deveria aceitar. Se não desse certo, seria minha a responsabilidade, e não dela. A Magadan cedeu.

Minha segunda briga com ela se deveu ao insucesso da novela *Anastácia, a mulher sem destino*. Ela escolheu para escrever a novela o Emiliano Queiroz, excelente ator, mas que não tinha nenhuma experiência em dramaturgia. Foi um desastre. Como o Emiliano era um puxa-saco dela, a Magadan culpou os diretores pelo fracasso e tentou manter o autor. Eu me recusei a aceitar essa situação. Ela voltou a mencionar os direitos que tinha garantidos pelo contrato, avisou que se demitiria se eu substituísse o Emiliano e que iria encontrar uma solução. Conversei com o Daniel Filho, e ele sugeriu trazer a Janete Clair para consertar a novela. Ele foi fazer a cabeça da Magadan, que acabou concordando em ter uma conversa com a Janete.

Elas se conheceram, e a Magadan gostou dela. A Janete criou o famoso terremoto que matou todos os personagens da novela e salvou a audiência. O diabo é que, sem querer, a Janete matou também o único personagem que sabia quem era Anastácia. Teve que ressuscitá-lo do terremoto. Eu e o Daniel tínhamos agora uma autora superior à Glória Magadan, aceita por ela e mais afinada com a gente.

A terceira briga surgiu na novela *A gata de vison*. Como a Magadan misturava vida profissional com vida privada, ela muitas vezes favorecia certas pessoas do elenco.

Tarcísio Meira era o protagonista de *A gata de vison*, e ela começou a reduzir a participação dele e promover a ascensão do Geraldo Del Rey, em detrimento da audiência, que começou a cair.

E teve a ousadia de atribuir a culpa ao Tarcísio e tirá-lo da trama. Foi a gota d'água. O contrato dela ficava pendurado atrás de mim, e eu o lia todos os dias. De repente achei uma brecha. O contrato dizia que somente ela decidia as novelas que iria fazer, o elenco que queria escalar e os horários em que elas seriam exibidas. Não mencionava o número de capítulos nem quem tinha autoridade para tirar a novela do ar. Consultei o departamento jurídico, e foi confirmado que esse direito era da empresa. Chamei a Magadan e a enquadrei:

— Vou tirar do ar *A gata de vison* com 135 capítulos. Como temos 130 escritos, você tem mais cinco para fechar a novela.

Ela retrucou que eu não tinha autoridade nem direito de fazer isso e que iria consultar os advogados dela. Voltou e admitiu que eu tinha esse poder, mas me ameaçou novamente, dizendo mais uma vez que se demitiria. O Renato Pacote, instruído por mim, disse a ela que eu não teria coragem de aceitar o pedido de demissão dela. Confiante de que eu não aceitaria, ela se demitiu, e eu aceitei. Chocada, ela procurou o Walter Clark. Ele já havia sido informado da minha decisão e de que tínhamos respaldo jurídico para agir. O Walter disse que era uma questão de advogados e não poderia fazer nada.

A rainha louca se foi. Nosso caminho estava livre, e eu nomeei o Daniel Filho para dirigir todo o departamento de novelas.

31 DANIEL FILHO

Rio de Janeiro (1967)

Daniel Filho foi meu principal parceiro artístico.

Desde o Telecentro da TV Tupi, quando trabalhamos juntos, eu e o Daniel nos entendíamos com um simples olhar, falávamos a mesma língua. Liguei para ele:

— Vem para a Globo. Vem fazer seus filminhos aqui.

O Daniel chegou e surpreendeu todo mundo com um trabalho profissional e de alta qualidade, além de conquistar o elenco com a facilidade que tinha em fazer amigos. O sucesso do Daniel em *A rainha louca* substituindo o lendário Ziembinski foi tão expressivo que a Glória Magadan pediu a ele para dirigir ao mesmo tempo *A rainha louca* e *Sangue e areia*, com o Tarcísio Meira e a Glória Menezes.

Para ter melhor referência, assistimos ao filme original e vimos que seria difícil reproduzir os trajes do toureiro, pela riqueza e pelos detalhes. Nesse tempo, as touradas ainda eram populares no México, então eu pedi que o Daniel fosse lá e, com o auxílio da televisão mexicana Televisa, tentasse conseguir esses trajes de gala. Por coincidência, o Célio Pereira, o Galo, um contato comercial da Globo, estava de férias no México, e eu liguei para ele pedindo que entrasse no circuito, falasse com o pessoal da Televisa, explicasse o assunto e colocasse o Daniel em contato com eles. O Daniel ligou para o Célio e ouviu dele que estava tudo pronto e que ele poderia embarcar.

Quando o Daniel chegou ao hotel, havia uma festa no apartamento do Célio, com mulheres, champanhe e música a todo volume. O Daniel não entendeu nada e, no meio da balbúrdia, perguntou ao Célio:

— Quando vamos à Televisa?

E o Célio explicou que ainda não tinha conseguido contato com eles e que no dia seguinte iria tentar de novo. O Daniel reagiu:

— Mas você disse ao telefone que estava tudo pronto.

O Célio, no 15º uísque, explicou:

— Tudo pronto para receber você. Não tá gostando da festinha? Amanhã a gente liga para eles.

O Daniel me telefonou, apavorado. Nada havia sido feito. A sorte foi que, quando estive lá com o Roberto Corte Real, conheci o Guillermo Cañedo, vice-presidente da Televisa. Liguei para ele, pedi que recebesse o Daniel, e tudo se resolveu. O Daniel foi negociando os preços e me informando. Comprou trajes lindíssimos e um carrinho de mão com chifre de touro para realizar as cenas de touradas.

O Daniel voltou entusiasmado. De origem espanhola, ele jogou em *Sangue e areia* toda a sua criatividade. Para simular uma arena de touros, foram montadas arquibancadas no terraço dos estúdios da Globo, no Jardim Botânico, e o piso foi coberto por caminhões de areia. Cenas de touradas reais, obtidas na Espanha, foram intercaladas com as de ficção. A trama, baseada no romance homônimo de Blasco Ibáñez, foi desenvolvida inteiramente pela Janete Clair, e o Daniel usou o pseudônimo de Carlos Ferrer para não parecer que tínhamos poucos diretores.

Depois de implantada, o Daniel Filho entregou a direção ao Régis Cardoso. A novela substituiu *Anastácia, a mulher sem destino*, e foi sucesso em todo o Brasil. Em novembro de 1968, a TV Tupi inovou com *Beto Rockfeller*, deixando os clássicos folhetins de lado e mergulhando na realidade brasileira contemporânea — nos obrigando a trilhar o mesmo caminho.

Janete Clair já havia escrito para o rádio uma novela, *Vende-se um véu de noiva*, com características nacionais, e adaptá-la para a televisão seria fácil. Eu sugeri cortar o "vende-se" e usar somente *Véu de noiva*. O Daniel me trouxe a sinopse, e ela indicava uma história completamente baseada em um piloto de corrida de carros. Levei um susto, mas o Daniel me tranquilizou:

— Esquece a sinopse. A história é romântica, vai abordar os problemas cotidianos, e, como sempre, o foco está no amor. A corrida será pano de fundo.

A novela *Véu de noiva*, com Regina Duarte e Cláudio Marzo, foi ao ar em novembro de 1969 e acabou derrotando *Beto Rockfeller* em todo o Brasil. O *Beto* teve sua história esticada para 335 capítulos, perdendo o interesse e a liderança do horário nos capítulos finais. A Globo, que já era líder, fortaleceu sua posição. Mas o que quebrou de vez a coluna dorsal da TV Tupi foi *Irmãos coragem*, com os irmãos vividos por Tarcísio Meira, Cláudio Marzo e Cláudio Cavalcanti, produto da dupla Janete Clair e Daniel Filho.

O Daniel criou, selecionou e produziu outras novelas antológicas, como *Selva de pedra*, *Pecado capital*, *Rainha da sucata* e *Roque Santeiro* no horário das oito e dezenas em outros horários. Produziu musicais como *Grandes nomes*, *Chico & Caetano* e especiais de dramaturgia que marcaram época.

Em um fim de semana, levei o Daniel a Angra para lançar um desafio. Jantamos e depois fomos fumar um charuto, coisa que fazíamos raramente. Entre uma baforada e outra, pedi que ele fizesse um esforço para lançarmos séries nacionais. Eu esperava uma resistência, mas o Daniel não era pessoa de fugir de desafios.

Ele topou, e ali mesmo começamos a pensar no que fazer. Um mês depois, ele me entregou os pilotos de *Malu mulher*, *Carga pesada*, *Plantão de polícia* e *Aplauso*.

Independentemente das novelas, séries, programas e especiais, o Daniel foi da máxima importância nas nossas reuniões de avaliação e criação. Me ajudou em todas as áreas. Brigamos várias vezes, mas sempre em benefício da qualidade e da inovação. Ficamos muito amigos, e o Daniel sabia que, quando eu criticava alguma coisa, era uma crítica ao produto e não à pessoa. Eu sempre explicava a um por um dos nossos profissionais:

— Quando digo que está ruim, não estou dizendo que você é ruim. Estou apenas dizendo que o que fez está abaixo do que você é realmente capaz de fazer.

No fim de 1993, o Daniel me disse que estava cansado de responder pela Central Globo de Produção, área que exigia dele um trabalho criativo, mas também lhe rendia uma enorme carga de administração. Queria um ano sabático para descansar e se recuperar. Como amigo, eu entendi. Acabou voltando dois anos depois, dessa vez se dedicando exclusivamente a projetos artísticos. O primeiro foi uma comédia de situação sobre uma família paulista de ricaços decadentes, sugerida pelo Luiz Gustavo, o Tatá. Eu aprovei e dei o nome de *Sai de baixo*. O Borjalo fez a abertura. Sucesso por sete temporadas. O outro foi o *A vida como ela é*. O Daniel veio à minha sala com o Nelson Rodrigues Filho para negociarmos os direitos autorais dessa obra do genial Nelson Rodrigues. Topei na hora. O problema era que o Daniel queria fazer em filme, e não em vídeo. Eu aceitei com a condição que fosse em 35mm. Ele fez um trabalho primoroso e fiel ao Nelson Rodrigues, como só o Daniel poderia fazer. Durante o período em que esteve fora da Globo, ele havia produzido o inovador seriado *Confissões de adolescente*, exibido pela TV Cultura em 16mm, uma bitola não compatível com os padrões técnicos da Globo. Outra série filmada, mas em 35mm, foi "Mulher" com Eva Wilma e Patrícia Pilar com um formato criado por mim. A cabeça do Daniel Filho na verdade nunca se desligou do cinema. Em 1998 o Daniel, em sociedade com a Globo, criou a Globo Filmes, a maior produtora cinematográfica do país.

Na vida real, vivemos juntos dramas e comédias. Em um fim de ano, fiz uma festa no meu apartamento, no Jardim de Alah. Do outro do lado do canal morava o Sérgio Cardoso. Ligamos para ele para desejar um feliz ano-novo, e ele nos disse que estava só. Eu e o Daniel pegamos uma garrafa de champanhe, atravessamos a pé o Jardim de Alah e fomos lá fazer um brinde com ele. Bebemos, rimos e voltamos para a festa na minha casa.

Poucos dias depois estávamos na TV Globo, e a Guta, Maria Augusta Mattos, diretora de elenco, nos avisou que o Sérgio acabara de ser encontrado morto no apartamento em que morava. Fomos para lá, eu e o Daniel Filho, arrasados com a perda do amigo querido e chocados com extremos que vivenciamos no mesmo lugar em tão pouco tempo.

Outro episódio que não esqueço foi quando a Dorinha Duval tentou matar o Daniel. Esse, pelo menos, foi tragicômico. O Daniel era casado com a Dorinha. Ela descobriu umas travessuras do marido e foi até a televisão empunhando uma peixeira enorme, disposta a acabar com a vida dele. O Daniel conseguiu fugir e se abrigou na minha sala, trancando a porta.

— Ela quer me matar! Ela quer me matar! — gritava o Daniel.

Eu ajudei o Daniel a escapar pela janela do segundo andar e abri a porta. Dorinha, me ameaçando com a faca, queria saber:

— Onde está o filho da puta?

Respirei fundo, para aparentar tranquilidade.

— Eu estava trabalhando. Pode olhar tudo, banheiro, o que quiser — respondi.

Ela se voltou contra mim.

— Para onde ele foi? Me diz, senão vou te matar — ameaçou.

Eu disse à Dorinha que era amigo dela, pedi que ficasse calma, que confiasse em mim. Ela relaxou, abaixou a faca e começou a chorar. Eu dei um abraço nela e, com jeito, peguei a faca e coloquei na minha mesa. Soluçando, ela agradeceu:

— Obrigado. Eu ia mesmo matar ele.

Eu só tirei a faca da Dorinha porque achava que tudo aquilo era teatro e ela era incapaz de matar alguém. E disse isso a ela.

— Dorinha, você não mata nem uma mosca.

Muito tempo depois, o Daniel e a Dorinha se separaram por outros motivos, e cada um se casou de novo. Eu estava em Angra dos Reis, e, de repente, a televisão deu uma notícia sobre a Dorinha Duval. Ela acabara de assassinar o marido a tiros. Lembrei da faca que tomei dela e quase caí duro no chão.

Ainda bem que ela não matou o Daniel. Sem ele, a história da nossa televisão não seria a mesma. A verdade é que ninguém na televisão brasileira conseguiu fazer mais produtos que o Daniel, e todos diversificados e de altíssima qualidade. No cinema, o Daniel teve o mesmo desempenho e fez dezenas de filmes, como *Se eu fosse você 1* e *2*, *Primo Basílio*, *Confissões de adolescente* e outros, todos de grande sucesso.

Além de amigo, sou admirador do Daniel Filho e grato por toda a contribuição que ele deu para o sucesso da Globo e para elevar o nível da televisão brasileira. O Daniel, como sempre digo, foi o meu maior parceiro artístico. Levá-lo para a Globo foi uma das minhas mais importantes decisões.

32 **CHICO** ANYSIO

Rio de Janeiro (1973)

Chico Anysio, um dos maiores nomes da história da nossa televisão.

Os dois primeiros companheiros do Telecentro da Tupi que eu levei para a Globo foram o Daniel Filho e o João Loredo, em 1967. Eu queria levar o Chico Anysio, mas não tínhamos dinheiro para isso. Ele estava ganhando muito em turnês por todo o Brasil e tinha decidido dar um tempo da televisão.

Em 1969, o Supermercado Disco procurou o Chico e pensava em contratá-lo para uma série de dez especiais. O Chico foi falar comigo. O Disco pagaria diretamente a ele o salário e pagaria o horário e a produção à Globo. O elenco receberia cachê, com contratação por obra certa. Como não tínhamos verba para pagar o Chico Anysio e nem o elenco, achei um bom negócio. O departamento comercial não quis aceitar porque não queria repetir a negociação que havíamos feito com o Chacrinha e as Casas da Banha, que pagavam o salário diretamente a ele.

Como eram apenas dez especiais, acabei convencendo o comercial, e o Chico veio fazer um programa por mês durante dez meses. Mas eu queria mesmo era semanal. Com a saída do Chacrinha, passei a ter verba para chamar o Chico. Ele estava vivendo de turnês pelo Brasil e ganhando muito; mesmo assim, eu liguei:

— Chico, preciso de você e tenho grana para montar um grande elenco de apoio.

— E o que você está pensando em fazer?

— Não quero inventar nada. Quero fazer um programa semanal com seus tipos geniais.

— Pois é exatamente o que eu estou querendo. — O Chico me surpreendeu.

— Ótimo. Temos que ver salário, datas, detalhes do contrato etc.

— O salário você determina. O contrato você assina por mim. Quando eu começo?

Essa conversa ocorreu numa segunda-feira, 4 de dezembro, apenas um dia depois da saída do Chacrinha. Eu queria estrear o Chico imediatamente, e apelei:

— Ontem, Chico. Ontem…

Na quarta-feira, dia 6, ele estava na minha sala com o projeto do *Chico City*, uma cidade nordestina onde viviam todos os personagens dele e todos os novos que ele viesse a criar. Entreguei a realização ao Mário Lúcio Vaz. Para melhorar a caracterização de cada tipo, enviei o Chico, o Mário e o Arnaud Rodrigues a Nova York para comprar nos fornecedores da Broadway tudo o que fosse necessário. Eles voltaram com perucas, apliques, adereços e roupas para uma composição acima dos padrões habituais e compatíveis com a televisão em cores, que estava prestes a chegar.

Eu e o Chico tínhamos uma longa história pessoal e de trabalho. Quando o conheci, eu tinha 20 anos, e ele, 24. O autor e redator Haroldo Barbosa, que me apresentou o Chico na Rádio Mayrink Veiga, me dizia para prestar atenção no trabalho dele, pois seria, sem dúvida, a figura mais importante do humor brasileiro.

O Chico tinha um quadro no *Levertimentos*, e eu supervisionava o programa. Desde o início criamos um respeito mútuo. Em 1966, fundamos uma república na rua Gustavo Sampaio, no Leme, e eu, ele e o Robertinho Silveira moramos juntos por um ano, trabalhando, nos divertindo e recebendo nossas namoradas da época.

O Chico nasceu em Maranguape em 1931 e se mudou para o Rio aos 7 anos, depois que um incêndio destruiu a empresa de ônibus do pai dele.

Em 1948, aos 17 anos, conseguiu entrar para um time de futebol do Rio de Janeiro. Um dos integrantes tinha grana, era o dono da bola e alugava o campo do Fluminense para o time treinar. Para proteger o gramado, o Fluminense só permitia treinos com os jogadores descalços. Houve um problema no campo no dia do treino, que foi transferido para o campo do Aliança, de terra, onde só dava para jogar calçado. Já contei essa história, mas vale repetir. O Chico foi para casa buscar o tênis e deu de cara com a Lupe Gigliotti, sua irmã, que estava indo fazer um teste na Rádio Guanabara.

— Teste para trabalhar no rádio? Posso fazer também? — quis saber o Chico.

E lá foram os dois.

Foram aprovados, a Lupe como radioatriz e o Chico como radioator, ficando em segundo como locutor, tendo perdido para um jovem que se chamava Silvio Santos. Lupe e Chico foram contratados, e o Chico, além de radioator, passou a ser comentarista esportivo. O Haroldo Barbosa ouviu o Chico e o levou para a Mayrink, onde ele passou a ser a maior atração da emissora e a fazer aparições na TV Rio e na TV Tupi.

Em 1959, o Castro Barbosa levou o Chico para atuar no programa dele, *Só tem tan-tã*, e o Chico tomou conta do programa de tal forma que ele mudou de nome para *Chico total*. O Walter Clark se impressionou com o Chico e o convidou para montar uma linha de programas humorísticos na TV Rio. A Rádio Mayrink Veiga havia conseguido a liderança total na faixa das nove da noite, de segunda a sexta, e o Chico sugeriu fazer a mesma coisa na televisão. A TV Rio produziu uma linha de humorísticos, com *A cidade se diverte*, *O riso é o limite*, *Noites cariocas* e, em 1960, o *Chico Anysio Show*, aproveitando a chegada do videoteipe.

O diretor Carlos Manga, verificando que era possível editar o programa na fita gravada, passou a usar o Chico em mais tipos, fazendo com que eles se encontrassem e o Chico contracenasse consigo mesmo. A novidade tomou conta do país.

O Chico Anysio trabalhou comigo por trinta anos dos 42 que passou na Globo. Nunca me negou nada. Quando pedia, era para os outros. Confiava em mim. Quando o Bruno Mazzeo começou a escrever, ele foi com o Bruno à minha casa, mostrou os textos dele e pediu minha opinião. Eu disse ao Chico que ele entendia disso mais do que eu. E ele foi fulminante:

— Eu sou pai. Pai não tem capacidade para julgar um filho.

Quando ele se apaixonou pela Zélia Cardoso de Mello, me perguntou como eu achava que ele poderia se aproximar dela. Eu disse a ele que pedisse uma audiência a ela, pegasse um jatinho e fosse a Brasília. Ele, rindo, fez piada:

— Audiência eu posso pedir, mas jatinho não posso pagar.

Dei o voo de jatinho para ele, e o Chico voltou praticamente casado. Não devia ter dado. Ele já havia casado demais e tinha tanta pensão alimentícia para pagar que seu apelido entre nós era Rua do Catete — o nome de uma rua no Rio de Janeiro que na época só tinha pensões.

Chico criou mais de duzentos personagens em caracterizações perfeitas, que iam de uma maquiagem criativa a detalhes impressionantes de voz, gestos, ritmo de andar e falar. Os tipos criados pelo Chico não eram personagens. Não se via o Chico atrás deles. Nenhum era o Chico Anysio. Tinham vida e alma próprias. Além de redator, autor, compositor, diretor e ator, o Chico era um analista capaz de observar e retratar pessoas, desde as mais simples e comuns até políticos e figuras populares. Eu já disse e repito: o

Chico é páreo para Charles Chaplin, Groucho Marx, Benny Hill, Jerry Lewis, Steve Martin, Totó e Cantinflas. E quem mais for lembrado.

Era um alucinado pelo trabalho, e, aos 80 anos, mesmo saindo de uma estada difícil no hospital, fez questão de voltar a gravar. Não aguentou e retornou para o leito hospitalar. Fui visitá-lo, e ele não conseguia emitir a voz, tendo que recorrer à escrita, também com grande dificuldade. Na visita seguinte dei a ele um iPad para que pudesse digitar. Ele me agradeceu e disse:

— Antes de morrer, vou te deixar uma mensagem.

Chico se foi no dia 23 de março de 2012. Eu nunca quis saber do iPad ou mesmo se ele havia deixado ou não a tal mensagem. Seria doloroso demais. Prefiro viver com a imagem do amigo em plena e gloriosa vida.

33 **NILTON** TRAVESSO

Rio de Janeiro (1974)

Bom gosto e talento a serviço da qualidade.

O Nilton Travesso é uma lenda na televisão brasileira, e os maiores sucessos da TV Record e da TV Globo têm dedo dele. Eu costumo dizer que o Nilton trouxe o bom gosto para a televisão.

Em 1953, quando a TV Record de São Paulo foi inaugurada, o Nilton estava na equipe. Ele foi responsável pelas primeiras novelas da emissora e dirigiu o *Bate-papo com Silveira Sampaio*, precursor dos programas de entrevista do Jô Soares. Também assinou as superproduções *Show Roquette Pinto* e *Show do dia 7*, que foram as principais atrações da era de ouro da TV Record. Dirigiu todos os festivais de MPB criados e produzidos pelo Solano Ribeiro na mesma emissora. Ainda na TV Record, foi o produtor da famosa *Família Trapo*, sucesso em todo o Brasil. Além disso tudo, esteve à frente do Teatro Cacilda Becker.

Em 1974, eu levei o Nilton para a Globo, especialmente para dirigir o programa *Fantástico* com o Manoel Carlos e depois com o Itamar de Freitas. Nil teve a ideia de gravar cabeças das atrações com diferentes artistas e jornalistas e as usou em lugar de um único apresentador. Foi ele também quem criou o modelo de "clipes" musicais no Brasil. Paralelamente, me ajudou na implantação de cores no *Jornal nacional* e foi produtor do *Chico Anysio show* em duas temporadas.

Em 1980 foi para São Paulo e criou o Núcleo Paulista de Produção da Rede Globo, encarregado da criação e produção do *TV mulher*, que, com Marília Gabriela na apresentação, inovou como programa feminino e elevou a audiência, mudando os patamares de assistência de televisão na parte da manhã. Foi o Nilton quem levou para a telinha figuras como Clodovil, Marta Suplicy, Henfil e Ney Gonçalves Dias. Na mesma década, produziu as novelas *Sinhá moça* e *O direito de amar.*

Nos anos 1990, Nilton esteve à frente de uma série de novelas, das quais o grande sucesso foi *Pantanal*, escrita pelo Benedito Ruy Barbosa e dirigida pelo Jayme Monjardim. A novela fora oferecida primeiro à Globo e foi aprovada pelo núcleo de leitura comandado por Homero Icaza Sánchez. Então o produtor e diretor Herval Rossano visitou o Pantanal e concluiu que, devido ao volume de chuvas na época, seria impossível gravar a novela no local. Como ela havia sido aprovada pelo Homero, eu poderia ter insistido, mas a Central Globo de Novelas não quis assumir o risco da produção. O Nilton e o Jayme Monjardim então deixaram a Globo e foram com o Benedito Ruy Barbosa para a TV Manchete. Com a garra do Nilton e do Jayminho, venceram as dificuldades locais e criaram um belo produto, que liderou em várias capitais do Brasil, inclusive São Paulo. No Rio, obteve grande audiência, mas não bateu a Globo. Deu um trabalho danado, mas conseguimos recuperar a nossa audiência no horário.

Da Manchete o Nilton foi para o SBT, onde produziu e dirigiu várias novelas. Em 1999, ele retornou à Globo como diretor do *Mais você*, da Ana Maria Braga, onde ficou até 2003. Com a disposição de sempre, o Nilton depois foi para o Grupo Jovem Pan e montou uma escola de formação de atores, para a qual doei o piano antigo de minha mãe quando ela faleceu. Além disso, Nilton passou pela TV Gazeta.

Em 2016, sofreu um assalto na própria casa, em São Paulo. Buscando segurança, mudou-se para o exterior e, por ironia, foi assaltado logo que chegou aos Estados Unidos. Voltou correndo.

Nilton Travesso é meu grande amigo. Sou seu admirador. Como profissional, sempre foi brilhante. Rei do bom humor, tranquilo, sincero, o Nilton tem uma capacidade incrível de fazer amizades e sempre dirigiu com autoridade e ternura. Ele escreveu boa parte da história da televisão no Brasil.

34 MARÍLIA **GABRIELA**

São Paulo (1969)

Marília Gabriela, a maior entrevistadora da TV brasileira.

A Marília "Gabi" Gabriela, recém-formada, estava negociando com o jornalismo da Globo de São Paulo sua ida para a emissora, mas a coisa andava lentamente. Um dia ela passou por cima da secretária e invadiu a minha sala em São Paulo. Saiu contratada como estagiária do *Jornal nacional*, e nos tornamos grandes amigos. O telejornal *Hoje* foi projetado para ser produzido em São Paulo, e a Marília Gabriela assumiu a apresentação. Em 1973, ela esteve no *Fantástico* desde o primeiro programa, quando foi ao ar uma reportagem dela sobre o aniversário da morte de Carmen Miranda. Ficou no *Fantástico* e viajou o Brasil e o mundo fazendo importantes matérias para o programa.

Em 1980, em uma das minhas idas a São Paulo, o Nilton Travesso me apresentou um projeto novo chamado *TV mulher*. Além de se dirigir diretamente ao público feminino, teria a vantagem de ser produzido em São Paulo, o que aproximaria mais a TV Globo do público paulista. O programa seria apresentado nas manhãs de segunda a sexta. O Nilton, em defesa do conteúdo feminino, lembrou o enorme sucesso de *Malu mulher*.

Minha primeira reação foi contrária à ideia. Ponderei com o Nilton que aquele era um horário tradicionalmente infantil e iríamos nos distanciar das crianças. O Nilton Travesso argumentou que, em compensação, o interesse comercial poderia ser maior. Mandei ele voltar no dia seguinte para que eu pudesse consultar o nosso departamento de vendas. Eles também preferiam ter naquele horário um programa segmentado, dedicado à mulher. E acrescentaram um dado importante. Não havia clientes suficientes para patrocinar programas infantis, e os atuais poderiam ser deslocados para as manhãs de sábado, com mais crianças em casa. Diante disso, chamei o Nilton de volta para ele definir melhor o TV *mulher*.

O projeto previa a Marília Gabriela e o Ney Gonçalves Dias como apresentadores. A Gabi, naquele momento, já era considerada a maior e melhor entrevistadora da televisão brasileira, mas eu não apostava nela em um programa feminino e popular. Erro meu. Ela deu supercerto. A audiência bombou. A abertura mostrava mulheres nas câmeras e nos controles de televisão, tendo como tema a música "Cor de rosa-choque", composta especialmente pela Rita Lee. O programa ficou seis anos no ar.

Em 1985, a Gabi seguiu para a TV Bandeirantes, onde fez enorme sucesso com o *Cara a cara*, enfrentando com coragem e sabedoria seus entrevistados. Apresentou depois o *Jornal Bandeirantes*, o principal telejornal da emissora. Foi também mediadora do debate Collor × Lula, o primeiro em uma eleição livre depois da queda da ditadura militar. Foi mais tarde para o SBT e depois para o GNT, e durante vinte anos foi a principal atração dessa emissora por assinatura. Saiu por desentendimento financeiro.

Culta, estudiosa e com a pergunta proibida sempre na ponta da língua, a Gabi marcou época na televisão brasileira e é até hoje uma das figuras mais queridas e respeitadas no nosso meio e entre os telespectadores. A eclética Gabi aprendeu piano quando jovem e se revelou uma extraordinária cantora. Não uma entrevistadora-cantora, mas cantora mesmo, da melhor qualidade. Gravou dois álbuns com o título *Perdida de amor*, um na Som Livre e outro na Universal Music. Mais tarde se especializou em blues, apresentando interpretações de altíssimo nível musical, com arranjos e regência do maestro Ruriá Duprat — um espetáculo impressionante a que assisti e que aplaudi freneticamente. Como atriz, fez novelas na Globo e teatro clássico, interpretando Lady Macbeth na tragédia *Macbeth*, de Shakespeare, e um criativo *Esperando Beckett* do Gerald Thomas. Como pessoa, a Gabi é uma das figuras mais doces e carinhosas que conheci. É uma amiga para tudo e para toda a vida. Obrigado, Gabi.

35 O HOMEM **NA LUA E** O INCÊNDIO **NA GLOBO**

Rio de Janeiro (1969)

Fotografia do filme *Viagem à lua*, de Georges Méliès.

Na primeira reunião do ano, o Joe Wallach nos informou que as perspectivas financeiras haviam melhorado. Que estávamos no vermelho ainda, mas próximo do equilíbrio. O comitê executivo decidiu cumprir os planos iniciais: investir em novos programas, reforçar as novelas e se preparar para unificar a programação nacional em transmissão ao vivo, simultânea para todo o país, via Embratel, o que deveria ocorrer no fim do ano. O primeiro teste foi marcado para o dia 28 de fevereiro de 1969, com a transmissão da missão da *Apollo 9*, mas o lançamento acabou sendo adiado. Mesmo assim, a inauguração da transmissão via satélite com o teste de recepção no Tanguá foi mantida, tendo Hilton Gomes apresentado de Roma uma entrevista com o papa Paulo VI, gravada no dia anterior.

A inauguração para valer foi no dia 3 de março de 1969, com a transmissão pelo Hilton do lançamento da nave *Apollo 9* direto do cabo Canaveral. Depois, em 16 de julho, o Brasil assistiria ao lançamento da *Apollo 11* e, exatamente no dia 20 de julho, acompanharia, ao vivo, o primeiro passo do homem na Lua.

Naquela época, a rede nacional de micro-ondas já estava montada, mas os programas ainda eram distribuídos em videoteipe, em um circuito penoso que começava no Rio, em São Paulo e em Belo Horizonte e levava quase um mês para passar em todo o Brasil. Alinhar as novelas era uma dificuldade, e nós tínhamos que fazer uma edição especial para cada estado a fim de que todo o país pudesse, em uma determinada data, estar exibindo exatamente o mesmo capítulo. E já eram quatro novelas. Imagine o trabalho que dava.

Do ponto de vista da audiência, o Rio já atingia 48%, com nove programas entre os dez mais vistos. São Paulo havia saído do quinto para o segundo lugar, com três programas mais vistos entre os dez.

Em agosto de 1967, levei o Tarcísio Meira e a Glória Menezes para a Globo, e, em dezembro, estreamos *Sangue e areia*, que foi nossa primeira penetração maciça em São Paulo. Em 1969 levei a Regina Duarte, e estávamos em plena produção quando a novela *A grande mentira*, com Myriam Pérsia e Cláudio Marzo, assumiu a liderança do horário das sete. Para substituí-la, contratei o Sérgio Cardoso, que sonhava fazer *A cabana do Pai Tomás*. O Sérgio, assim como todo o elenco dessa novela, era paulista, e eles não poderiam se mudar imediatamente para o Rio. Por essa razão, criamos um núcleo de produção em São Paulo, exatamente o que a Globo tem para fazer o *Altas horas* e o *Hoje* e há até pouco tempo o *Domingão*.

Alguns apressados e mal-informados atribuem ao incêndio a concretização da rede nacional de televisão. Pura leviandade e ignorância. Em 1957 voltei dos Estados Unidos com a convicção plena da necessidade de montar uma televisão em rede nacional, e lutei para isso na TV Excelsior, na TV Rio e na Tupi.

Com o incêndio, não foi preciso virar nenhum transmissor da TV Globo para receber o Rio. Já estávamos transmitindo em rede desde dezembro de 1967. O incêndio levou um único núcleo de produção de São Paulo para o Rio, mas jamais teve alguma coisa a ver com a criação da rede.

Bobagens à parte, a Globo, sempre em rede, fez uma bela cobertura do lançamento da *Apollo*, mandando o Hilton Gomes para fazer a transmissão, ao vivo, direto do cabo Canaveral. Isso nos rendeu muito prestígio.

Domingo, 13 de julho de 1969, três dias antes do lançamento da *Apollo 11*, almocei no restaurante Jardim de Napoli, em São Paulo. Como não existia telefonia celular, fui chamado pelo Adolpho, sócio do restaurante, para atender um telefonema urgente. Era do jornalismo da Globo me informando que o Teatro Record estava pegando fogo. Não havia o que fazer, e ordenei que prestassem ajuda e tudo o que fosse possível. Saí do restaurante e fui dar uma "jiboiada". Estava começando a pegar no sono quando a arrumadeira invadiu meu quarto:

— Está pegando fogo na TV. Está pegando fogo na TV.

— Calma, minha filha — respondi. — Eu já sei. Já fui informado há três horas.

— Não, seu Boni. Não é o incêndio da Record. Agora é a TV Paulista mesmo.

Me apavorei, porque o auditório deveria estar cheio, já que o *Programa Silvio Santos* ainda poderia estar no ar. Para sorte de todos, o incêndio ocorreu depois do término do programa. Me vesti correndo, peguei o carro e fui para lá. Quando cheguei, os bombeiros e a polícia já tinham colocado grades de segurança, e eu não pude passar. Fui ver na televisão o incêndio na televisão.

Imediatamente passamos o controle para o Rio, e eu pedi equipamentos de emergência para manter a emissora no ar e cumprir a programação comercial. Montamos o material que chegou do Rio no prédio em frente de onde operava a Rádio Nacional de São Paulo, emissora de propriedade da Globo. Do lado havia um pátio de estacionamento, que cobrimos e improvisamos. No domingo seguinte, já passamos a fazer ali o *Programa Silvio Santos*. No ar estava tudo normal, mas a telefonista me avisou que estava recebendo ameaças continuamente. Eu quis saber que tipo de ameaça, e ela não sabia explicar:

— Muita coisa. Nos xingam e dizem que vêm aqui para matar todos nós.

Pelo sim, pelo não, comprei duas dúzias de revólveres e munições e distribuí para quem estava operando de emergência a emissora. Não saímos do ar. Na segunda-feira liguei para o João Saad, na TV Bandeirantes, para ver se ele conseguia acomodar as gravações da novela *A cabana do Pai Tomás*, que tinha apenas oito capítulos prontos. O Walter Clark e o Joe Wallach foram de carro do Rio, e juntos fomos falar com o João Saad. Sempre solícito, ele ofereceu imediatamente um estúdio. Fomos bem recebidos, mas o João, com um ar de superioridade, deu o recado:

— Aqui vocês estarão seguros. Nossos controles são perfeitos.

Fui para casa cansado e atordoado. De manhã cedo a mesma arrumadeira chamou pelo interfone:

— Sr. Boni, a Bandeirantes tá pegando fogo.

Liguei a televisão, e todas as emissoras estavam transmitindo o incêndio. Telefonei para o Borjalo e para o Daniel Filho e avisei que iríamos gravar no Rio. Liguei para o núcleo de São Paulo e pedi que o elenco fosse convocado para ir ao Rio, pedindo providências para conseguir transporte e alojamento para todos. O Renato Pacote, no Rio, coordenou toda essa operação, e em uma semana estávamos gravando no Jardim Botânico.

Com um trabalho heroico da engenharia, São Paulo não saiu do ar. Nenhum programa deixou de ser exibido. E no dia 20 de julho transmitimos direto e ao vivo a descida de Neil Armstrong na Lua, apenas sete dias após o incêndio.

Chegaram a especular que o incêndio poderia ser criminoso, provocado pela própria Globo para receber o seguro. Uma tese absolutamente improvável, pela ocorrência dos incêndios na TV Record, na Globo e na Bandeirantes, os três praticamente ao mesmo tempo.

Nunca conseguimos apurar se o incêndio foi obra da Oban — Operação Bandeirantes —, de extrema direita, ou da luta armada da extrema esquerda. Cada um queria botar a culpa no outro. Um mistério, mas sem dúvida uma ação criminosa de cunho eminentemente político.

36 *JORNAL* ***NACIONAL***

Brasil
(1969)

O décimo aniversário do *Jornal nacional.*

Os primeiros jornais *coast to coast* começaram no rádio dos Estados Unidos quando o governo Roosevelt deu prioridade ao rádio para suas comunicações entre 1933 e 1944. No começo era uma conversa com o presidente, e depois as estações se desligaram do Roosevelt para fazer noticiosos amplos. Na televisão, o *Evening News*, da CBS; o *Hunter-Brinkley Reporter*, da NBC; e o *Eye Witness*, da ABC, estavam no ar desde meados de 1950. No Brasil, isso só foi possível depois da instalação da rede de micro-ondas e da entrada em operação de satélite pela Embratel, naquela época empresa estatal do governo brasileiro.

A necessidade de ter um jornal de rede sempre esteve presente na cabeça dos executivos da Globo, mas esbarrava em dois problemas: um de custo, para montar o sistema de recebimento, edição e transmissão, e outro referente à aceitação dos afiliados de substituir os telejornais locais para entrar em rede com a Globo. Um problema sério, pois esses telejornais locais davam muito peso político aos proprietários das emissoras.

Um dia finalmente surgiu uma luz no fim do túnel. O José Alvarez Ulisses Arce, em um almoço de diretoria, lançou um desafio:

— Por que não fazemos um jornal de rede?

A conversa esquentou, e ali mesmo surgiu um nome provável: *Jornal nacional*.

O Armando Nogueira, que estava presente, argumentou:

— É o nosso sonho. Temos estudado isso. Mas, pelos custos, é impossível.

— E se eu arranjar o dinheiro com um patrocinador? — continuou o teimoso do Arce.

O Joe, que estava do lado, entrou na conversa:

— Acho importante fazer, mas tem que orçar com muito cuidado.

O Armando saiu do almoço e foi conversar com a Alice-Maria e o pessoal dela. Voltou no dia seguinte com um esboço do formato e o levantamento de necessidades para implantar o *Jornal nacional*.

O Armando havia chamado o engenheiro Herbert Fiuza para apurar custos reais da Embratel e ver se seria possível fazer uma operação técnica nos moldes dos telejornais norte-americanos de rede. A Alice-Maria fez um levantamento de custos do projeto.

Tudo ia bem, mas primeiro era necessário convencer os afiliados. Para contornar o problema, o Arce e o Walter sugeriram a entrada no ar, ao vivo, das praças, cada uma com seu próprio locutor, ou seja, o "âncora" no jargão televisivo. Eu e o Armando conhecíamos o sistema norte-americano de telejornais de rede e fomos contra. Para nossa sorte, a Embratel foi consultada e concluiu pela total inviabilidade técnica. O caminho possível seria receber as matérias das praças, selecionar o que colocar no ar, editar e transmitir em rede a partir do Rio de Janeiro.

Nós tivemos que negociar exaustivamente com os afiliados, emissora por emissora, para usar o horário das 20 horas, que era para eles o filé-mignon. Eu ajudei em algumas negociações e consegui a adesão do Maurício Sirotsky, da TV Gaúcha, que, entusiasmado, pegou no telefone e começou a ligar para os seus colegas donos de empresa explicando a importância do projeto.

Conseguimos aprovar com todos os afiliados, e somente depois disso é que o Arce foi ao mercado publicitário tentar vender o produto. Foi mais rápido do que imaginávamos. Em uma semana tínhamos o patrocinador e, portanto, o dinheiro para pagar os custos. Foi uma festa. Mas, quando soubemos que o patrocinador seria o Banco Nacional, o Armando entrou em pânico:

— Vai ser o jornal do Banco Nacional e não o *Jornal nacional* da Globo. Eu não concordo!

Intimamente a gente se referia ao Armando como "Neném Dodói", e ele fez jus à fama, avisando que se demitiria se o patrocinador do *JN* fosse mesmo o Banco Nacional. O Walter e o Arce se comprometeram a não colocar as logomarcas e logotipos do banco nem na vinheta da abertura nem no cenário do jornal e em lugar nenhum além do intervalo. Foi uma briga longa, mas o Armando acabou cedendo.

Eu e o Walter Clark fomos ao jornal *O Globo* para mostrar a ideia do novo telejornal ao Roberto Marinho, e ele aprovou com grande entusiasmo.

O desafio agora era formatar o jornal de rede. E isso foi feito com orientação minha e em reuniões na minha sala. Naquela época, o *Repórter Esso* ainda era importante em todo o país, mas com edições e apresentadores locais, como o Gontijo Theodoro no Rio, o Dalmácio Jordão e o Kalil Filho em São Paulo e vários nomes em outras praças.

O *Repórter Esso* vinha perdendo prestígio porque era praticamente lido, com poucas imagens e reportagens sem som. Eu decidi que deveríamos brigar com o *Repórter Esso* colocando o *JN* no mesmo horário, e a maioria achava que isso seria perigoso. Eu tinha certeza de que, com um formato novo, tecnologia nova, cenários novos e o peso da Globo, conseguiríamos derrotar o *Esso* e quebrar a última área de resistência da TV Tupi. O Armando comprou totalmente esse conceito e, com a Alice-Maria, o Luís Edgar de Andrade e outros brilhantes profissionais, desenvolveu o formato e equacionou a operação.

De início seriam 15 minutos divididos em três blocos. Dependendo das possibilidades, iríamos aumentando progressivamente. Uma das mais importantes decisões do Armando foi adotar uma linguagem simples e coloquial, quebrando a solenidade dos textos e a narração empostada, típica do *Repórter Esso*. Foi um diferencial decisivo. Para realizar tudo isso, era preciso renovar os equipamentos. Ranheta como sempre, o Armando me fez várias exigências:

— Você tem que me dar câmeras eletrônicas, enlaces de micro-ondas, microfones sensíveis, teleprompter, agências de notícias e recebimento internacional de satélite.

Eu assumi esse compromisso. E fui além. Participei de toda a formatação e definição estratégica do *JN*. No dia 1º de setembro foi uma correria. Dois ou três dias antes da estreia me trouxeram sugestões musicais para a abertura. Não gostei de nada e não havia como compor e gravar outras melodias. Pedi ao sonoplasta Antônio Faya que procurasse alguma coisa marcante. Havia uma loja de discos em frente à emissora, e o Faya voltou com um álbum do músico norte-americano Frank De Vol, sugerindo a faixa "The Fuzz". Eu adorei, mas precisava editar para sincronizar com as imagens já prontas. Ele correu, e em alguns minutos a abertura estava pronta.

Receber as matérias e editá-las foi outro deus nos acuda. Ainda bem que, no ar, saiu tudo perfeito. Após a primeira edição, o jornalista e aviador Armando Nogueira pronunciou a célebre frase:

— O Boeing decolou.

No dia seguinte, o Ibope já mostrava o *JN* liderando o horário no Rio e em São Paulo, na frente do *Repórter Esso*.

Foram cumpridas aos poucos as minhas promessas. Compramos as Auricom para algumas matérias sonoras, mas a câmera exigia a presença de um operador de áudio, uma vez que o som era gravado separadamente. Meses depois mudamos para as CP16, câmeras bem mais leves e que gravavam som direto. Compramos os teleprompters para facilitar a leitura pelos apresentadores. Logo surgiu a câmera de vídeo HL 33 da Ikegami, dividida em duas unidades, a câmera, leve e portátil, e a parte eletrônica, que ficava em uma mochila que o operador tinha que levar nas costas. O Adilson Pontes Malta, diretor de engenharia da Globo, me propôs a compra das HL 33, e eu, mesmo sem testar o equipamento, confiei no Adilson. Foi um sucesso absoluto.

O vídeo e o áudio eram registrados nos novos gravadores Ampex 3000. Eram ainda muito pesados, e, no lugar da gravação, ele somente reproduzia as imagens em preto e branco. Para ver como ficava em cores, era necessário levar o vídeo para a emissora. Mas compensava, porque tínhamos matérias prontas para ir imediatamente ao ar, sem necessidade de revelar as imagens com edição simples, podendo até mesmo, em algumas circunstâncias, fazer uma transmissão ao vivo com um enlace de microlink. Um progresso evidente, mas havia certa resistência ao uso, especialmente em São Paulo.

Durante os meses iniciais, as equipes de jornalismo saíam com câmera e gravador eletrônico, mas faziam as matérias também em filme, por segurança. Era difícil acabar com essa duplicidade. Um dia comprei botas de bombeiro, capas, luvas, óculos e uma marreta. Destruí os tanques de revelação. O banho químico escorreu pelo piso, molhando tudo. Assim, foi encerrado o uso de película e câmeras cinematográficas no jornalismo.

Um avanço ainda maior ocorreu no serviço internacional de satélite. Todo o material era proveniente do SIN — Sistema Ibero-Americano de Notícias —, que deixava bastante a desejar. Em 1973, contratamos o serviço da agência de notícias UPI — United Press International — e passamos a ter realmente, direto, tudo o que acontecia no mundo. Logo depois implantamos as sucursais de Nova York e Londres, personalizando nossas matérias, que passaram a ser assinadas por repórteres extraordinários como Hélio Costa e Lucas Mendes e comentaristas como Paulo Francis. Quando completou um ano, em setembro de 1970, o *JN* tinha um índice de audiência equivalente aos índices das novelas.

Em dezembro de 1970, 15 meses após a estreia do *JN*, o *Repórter Esso* saiu do ar para sempre. O *JN* não parou de crescer e, aproveitando-se de novas tecnologias, esteve presente nos maiores acontecimentos nacionais e internacionais, nada ficando a dever aos melhores telejornais de todo o mundo.

Os apresentadores do *JN* tornaram-se tão populares quanto os galãs de novelas. A primeira dupla, Cid Moreira e Hilton Gomes, foi de 1969 a 1971. Ronaldo Rosas substituiu Hilton Gomes por um ano. Sérgio Chapelin entrou em 1972 e ficou no ar com Cid Moreira por 11 anos seguidos. Sérgio deixou a Globo em 1983, e Celso Freitas assumiu seu lugar até 1989. Chapelin retornou à Globo, e a dupla com Cid Moreira foi mantida até 1996.

Com a reformulação do jornalismo da Globo pelo Evandro Carlos de Andrade, foi decidido que os locutores-noticiaristas seriam substituídos por jornalistas. Medida correta, que aprovei e apoiei. No entanto, o Chapelin era jornalista, e sugeri que deveríamos fazer uma transição suave. Adverti que quebrar um hábito tão arraigado seria perigoso. Minha sugestão foi manter inicialmente o Chapelin e substituí-lo mais tarde. O outro apresentador eu sugeri que fosse o Pedro Bial ou então o William Bonner. Depois que o Chapelin saísse, a dupla seria Bial/Bonner. A substituição, feita em etapas, era para mim, tecnicamente, a fórmula correta.

O Bial era inquestionável. O Bonner havia sido descoberto na TV Bandeirantes pela minha mulher, Lou, que estava assistindo à emissora e me recomendou que eu desse uma olhada nele. Vi e mandei contratar o Bonner para a Globo de São Paulo, e ele rapidamente fez uma bela carreira em nossos telejornais.

Mas o jornalismo não estava mais na minha área, e, do dia para noite, saíram o Cid e o Sérgio, e entraram Bonner e Lilian Witte Fibe. Com a mudança brusca, a audiência despencou, e o *JN*, mesmo se mantendo líder no horário, nunca mais registrou os números habituais. Lilian foi substituída pela Sandra Annenberg por um curto período, e em seguida Fátima Bernardes assumiu a bancada. Fátima, depois de 11 anos no *JN*, saiu para apresentar um programa próprio, e Patrícia Poeta fez dupla com o Bonner por três anos. Renata Vasconcellos assumiu o lugar dela, permanecendo até hoje com brilho e competência.

O William Bonner, em 1999, assumiu também o posto de editor-chefe, dando uma personalidade bem definida ao *Jornal nacional*, que segue sendo o mais importante noticioso da televisão brasileira. O Armando Nogueira e a Alice-Maria enfrentaram, com sangue, suor e lágrimas, todo o tenebroso período da ditadura. Para os censores, nós éramos considerados subversivos, e para a esquerda éramos coniventes com o sistema. O Alberico de Souza Cruz, sucessor do Armando, teve mais sorte, porque pegou a extinção da censura. O Evandro Carlos de Andrade sofreu menos e navegou em mar de almirante. Já o Ali Kamel teve que enfrentar o delicado momento da polarização entre Lula e Bolsonaro, os atentados às instituições e a guerra contra as condenáveis fake news. O Brasil segue polarizado, e Ricardo Vilela, o novo diretor de jornalismo, terá pela frente novos desafios de postura editorial.

37 O PENICO VOADOR

São Paulo (1969)

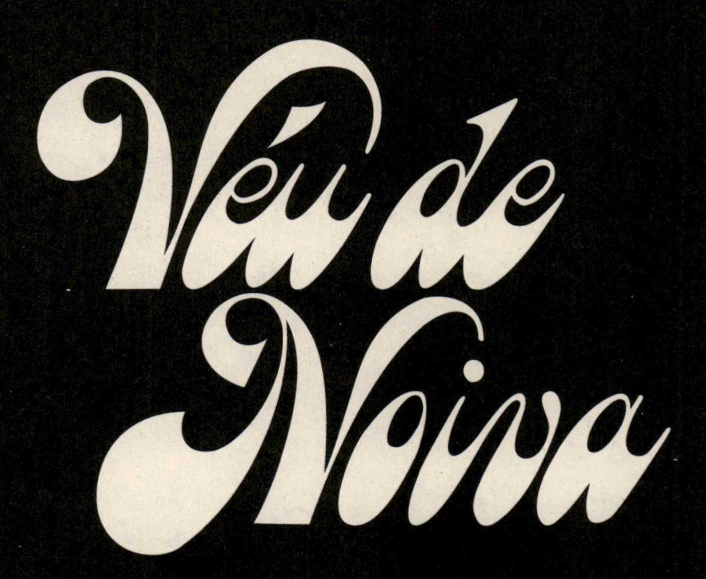

A novela *Véu de noiva* fez decolar a Globo em São Paulo.

As negociações de compra da TV Paulista, canal 5 de São Paulo, pela TV Globo se iniciaram em 1965, mas só foram concluídas em 1966. Exatamente nesse período o Roberto Montoro, que havia sido contratado pela Globo como diretor comercial em São Paulo, assumiu a direção-geral da emissora. A prioridade na TV Globo, naquele momento, era salvar o canal 4 do Rio, saneando as dívidas. Assim, Roberto Montoro organizou uma programação local para a TV Paulista sobreviver até que fosse possível unificar os programas.

Em julho de 1968, a TV Globo começou o planejamento estratégico para a formação da rede. Eu fui pessoalmente a São Paulo preparar a emissora para essa união, mas, por incrível que pareça, o Montoro havia criado na TV Paulista um feudo e resistiu à rede que ele mesmo tanto defendia. Com a pressão minha e do Walter para extinguir a programação local, a relação com o Roberto Montoro ficava pior a cada dia. Eu e o Walter estávamos no Rio quando o Clemente Neto, meu assistente na época, enlouqueceu e invadiu a sala do Montoro, arrancando as cortinas e berrando:

— Luz. Precisamos de luz.

O Montoro, estupefato, se jogou no chão como se fosse um ataque epiléptico e ficou espumando, até que o socorro médico chegou. Depois desse dramático episódio, o Montoro ligou para o Roberto Marinho e se demitiu. Profissional brilhante e conceituado no mercado publicitário, a saída dele teve um impacto negativo nos nossos planos.

Sentei praça em São Paulo por três meses, tocando o Rio por controle remoto com o Borjalo como meu assistente. A TV Paulista ainda se chamava TV Paulista no ar, e eu quis mudar para TV Globo São Paulo. Como TV Globo não era um nome de fantasia, existiam impedimentos legais. Foi aí que eu sozinho, sem consultar mais ninguém, resolvi usar o nome Rede Globo em São Paulo, que acabou sendo adotado no Rio e em todas as emissoras Globo. O Borjalo fez o primeiro logo com a marca Rede Globo, e nós adotamos esse nome.

Um dos braços direitos do Montoro era o Luiz Guimarães, que mais tarde viria a se tornar uma das pessoas mais importantes no processo de recuperação da TV Paulista. Pedi socorro ao Geraldo Casé, que foi morar em São Paulo. Formamos um quinteto: eu, o Luiz Guimarães, o Casé e os coordenadores Eduardo Lafond e Durval Honório.

O Luiz Guimarães fumava cachimbo e tinha um exótico penico de ágata branca na mesa, onde fazia as misturas de fumos. O Luiz Guimarães era o único funcionário que estava na TV Paulista desde a inauguração. Não creio que ninguém tenha lutado mais. Como a TV Paulista havia tido muitos donos, o penico era na realidade um símbolo da emissora. Talvez por isso a sala do Guimarães, com o impávido penico, tenha sido a única que se salvou do fogo.

No sábado logo após o incêndio, 20 de julho de 1969, transmitimos os primeiros passos do homem na Lua. Na segunda-feira, recebemos o boletim do Ibope, que, pela primeira vez, mostrava que tínhamos conquistado a liderança em alguns horários — uma vitória, mas não dava para comemorar, porque eram números esporádicos. Em setembro, com o *JN* entrando em rede, os números de audiência da novela *Rosa rebelde*, estrelada pela Glória Menezes, subiram um pouco, especialmente porque a concorrente *Beto Rockfeller*, da Tupi, líder de audiência em São Paulo, vinha dando sinais de cansaço. Em outubro, no Rio de Janeiro, lançamos na Globo a novela *Véu de noiva*. O último capítulo de *Beto Rockfeller* foi ao ar no dia 4 de novembro, uma terça, e na segunda-feira seguinte, dia 10, nós lançamos *Véu de noiva* em São Paulo. Na terça, o Ibope chegou à nossa mesa, e, para nossa surpresa, éramos líderes absolutos no horário nobre. Havíamos conquistado São Paulo. O Luiz Guimarães, ainda abalado com o incêndio, despejou o fumo na mesa e enfiou o penico na cabeça. Não falou nada e saiu correndo pela rua das Palmeiras, aos berros:

— O penico está voando. O penico está voando.

38 A COPA DE 1970

México (1970)

Com o Rei em Angra dos Reis para comemorar o tri.

Aliviados com os bons resultados de julho de 1969, passamos a ter certeza de que estávamos no caminho certo. Em maio de 1970 ocorreria o Campeonato Mundial de Futebol, e seria a primeira vez que a televisão transmitiria o evento ao vivo, direto, via satélite. Nós sabíamos que iria aumentar a venda de televisores e subir a audiência da televisão e aproveitamos o clima para marcar alguns golaços.

Em março, com a promoção da Copa, lançamos a novela de Vicente Sesso *Pigmalião 70*, com um elenco da pesada, liderado por Tônia Carrero, Sérgio Cardoso e Susana Vieira. Passamos a dominar com folga no horário das sete. Guardamos para lançar em junho, exatamente no auge da Copa, a novela *Irmãos coragem*, de Janete Clair, com os três irmãos vividos por Tarcísio Meira, Cláudio Marzo e Cláudio Cavalcanti e as estrelas Regina Duarte e Glória Menezes. A novela estreou em 8 de junho de 1970 e marcou os mais altos índices de audiência até então registrados pela televisão brasileira. O Chico Anysio, contratado no final de 1969, estreou também em 1970 a atração mensal *Chico Anysio especial*.

A Copa do Mundo foi transmitida por um *pool* de emissoras composto pela TV Globo, que reunia a TV Record, a TV Rio e emissoras independentes e as Emissoras Associadas, comandadas pela TV Tupi de São Paulo. Os narradores esportivos dessas emissoras se revezavam nas transmissões em um rodízio programado. Pela Globo atuaram Geraldo José de Almeida e João Saldanha, sob o comando de Armando Nogueira.

O João Saldanha havia sido técnico da seleção de 1970 e chamava a equipe de "As Feras do Saldanha". João na época se desentendera com Pelé por razões desconhecidas e quis cortá-lo do time, alegando que ele estava quase cego. O presidente Garrastazu Médici prestigiou o Rei Pelé e demitiu o técnico, que foi substituído às pressas pelo Zagallo.

O sinal de televisão da Copa, além de ser ao vivo e direto, chegava em cores ao Brasil, pelo sistema norte-americano NTSC — National Television System Commitee —, e era convertido pela Embratel para o sistema brasileiro da época, um sinal híbrido derivado do sistema alemão, mas com 525 linhas, igual ao norte-americano, o que garantia a entrega dos sinais compatíveis com os aparelhos existentes em preto e branco. Esse sistema foi denominado PAL-M — Phase Alternating Line-M — e testado na Copa do Mundo internamente, e não para o público. Mas quem tivesse um televisor norte-americano em cores podia ver a Copa colorida com uma pequena intervenção no aparelho receptor chamada *delay line*. Alguns privilegiados assistiram a toda a Copa em cores.

Os índices de audiência da Copa foram maiores que os obtidos com os da chegada do homem à Lua, e a Globo, que era líder, foi a maior beneficiada. Mais ainda pelo fato de o Brasil ter sido campeão e de a Globo ter acompanhado de norte a sul do país as comemorações em torno da seleção de 1970, provavelmente a melhor que o Brasil já teve.

Com o patrocínio da Copa do Mundo e o excelente desempenho da Globo naquele ano, eu recebi, pela primeira vez, alguma remuneração depois de três anos vivendo exclusivamente de uma retirada mínima mensal, que mal dava para minhas despesas. Salve a seleção!

39 GLÓRIA MARIA

Rio de Janeiro (1971)

Glória Maria, a eterna princesa.

Segundo o Bira, relações-públicas e depois presidente da Mangueira, a Glória Maria já foi princesa do Cacique de Ramos e princesa da Mangueira. Em Ibiza, na Espanha, era conhecida como princesa do povo Massai, do Quênia, uma história que pegou depois de ser inventada pelo criativo Brasílio, o brasileiro que comandava a noite naquela ilha.

Na verdade, a Glória Maria foi mais que uma princesa. Foi rainha absoluta da reportagem na televisão brasileira. O Bira da Mangueira, pela simpatia, circulava nos corredores da Globo promovendo sua escola. No Carnaval de 1969, a Glória Maria cursava o último ano de jornalismo na PUC-Rio e foi levada à TV Globo pelo Bira, que pediu ao Chacrinha para encaminhá-la ao Armando Nogueira. A Glória queria uma vaga remunerada de estagiária para pagar a faculdade. Como não poderia ser contratada antes de se formar, o Armando ou a Alice-Maria, não sei quem foi, conseguiu colocá-la como telefonista na emissora.

Um dia eu estava fora do escritório, e a telefonista Glória Maria me ligou dizendo que a secretária do Roberto Marinho estava me procurando. Achei a voz dela linda e a maneira de falar diferente para uma telefonista. Perguntei quem era ela, e a Glória me explicou que estava ali de passagem, só aguardando vaga no jornalismo. Pedi que, no dia seguinte, fosse à minha sala. Ela não entrou pedindo, entrou se impondo. Abriu aquele sorriso enorme e, com segurança, me disse:

— Sou a Glória Maria. Vou ser repórter da Globo.

Em 1970, no final do curso, ela foi contratada. No dia 20 de setembro de 1971, quando caiu o viaduto Paulo de Frontin, a Alice-Maria escalou a Glória para a cobertura. E na estreia ela já era a melhor repórter da Globo. Pouco tempo depois, além de repórter, ancorava com desenvoltura o *RJTV* ou qualquer programa que fosse necessário.

Foi pioneira em vários momentos, inclusive na primeira transmissão ao vivo, direto do local. Nesse dia ocorreu a já conhecida história da pane nos equipamentos de iluminação minutos antes de entrar no ar. Ela não conversou. Mandou acender contra ela os faróis da viatura de reportagem, ajoelhou e fez a matéria como se estivesse em pé. Saiu perfeito.

A Glória tinha a alma livre e a mente solta, por isso a imaginação dela não conhecia limites. Ela inventava suas reportagens. Preocupado, determinei que fosse obrigatória a assinatura de um termo de responsabilidade por ela toda vez que o assunto a colocasse em risco. Ela ria. Frequentava a minha sala para falar de coisas que queria fazer. Eu ouvia, perplexo, o conjunto de devaneios e pedia para ela conversar com o pessoal do jornalismo, porque eles é que deveriam decidir.

Além de ideias, Glória tinha sorte. Um dia topou com o Carlos Drummond de Andrade, que não gostava de falar sobre si mesmo, e arrancou dele uma entrevista de mais de uma hora. Não é necessário relacionar as matérias que a Glória Maria fez, porque foram tão marcantes que seria repetir o que todos já sabem. O importante é que ela deixou sua marca.

Glória não mastigava palavras, como alguns repórteres e apresentadores fazem até hoje. Não era enfática. Apenas natural. Falava com o espectador como se fosse amigo e não plateia. Ria do que estava fazendo. Não era um robô. Sempre foi ela mesma. Com base nisso, dou sempre esse conselho a quem trabalha comigo: não tente ser apresentador ou repórter. Seja você mesmo.

Fora da televisão, éramos amigos. Tínhamos paixão pelo Carnaval. Estávamos sempre pelas quadras e barracões das escolas de samba. Quando a Beija-Flor me homenageou, ela foi a primeira a se oferecer para desfilar e, em qualquer vídeo que se veja, é a mais animada do desfile. Combinávamos viagens de turismo com a Lou, viajamos juntos algumas vezes e nos encontrávamos por acaso em lugares inimagináveis.

Ser humano especial, ela adotou e deixou protegidas suas duas filhas. Para se ter uma ideia da importância da Glória Maria, o maior jornal do mundo, o *New York Times*, publicou um extenso obituário, de quase meia página, contando sua trajetória.

40 O QUE DÁ **PARA RIR** DÁ PARA **CHORAR**

Rio de Janeiro (1971)

Tarcísio Meira arrasou como João Coragem.

Comecei o ano chorando, mas chorando de alegria. Fui com Tarcísio e Glória, o Ibrahim Sued e o Borgerth passar o réveillon em Salvador, na Bahia. Já contei os detalhes desse episódio em *O livro do Boni*, mas considero importante relembrá-lo. Alugamos um Saveiro e à noite fizemos a ceia do Réveillon a bordo. No dia seguinte, com nosso barco, nos incorporamos à tradicional procissão do Senhor dos Navegantes nas águas da baía. Um dos barcos reconheceu o Tarcísio Meira, e as pessoas a bordo começaram a cantar o tema da novela gravado pelo Jair Rodrigues. Barcos e mais barcos foram se reunindo em volta do nosso, navegando com a gente. De repente eram mais de três mil barcos que entoavam no mar a canção "Irmãos coragem". Todos nós fomos aos prantos. Naquele momento, mais que os números do Ibope, eu tive a emoção de constatar que éramos líderes de fato e que a Globo tinha definitivamente conquistado seu lugar em todo o Brasil.

Pouco depois, no dia 21 de abril de 1971, aconteceram simultaneamente dois eventos. No Rio de Janeiro, apresentado por Luiz Jatobá e Leo Batista, estreou o jornal *Hoje*, transmitido em rede para todo o país. Em Brasília, eu comandei pessoalmente a inauguração da TV Globo de Brasília, com estúdios e equipamentos montados na base da torre de televisão projetada por Lúcio Costa e erguida ao lado do Eixo Monumental de Brasília. Estar no centro das decisões do país foi uma conquista importante.

Logo em seguida ocorreria o evento mais significativo do ano e um dos marcos da história da Globo: o encerramento do contrato

Globo/Time-Life. Com o crescimento do mercado brasileiro em 1970, avançamos na consolidação do nosso projeto de rede.

Em 1971 aconteceram mais eventos importantes, como a revolução do humor na televisão com o lançamento do programa *Faça humor, não faça guerra*. Eu contratei o Jô Soares em 1970, mas a TV Record o liberou somente um ano depois. Minha ideia era fazer um programa humorístico comandado pelo Jô e o Renato Corte Real, também recém-contratado. Entreguei o projeto ao Augusto César Vannucci e a supervisão ao Borjalo. Convoquei nossos redatores de humor, que eram os melhores existentes na televisão brasileira. Estavam na Globo Max Nunes, Haroldo Barbosa, Hilton Marques, Roberto Silveira e o próprio Jô Soares. O time se reuniu várias vezes, e a conclusão foi abandonar o estilo radiofônico e fazer televisão para valer, misturando música e humor. O maestro Guio de Moraes compôs um tema que, além de abrir o programa, era a base para o encaixe das piadas iniciais, sempre temáticas. O Juan Carlo Berardi fez a coreografia que usava o elenco para dançar e não bailarinos. O Augusto César Vannucci indicou o João Loredo e o Carlos Alberto Loffler para a direção, e o programa estreou no dia 10 de julho de 1971. A audiência foi total, e a repercussão, maior ainda. No dia seguinte, o Roberto Marinho enviou um caminhão de flores para a minha casa, agradecendo o sucesso e a qualidade do programa.

Outro destaque foi a novela *Minha doce namorada*, de Vicente Sesso, que entrou no ar em 19 de abril de 1971, com Regina Duarte, Cláudio Marzo, Maria Cláudia e Mário Lago. A novela tomou conta do país, e a Regina Duarte estava tão encantadora que recebeu do público o carinhoso título de "namoradinha do Brasil".

O terceiro evento artístico do ano foi o lançamento pela TV Globo do novo horário de novelas, às 18 horas. No dia 16 de agosto, estreou nesse horário a novela *Meu pedacinho de chão*, de Benedito Ruy Barbosa, numa coprodução com a TV Cultura.

Também em 1971, pensando em melhorar o nível da programação infantil, eu e o Joe Wallach fomos a Nova York e negociamos e assinamos contrato com a CTW — Children Television Workshop — para produzir e exibir no Brasil uma versão do programa *Sesame Street*, que eu batizei com o nome *Vila Sésamo*. Como não tínhamos estúdios suficientes, foi feito um acordo com a TV Cultura, e o Cláudio Petraglia, com muito entusiasmo e total competência, assumiu a produção do programa, que entraria no ar somente em 1972.

Na área de jornalismo lançamos o *Globo Shell*, sob responsabilidade de Paulo Gil Soares e Luiz Lobo e produzido pela Blimp Filmes, do meu irmão, cineasta e diretor de televisão Carlos Augusto de Oliveira, que dirigiu todos os episódios, alguns deles uma obra-prima, como "O velho Chico", sobre o rio São Francisco, e "Canudos", sobre a resistência dos jagunços às forças do governo federal. O *Globo Shell* foi o embrião do *Globo repórter*.

O *Globo repórter*, por sua vez, mudou a linha dos documentários na televisão. Enquanto aquele era temático, este passou a tratar de assuntos de atualidade. O Paulo Gil Soares e o Luiz Lobo foram responsáveis pelo início desse novo ciclo. No começo, o programa sofria da limitação de ser narrado em off, mas logo investi em equipamentos para permitir maior liberdade e trouxe o reforço do meu amigo Maurice Capovilla, que foi seguido por outros cineastas do mesmo calibre, como João Batista de Andrade, Eduardo Coutinho, Geraldo Sarno, Luiz Carlos Maciel, Walter Lima Jr. e Hermano Penna.

No final de outubro de 1971, quando tudo caminhava às mil maravilhas, fomos surpreendidos por um incêndio que destruiu boa parte dos estúdios da TV Globo do Rio de Janeiro. Uma tristeza. Um ano tão brilhante acabou em lágrimas.

41 A **GLOBO** PELOS **ARES**

Rio de Janeiro (1971)

Milton Gonçalves, ator, diretor de programas e novelas.

Perdemos nosso companheiro Milton Gonçalves em 2022. Seu trabalho, seu talento e sua vida são amplamente conhecidos, mas poucos conhecem a participação decisiva que ele teve no primeiro incêndio da Globo do Rio de Janeiro.

Tudo caminhava às mil maravilhas até o dia 28 de outubro de 1971. No final da tarde, estava sendo gravado na TV Globo do Rio de Janeiro o *Moacyr Franco especial*, no estúdio-auditório, denominado estúdio A, quando o ator José Lewgoy, que contracenava com o Moacyr, sentiu um cheiro forte de queimado e acionou o alarme de incêndio. A emissora foi evacuada rapidamente, e ninguém se feriu. Mas o incêndio continuava ativo.

O que ninguém sabia é que havia dentro da emissora uma caixa cheia de bananas de dinamite verdadeiras, que poderiam explodir a qualquer momento, destruindo o prédio da Globo. A novela das oito que estava sendo gravada na época era *O homem que deve morrer*, e no capítulo final haveria a explosão, que seria feita com essa dinamite em uma cidade cenográfica na Marambaia. Pelo regulamento militar, a compra e a guarda de dinamite só poderiam ser feitas oficialmente, e uma pessoa determinada teria que ficar responsável pela guarda e pelo uso. Nesse caso, o responsável era o Milton Gonçalves, diretor da novela.

A gravação seria realizada na manhã da sexta-feira, dia 29 de outubro, e no dia anterior, data do incêndio, fora o Dia do Funcionário Público, um meio feriado. Por problemas burocráticos, os explosivos tiveram que ser retirados do fabricante na quarta-feira, 27 de outubro. Seguindo todos os procedimentos legais e todas as normas de segurança, o Milton requisitou um cofre-forte e trancou o material na própria sala. Para evitar uma tentativa de roubo dos explosivos, ninguém mais além do Milton sabia onde estava o material. Nenhum erro. Tudo feito corretamente e dentro do que era previsto, menos o incêndio, que era realmente imprevisível.

Eu, o Walter e o Joe estávamos em São Paulo e fomos avisados assim que o fogo começou. Tomamos um jato particular para o Rio e nos deslocamos até o prédio da Globo, no Jardim Botânico. Quando chegamos, a situação já estava sob controle. O Borjalo e o Adilson Pontes Malta estavam no comando do resgate de fitas de videoteipe e tudo o mais que pudesse ser salvo.

Fomos direto saber com os dois mais detalhes do sinistro. Havia duas hipóteses: uma ponta de cigarro deixada por alguém que fumou no auditório ou um curto no ar-condicionado no depósito de cenografia, que ficava embaixo das escadarias do auditório. O Adilson informou que as câmeras do estúdio haviam sido retiradas a tempo e que a área técnica havia sido preservada, necessitando apenas de limpeza dos equipamentos afetados pela fumaça. Ninguém nos contou nada sobre os explosivos.

Somente no dia seguinte o Borjalo e o Adilson nos procuraram para contar a história das bananas de dinamite. Ficamos sabendo que o Milton Gonçalves estava na casa dele e soube do incêndio pela televisão. Apavorado com a possibilidade de uma violenta explosão, pegou o carro e correu para os estúdios. Ao chegar, viu que o fogo estava concentrado no auditório e achou que dava para acessar o prédio, entrar na própria sala e retirar a dinamite. Foi impedido pelos bombeiros e policiais, mas, quando explicou que os explosivos estavam lá, começaram imediatamente a planejar o que fazer. O Milton, aproveitando-se da situação, pediu a um dos bombeiros:

— Me ajude. Vem por aqui.

O bombeiro acompanhou o Milton Gonçalves e chegaram ao cofre, mas o segredo não funcionava. Tentaram então arrombar com a machadinha do bombeiro, o que também não deu certo. O jeito foi cada um pegar um lado do cofre e arrastá-lo para a rua. Saíram os dois suados, respirando com dificuldade, mas trazendo as ameaçadoras bananas de dinamite. Imediatamente os bombeiros, com jatos de água, resfriaram o cofre. Quando perguntado pelos repórteres que cobriam o incêndio o que o cofre continha de tão precioso, o Milton respondeu:

— Os scripts que eu vou gravar amanhã. Textos… textos… da novela.

O Milton Gonçalves, um senhor ator e excelente diretor, foi também um herói. Se não fosse ele, em vez de ir para o ar, a TV Globo teria ido pelos ares.

42 "SEM MÚSICA, A VIDA SERIA UM ERRO"

Rio de Janeiro (1971)

Com Gilberto Gil e Roberto Carlos.

Nada mais expressivo, poético e verdadeiro do que essa afirmação de Nietzsche. Foi pensando nisso que iniciamos uma revolução musical na TV Globo, nomeando o maestro Radamés Gnattali como diretor musical da emissora.

Meu pai tocava violão. Eu estudei violino. Consegui tocar duas músicas de Franz Schubert, a "Ave Maria" e a "Serenata". Ficou por aí. O maestro Erlon Chaves dizia que eu tinha ouvido absoluto. Se um garçom, por exemplo, deixasse cair uma bandeja, eu era capaz de dizer o tom em que a bandeja caiu. Hoje, se uma bandeja cair, eu penso que é a orquestra tocando e me levanto para dançar.

De qualquer forma, ficou por aí a minha maior frustração. Dei prioridade à música em todas as atividades de minha vida. Na publicidade fiz assinaturas como "Brancura Rinso", "OMO" e "Varig-Varig-Varig". Fiz muitos jingles, aberturas e vinhetas. Eu e o Laerte fizemos também os bonequinhos na TV Excelsior — canal 9 —, o tigrinho da TV Record — canal 7 — e o malandrinho da TV Rio — canal 13 —, todos com roteiro e músicas minhas.

Na Rádio Bandeirantes, eu parodiava mensalmente as melodias mais vendidas e colocava uma letra promovendo a emissora. Fui sócio do José Scatena na RGE e produzi e lancei álbuns musicais de cantores e cantoras. Fui pioneiro na utilização de uma orquestra inteira, transformando músicos em comediantes no *Simonetti Show*, da TV Excelsior. Na TV Rio, em 1963, encomendei a primeira trilha incidental para uma novela ao maestro Severino Filho, de Os Cariocas, que musicou *O homem proibido*, do Nelson Rodrigues, e produzi o musical *Praça Onze*, com músicas criadas pelo João Roberto Kelly.

No Telecentro da TV Tupi, com os maestros Erlon Chaves e Cipó, contratei os mais renomados músicos do mercado, e criamos a melhor orquestra já vista na televisão brasileira. Foi lá também que eu montei a bandinha do flautista Altamiro Carrilho. E foi lá que dirigi o *Moacyr Franco Show* antes de ir para a Globo.

Na TV Globo, a programação sempre incluiu musicais com cantoras, cantores e instrumentistas em todos os programas de variedade. O *Concertos para a juventude* já existia, e, para nossa tranquilidade, quem tinha que sustentá-lo era *O Globo*, pela paixão que o Roberto tinha pela música.

Introduzi nos programas mais populares alguns expoentes da música clássica, como o maestro João Carlos Martins e o pianista Arnaldo Cohen, além de outras figuras da música erudita. O maestro Júlio Medaglia era contratado da Globo e nos deu imensa contribuição no campo da música clássica, da popular, e na melhoria da captação de som das orquestras.

Supervisionei programas clássicos como o *Concertos internacionais*, exibido no horário nobre com apresentação do maestro Isaac Karabtchevsky. Fiz o especial *Villa-Lobos*, regido pelo Isaac, e editei com o Júlio Medaglia todas as faixas.

Também mandei titular todas as óperas encontradas no mercado, colocando legendas em português, e exibi as melhores produções do mundo na programação matinal dos domingos. Determinei a criação obrigatória de clipes para o *Fantástico*. Fui responsável por todas as transmissões do FIC — Festival Internacional da Canção —, produzidas inicialmente pelo Augusto Marzagão e depois pelo Solano Ribeiro.

Fui eu que levei o Solano para a televisão para ser meu coordenador na TV Excelsior. O Solano, com certeza, foi a pessoa que mais contribuiu para a música popular brasileira. Os festivais que criou na TV Excelsior e transferiu depois para a TV Record modificaram o perfil de nossa música e consolidaram o prestígio dos mais importantes músicos do país. Nada melhor do que o trabalho realizado pelo Solano para a música brasileira.

Nas novelas, tive o prazer de trabalhar com o meu querido amigo Nelson Motta, que, com o apoio do André Midani, colocou no ar o projeto de trilhas sonoras que existe até hoje. Os resultados da trilha de *Véu de noiva*, produzida pelo Nelsinho, foi tão expressivo que, na Globo, resolvemos criar uma gravadora e uma editora musical. O José Octavio de Castro Neves descobriu o João Araújo, que havia montado um extraordinário elenco na gravadora Philips, atualmente Universal, e o trouxe para fundar a Som Livre, da qual fui sócio. O João Araújo, um descobridor de talentos, revelou o próprio filho, o Cazuza, e também a esposa, Lucinha Araújo. O João transformou a Som Livre em uma das gravadoras mais importantes do Brasil, tornando-a líder absoluta do mercado.

Tive a sorte de participar de todas as decisões da empresa e, pessoalmente, comandei a seleção das trilhas de novelas por quase trinta anos. Os grandes produtores de trilhas foram o Guto Graça Mello e o Mariozinho Rocha, dois gigantes em criatividade e talento. Com eles eu escolhi e aprovei todas as trilhas de novela de 1967 a 1998. Ainda na Globo, tive o maestro Radamés Gnattali como diretor do departamento musical e também o José Menezes. O maestro Erlon Chaves, que eu trouxe de São Paulo, sempre me acompanhou.

Com o sonoplasta Antônio Faya, montei a abertura do *Jornal nacional*. Tive a ideia do diafragma separando filmes de longa metragem dos filmes comerciais, que depois foi substituído pelo "plim-plim", que eu encomendei; entre centenas de sugestões, escolhi uma que foi feita pelo Luiz Paulo Simas.

Ao Nelson Motta e aos irmãos Marcos e Paulo Sergio Valle pedi um tema musical para o novo ano, e o "Hoje é um novo dia" é usado até hoje. Com o Tavito e o Aldir Blanc, participei da criação do tema "Coração verde-amarelo" e, pessoalmente, mudei o final da letra. Me ofereceram parceria, e eu não aceitei.

O Aldir Blanc também foi o criador da palavra "Globeleza". Quando aprovei o jingle do Jorge Aragão, modifiquei a letra e substituí o trecho "Eu tô no ar, ai que beleza" por "Eu tô no ar, tô Globeleza", evidentemente com a concordância de todos e o devido pagamento ao Aldir.

Quando o Legey pensou em gravar uma música que seria o tema da vitória, eu imediatamente aprovei. Ficou a marca do Ayrton Senna.

O programa *Som Livre exportação* foi idealizado por mim e realizado pelo Walter Lacet, e o especial produzido pelo Solano Ribeiro acabou colocando mais de cem mil pessoas no Anhembi em São Paulo, o maior público já reunido pela MPB.

Foi excelente o trabalho com a Rita Lee, aproveitando suas composições para títulos e aberturas, e com a dupla Sullivan e Massadas. O gênio Tom Jobim fez, exclusivamente a meu pedido, a trilha completa de *O tempo e o vento* e, também a meu pedido, criou o inédito *Anos dourados* e a canção "Luiza".

Fiz a letra da abertura do *Fantástico* sobre uma linda e marcante melodia que o gênio Guto Graça Mello compôs. A novela *Tieta* estrearia em uma semana, mas não tinha abertura aprovada. Escrevi rapidamente a letra de *Tieta*, que foi musicada à perfeição pelo Paulo Debétio. Fiz com o Hans Donner e o José Dias as aberturas do Chico Anysio e do Jô Soares. Na minha época foram produzidos e exibidos pela Globo, entre outros:

- Os especiais anuais de Roberto Carlos
- O premiado especial de Tom Jobim
- *Sérgio Mendes especial*
- *Grandes nomes*, do Daniel Filho, incluindo especiais de João Gilberto, Gilberto Gil, Caetano Veloso, Elis Regina, Simone, Gal Costa, Chico Buarque de Hollanda, Milton Nascimento, Paulinho da Viola e outros artistas desse mesmo calibre
- *Chico & Caetano*, também do Daniel, que abriu espaço para novos talentos e trouxe artistas consagrados
- *Globo de ouro*, *Vinicius para crianças* e o *Plunct plact zuuum*, os três do Augusto César Vannucci
- *Som Livre exportação,* do Lacet e do Solano Ribeiro
- *Sandra e Miele*
- *Brasil pandeiro*
- *Não fuja da raia*
- *Chitãozinho e Xororó*
- *Amigos*, do Aloysio Legey

E mais dezenas de especiais com os maiores nomes da música brasileira.

É isso aí. Se tem música na parada, me chama que eu ajudo até a carregar o piano.

43 CINQUENTA TONS DE CORES

Brasília (1972)

A estrela Glória Menezes brilhou em *Meu primeiro baile*, o primeiro especial em cores.

Eu e o José Octavio de Castro Neves, em janeiro de 1972, fomos ao Congresso Internacional de Televisão em Zurique, na Suíça, promovido pela Associação Internacional de Rádio e Televisão, que congregava, na época, as emissoras de todo o mundo. Quando eu e o José Octavio anunciamos que o Brasil havia desenvolvido um sistema de televisão próprio e híbrido, a plateia caiu na gargalhada. Se conhecessem o projeto de implantação, iriam rir mais ainda.

O sistema PAL-M, que o Brasil adotou, era uma mistura dos padrões norte-americano e alemão e visava permitir aos possuidores de receptores em preto e branco que continuassem recebendo o sinal existente. Para isso, foi mantido o padrão norte-americano de 525 linhas, e, para melhor controle das cores, foi escolhido o sistema alemão.

Até aí tudo bem. O problema é que se esqueceram do principal. Nenhum país do mundo usava esse padrão, portanto não havia equipamentos de produção compatíveis com o sistema brasileiro. Seria fácil produzir no sistema norte-americano e converter nos transmissores para o padrão brasileiro. O Ministério das Comunicações, achando que isso poderia ser uma tentação para enfraquecer o uso do nosso sistema, proibiu a importação de equipamentos que não fossem PAL-M.

Nenhum fornecedor norte-americano, japonês ou alemão tinha interesse em fabricá-los somente para o Brasil. O governo tinha pressa, mas conseguiu exatamente o oposto. Somente um ano depois da inauguração da televisão em cores é que, de fato, começaram as transmissões regulares. As emissoras brasileiras foram obrigadas a aguardar o desenvolvimento de cada equipamento necessário e ainda a pagar preços exorbitantes para mandar fabricar equipamentos *custom-made*, o que duplicava os custos.

Milhões de dólares das empresas brasileiras e um volume brutal de divisas foram gastos pela teimosia de não permitir o uso de equipamentos prontos e disponíveis nas prateleiras.

Eu e vários dirigentes de emissoras brasileiras fomos diversas vezes a Brasília, mas não conseguimos demover o ministro Hygino Corsetti. Em 1974, quando Euclides Quandt assumiu a pasta das Comunicações, voltamos a insistir, mas também não houve êxito. O uso do padrão norte-americano para equipamentos de produção só foi liberado quando a televisão analógica já estava no final. Tarde demais. O dano já estava feito, e atualmente esse assunto não merece mais discussão.

Outra expectativa prevista no plano era a exportação do nosso sistema para toda a América Latina, coisa que nunca passou de mera especulação.

Depois dos testes internos na Copa de 1970, a televisão em cores estreou no dia 19 de fevereiro de 1972 com a transmissão da Festa da Uva em Caxias do Sul, escolhida exatamente porque a filha do ministro das Comunicações, Hygino Corsetti, era a Rainha da Festa.

A transmissão foi feita pela TV Difusora do Rio Grande do Sul, pertencente na época à Ordem dos Frades Menores, e retransmitida por um *pool* de emissoras brasileiras.

A inauguração oficial se deu, no entanto, em 31 de março de 1972. O primeiro programa de dramaturgia foi o especial *Meu primeiro baile*, adaptado por Janete Clair do original francês *Un carnet de bal*, produzido e dirigido por Daniel Filho e estrelado por Glória Menezes. Era uma produção luxuosa, e a iluminação lembrava filmes ingleses. Antônio Faya reconstruiu musicalmente o ambiente da época.

Esse especial foi gravado no Teatro Fênix, na Lagoa, e eu acompanhei pessoalmente toda a gravação; nós todos festejamos o resultado. Na mesma semana transmitimos também, "ao vivo e em cores", a *Discoteca do Chacrinha*. Essas produções foram feitas com equipamentos trazidos ao Brasil pela Bosch Ferneseh a título de demonstração, numa tentativa de nos vender seus produtos. Era apenas um carro de externas com três câmeras que, emprestadas, tiveram que voltar para a Alemanha.

Somente em 1973, no dia 22 de janeiro, é que foi possível a produção regular com a estreia de *O bem-amado*, de Dias Gomes, com os magistrais Paulo Gracindo e Lima Duarte. O salto na compra de televisores em cores se deu no ano seguinte, com a Copa de 1974, que teve todos os jogos transmitidos ao vivo e em *full color*.

Apesar de todas as dificuldades e entraves, a televisão brasileira, graças ao talento dos artistas e à competência de seus técnicos, foi implantada em apenas cinco anos. Em 1977, todas as emissoras tinham cem por cento da programação produzida e exibida em cores. Em 2022, completamos cinquenta anos de vida colorida.

Rio de Janeiro
(1973)

Os correspondentes da Globo fazem história.

Com a chegada da televisão em cores, o impacto no crescimento de aparelhos televisores foi maior do que o esperado. Mas a recepção internacional via satélite foi o que fez a grande diferença na televisão mundial.

Em agosto de 1973, quando criei o *Fantástico*, reunindo entretenimento e jornalismo, foi necessário montar uma equipe em Nova York chefiada pelo Hélio Costa e outra no Brasil, com a Cidinha Campos, para abastecer o programa com matérias exclusivas. Tínhamos também muitos conflitos com a censura, e o *Jornal nacional* cada vez mais precisava recorrer a assuntos do exterior para poder sobreviver. A Central Globo de Jornalismo, subordinada à minha área, começou uma negociação com agências internacionais de notícias para resolvermos os problemas do *JN* e do *Fantástico*. Eu me socorri do Joe Wallach, e, com a ajuda dele, fechamos em trinta dias com a UPI um contrato de fornecimento diário de matérias jornalísticas.

Negociar com a Embratel, empresa estatal na época, foi uma luta. A partir de novembro de 1973, a Globo passou a ter um serviço regular diário, direto de Nova York. Mas isso não incluía as matérias feitas pela própria Globo, que ainda vinham de avião. Nosso primeiro endereço foi em um porão em Downtown, que, além de atender à compra de peças sobressalentes para a engenharia, servia de base para o Hélio Costa, que editava as matérias em serviços particulares.

O Hélio Costa mudou o estilo de fazer reportagens na televisão brasileira. Foi o primeiro chefe do escritório de Nova York, realizou centenas de matérias inéditas, foi astro do *Fantástico* e apresentador do *Linha direta*. Deixou a televisão para brilhar na política. Foi ministro das Comunicações e senador da República. Hélio Costa é meu padrinho de casamento, e nossa amizade se estende até hoje.

Em Nova York, logo no início das atividades da Globo, tínhamos como nosso representante o Joseph Keiserman, que achou um espaço no número 777 da 3rd Avenue. O Joe Wallach autorizou o aluguel, e fomos para um endereço decente, mas sem estúdio ainda. Começava naquele momento a saga da expansão do jornalismo da Globo, na qual eu investi em equipamento, em instalações e, principalmente, em gente. Vou citar fatos e alguns correspondentes da Globo da minha época, respeitando uma ordem cronológica.

Em 1974, com a Revolução dos Cravos em Portugal, o Armando Nogueira e a Alice-Maria enviaram para Lisboa a Sandra Passarinho. Foi um sucesso tão grande que essa ação passou a ser uma rotina cobrada pelos espectadores. Em vários outros acontecimentos deslocamos para o local nossos correspondentes. Em 1975, a Sandra Passarinho cobriu o funeral do general Franco na Espanha. A partir de 1975 é que efetivamente tivemos uma sucursal, com a mudança para o prédio 909 da mesma 3rd Avenue. O Adilson Malta conseguiu viabilizar uma forma de trabalho, e o repórter cinematográfico Orlando Moreira deu um jeitinho brasileiro para tudo funcionar além dos limites do possível. Produzíamos lá, mas gerávamos de outro ponto.

O Lucas Mendes, vindo da imprensa, foi contratado para Nova York. O Armando Nogueira repetidamente me pedia para assistir às matérias do novato Lucas Mendes, que ele, Armando, considerava o melhor texto da televisão. Quando o Lucas fez uma matéria diferenciada com o Pelé em Nova York, mandei um elogio para o Armando e para o Lucas. Era a primeira matéria que eu havia visto na televisão brasileira produzida com humor e imagens previamente marcadas.

A carreira do Lucas prova que o Armando Nogueira estava certo sobre ele. Lucas Mendes sempre esteve alguns pontos acima da curva. Além de chefiar a sucursal de Nova York, o Lucas viajou por toda a América do Norte, pela América Latina e pela Europa e fez entrevistas incríveis, levando uma contribuição imensa para o jornalismo da Globo. Mais tarde foi o comandante impecável da atração *Manhattan Connection* no GNT, e depois da GloboNews. Dá saudade de todos que por lá passaram. Foi o melhor programa de jornalismo analítico da televisão brasileira. Lucas é um amigo querido.

O escritório de Londres também começou timidamente. Foi a própria Sandra Passarinho quem abriu caminho. Somente em 1976 passamos a gerar regularmente, via satélite, as matérias produzidas no exterior pelos nossos correspondentes para o *Fantástico* e para o *JN*, que, até então, recebia direto apenas o material da UPI. Pouco tempo depois, o satélite entrou definitivamente na vida do jornalismo, e as transmissões ao vivo passaram a ser coisa prioritária. Tínhamos que estar onde estivesse a notícia. E assim foi.

Em 1976, o Armando Nogueira idealizou a cobertura da posse de López Portillo, no México, e Lucas Mendes, utilizando equipamentos de agências de notícias, transmitiu ao vivo. Em 1977, Roberto Feith cobriu a primeira eleição livre da Espanha, após o período da ditadura de Franco. Depois o Feith foi abrir o escritório de Paris, logo incorporado pelo escritório de Londres, que ficou sob sua chefia. O Roberto "Bob" Feith teve importante papel na sofisticação dos nossos correspondentes.

No mesmo ano o Luiz Fernando Silva Pinto entrou na Globo, e sua primeira missão foi cobrir em Buenos Aires o episódio conhecido como "Mães da Praça de Maio".

O Hermano Henning é da mesma época e fez coberturas extraordinárias para o *Fantástico* e para o *JN*. Ficou na Globo dez anos e depois foi para o SBT como apresentador. Em 1981 foi ao Cairo e a Jerusalém para cobrir o assassinato de Anwar Sadat. Em 1982 foi cobrir a Guerra do Líbano. Com seu estilo "deixa comigo", ele fez matérias incríveis, como o atentado ao papa João Paulo II, o casamento de Lady Di com o Príncipe Charles, as Guerras das Malvinas e do Iraque. Foi para Washington e passou a produzir de forma independente matérias para a Globo até seu desligamento, em 2020. Pode ser considerado um dos mais combativos repórteres de nossa televisão.

O Ricardo Pereira começou fazendo bicos na cobertura do Carnaval, e a Alice-Maria logo o contratou. Ricardo fez coberturas em Cuba, na Polônia e em Bagdá e chefiou o escritório de Londres. Com seu jeito simpático e alegre, conseguiu uma entrevista memorável com Saddam Hussein. Além de acontecimentos internacionais, participou de várias coberturas esportivas, como o Campeonato Mundial do Flamengo no Japão, em 1981, e a Copa do Mundo na Espanha, em 1982.

Quem chegou novinho à TV Globo foi o Sergio Motta Mello, quando ainda tinha 31 anos. Viajou o mundo inteiro e esteve em nossos escritórios de Nova York e Londres e foi correspondente em Washington. Fez a cobertura do assassinato de John Lennon e da histórica queda do Muro de Berlim. Fez dezenas de matérias para o *Fantástico*. Ficou na Globo de 1977 a 1985 e deixou sua marca com trabalhos de qualidade. Criou e participa de uma empresa de comunicação e marketing.

Em 1979, vindo da Jovem Pan, estreou na Globo o repórter Ernesto Paglia. Ele se fixou na empresa e participou de coberturas internacionais de todos os gêneros, sempre revelando um preparo absoluto. Participou de todas as Copas do Mundo de 1982 a 2014.

Em 1981, o Armando Nogueira e a Alice-Maria estavam empolgados com a possível contratação do Paulo Francis, um ganho de confiabilidade, criatividade e qualidade para o jornalismo da Globo. Mas o Armando não queria tomar uma negativa do Roberto Marinho e pediu que eu fizesse uma sondagem. O Francis havia acusado o Roberto pelo banimento dele do país. Assunto delicado, mas eu perguntei com cuidado ao Roberto:

— Posso falar com o senhor sobre o Paulo Francis?

— Fale, fale — disse ele.

— Eu sei tudo o que aconteceu com o Paulo Francis e o senhor, mesmo assim estamos querendo contratá-lo para Nova York. O que o senhor acha?

O Roberto foi firme e inesperado:

— Se ele aceitar trabalhar para mim e ser meu empregado, contrate.

Contratamos o Francis, e foi um sucesso danado. Sempre que eu ia a Nova York, o meu primeiro almoço era com ele, e sempre somente nós dois. Um privilégio ouvir o Paulo Francis falar de vida, de política e das coisas mais curiosas que passavam pela cabeça dele. Foi o Paulo que sugeriu o Lucas Mendes para fazer o *Manhattan Connection*. Não é preciso dizer quem foi o polêmico Paulo Francis. Todos sabem. Uma pena que ele se foi tão cedo.

Em 1982, quem chegou à Globo foi o carismático e multitalentoso Pedro Bial. Bial chegou, viu e venceu. Não demorou muito para assumir a chefia do escritório de Londres. Esteve na cobertura da crise do Leste Europeu, na queda do Muro de Berlim, acompanhou a reunificação da Alemanha, a Guerra do Golfo e a Guerra da Bósnia. Apresentou o *Fantástico*. Foi meu candidato a apresentador do *JN*. Quando eu não estava mais na Globo, tornou-se o mestre de cerimônia do *Big Brother Brasil* e criou o inovador talk show *Conversa com Bial*. Além de jornalista do mais alto nível, Bial é produtor de filmes e um dos maiores comunicadores da história da nossa televisão.

No ano de 1982, o Caco Barcellos chegou à Globo. Em 1987, no Paraguai, cobrindo o sequestro de Antonio Beltran Martinez, presidente do Bradesco, o Caco acabou nas mãos dos bandidos. Como se fosse uma sina, foi refém de guerrilheiros na Colômbia, em 1989. Em 1992, teve que ser enviado para Nova York em razão de ameaças de morte depois da publicação do seu livro *Rota 66*, no qual denunciava policiais cariocas. Caco fez a famosa matéria sobre o encontro das ossadas de presos políticos desaparecidos na ditadura militar. Criou o programa *Profissão repórter*.

Também em 1982, o Armando e a Alice-Maria investiram no experiente jornalista Silio Boccanera, que fora contratado para chefiar o escritório de Londres. Foi uma era especial para o escritório, reestruturado por ele. Silio participou da cobertura das guerras das Malvinas, do Líbano e do Golfo, da queda do Muro de Berlim e dos atentados políticos em Londres.

O Silio foi substituído em Londres por Renato Machado. Ficamos amigos e temos coisas em comum, como gostar de música e vinhos, e sempre tivemos uma grande afinidade no trabalho. O Renato foi ator de teatro e até em novelas trabalhou. Formado em direito e jornalismo, passou pela BBC de Londres e pelo *Jornal do Brasil*. Participou de várias coberturas internacionais, foi apresentador do *Jornal da Globo* e apresentou também o *JN*. Em 1996 assumiu o *Bom dia Brasil*, o que deu ao programa uma nova cara. A Renata Vasconcellos, descoberta da Alice-Maria para a GloboNews, fez sua estreia na Globo no *Bom dia Brasil* do Renato. Nessa época, o *Bom dia Brasil* era considerado o melhor telejornal da Globo. Renato é gente finíssima, da melhor estirpe.

Em 1983, a Globo contratou o Jorge Pontual para chefiar o *Jornal da Globo*. Ele havia feito uma rápida passagem pela empresa em 1972, como editor-chefe do *Jornal internacional*, apresentado pelo Heron Domingues. Viajou inclusive com ele para cobrir a eleição de Nixon nos Estados Unidos. Saiu da Globo e só voltou dez anos depois. Filho de um comandante de aviação, o Pontual se tornou o piloto seguro que decolou o *Globo repórter*, levantando a audiência do programa. Em 1996 foi para Nova York, onde reina absoluto como correspondente da Globo, além de correspondente e comentarista da GloboNews. Um jornalista preciso e cuidadoso com os mínimos detalhes contidos em uma matéria ou uma opinião. Sou fã do Pontual.

Em 1987, o repórter esportivo Marcos Uchôa saiu da Manchete e foi para a Globo e, em 1996, passou para a cobertura geral, tornando-se correspondente em Londres.

Vindo de longa experiência na RBS, o Marcos Losekann passou a integrar a equipe da Globo em 1990.

De 1993 é o César Tralli, que na época tinha apenas 23 anos. Ele foi para Londres pouco tempo depois e de lá rodou o mundo. Tralli é hoje um dos mais solicitados apresentadores da Globo e da GloboNews.

Em 1995, foi a Sônia Bridi que chegou à Globo. Escritora e repórter, foi correspondente em Londres, Nova York e Tóquio.

Em 1997, um repórter de estilo e competência foi contratado pelo Evandro Carlos de Andrade: Edney Silvestre. Dono de um texto precioso, o Edney tem uma capacidade extraordinária de comunicação. No atentado às Torres Gêmeas, em 11 de setembro de 2001, ele e o lendário repórter cinematográfico Orlando Moreira foram os primeiros jornalistas a chegar à área da tragédia.

Rendo aqui minhas homenagens aos repórteres cinematográficos representados pelo meu amigo Orlando Moreira, pelo José Wilson da Mata, Paulo Pimentel, Paulo Zero, Mario Ferreira, Antonio Carlos Marins, Cleber Schettini e Hélio Alvarez.

Apesar do foco deste capítulo ser a internacionalização da televisão, é evidente que dezenas de profissionais que trabalharam nas coberturas nacionais merecem nossos aplausos.

45 O VELHO GUERREIRO

Rio de Janeiro (1973)

O Chacrinha, o maior
ídolo pop do Brasil,

Vivi com o Chacrinha um dos momentos mais difíceis da minha vida profissional. Eu o conheci pessoalmente na TV Rio em 1963. O Chacrinha tinha um programa nas tardes de sábado, e, quando fui para a TV Rio, o Walter Clark me pediu para assistir e ver se poderíamos aproveitá-lo no horário nobre. Eu já era fã do Chacrinha no rádio e, em 1950, quando passei seis meses de cama devido ao acidente que já narrei, acompanhava assiduamente o *Cassino do Chacrinha*. Estar trabalhando com ele era bom demais. Logo que cheguei, assisti ao programa que ele apresentava à tarde e fizemos uma reunião sobre as mudanças necessárias para tentar o horário da noite.

Sugeri incrementar o programa com mais convidados e usar uma orquestra completa para dar mais importância à atração. Sugeri também colocar bailarinas, "as vitaminas do Chacrinha", para trazer mais movimento e alegria ao programa. O Chacrinha achou ótimo, mas ponderou:

— Vitamina é remédio. Poderíamos chamar de chacretes.

O primeiro programa no horário nobre foi transmitido ao vivo diretamente da sacada do prédio da TV Rio na avenida Atlântica, no Posto 6. A noite estava linda, iluminada por uma lua cheia, e o Chacrinha arrebentou de audiência. Melhor teria sido se tivesse crescido aos poucos. No dia seguinte o Carlos Manga, da TV Excelsior, fez uma proposta irrecusável e nos tomou o Chacrinha. Em 1967, com o declínio da Excelsior, o programa foi para a TV Rio. Para dar o troco, o Walter Clark quis chamar o Chacrinha, e ele foi para a Globo.

Passamos alguns anos de pura amizade e excelente entendimento profissional. Nos anos 1970, ele começou a ficar nervoso quando, aos domingos, o Flávio Cavalcanti, na TV Tupi do Rio, começou a competir com ele. O Chacrinha não perdia para o Flávio, mas a audiência do Flávio vinha subindo a cada domingo. Até que, em 1972, apareceu um suicida no *Programa Flávio Cavalcanti* que, pelo telefone, ameaçava se matar naquele instante, em pleno programa. O cara dizia:

— Vou me matar agora, seu Flávio. Não aguento mais.

Semanalmente, porém, o Flávio o convencia a adiar o ato fatal, e o tresloucado prometia que iria pensar e decidir no próximo programa. Coisa de *Mil e uma noites*. O Chacrinha ia à loucura com o crescimento do Flávio e, no desespero, chegou a me dizer que queria um suicida no programa dele também. Eu dizia para o Chacrinha ter calma, que o fenômeno era passageiro e que a briga pela audiência estava circunscrita ao Rio de Janeiro.

Eu tinha tanta certeza de que o suicida era falso que contratei o repórter policial Odilon Coutinho para investigar o suicida do Flávio. O Odilon descobriu quem interpretava o suicida e até quem escrevia o texto. Pagamos um bom dinheiro ao ator, e ele, com a condição de não aparecer nem ter o nome revelado, deu uma entrevista pelo telefone entregando toda a farsa. Para comprovar, ele repetia a voz do pseudossuicida.

Exibimos a entrevista no *Buzina do Chacrinha*, no domingo, depois de passar uma semana anunciando a bomba. Com isso desmascaramos o Flávio Cavalcanti. Mas a verdade é que o Flávio era bom de briga e foi buscar outra atração. Trouxe uma mãe de santo, dona Cacilda, que recebia em cena o Seu Sete da Lira. O Chacrinha não aguentou e, sem que eu soubesse de nada, articulou uma trama a fim de trazer a dona Cacilda para o programa dele. E o Seu Sete da Lira baixou na TV Globo. O Chacrinha e as bailarinas beberam cachaça e fumaram charutos. A encenação era, na verdade, muito bem-feita e muito engraçada, mas esbarrava na exploração religiosa e em tudo aquilo que nós condenávamos no Flávio.

De casa, tentei que o Chacrinha encerrasse o programa, mas ele não acatou minhas ordens e, além do mais, atrasou o final. Eu poderia tê-lo tirado do ar, mas preferi uma conversa no dia seguinte. Na verdade, o episódio foi determinante para que alguns programas depois eu tomasse essa decisão. Para controlar, passei a dar um plantão na emissora aos domingos. A guerra melhorou, mas os estouros de horário se mantinham como se fossem um desafio.

No dia 3 de dezembro de 1972, fui para a emissora dar o meu plantão. O ritmo do programa estava lento, e uma entrevista do Juca Chaves alongou-se de tal forma que me parecia proposital. Liguei para o Jorge Barbosa, diretor do programa e filho mais velho do Abelardo Barbosa, e o adverti de que tudo caminhava para mais um atraso e eu não iria tolerar. O Jorge me garantiu que iria acelerar, mas nada indicava isso. Às 22h02 eu liguei de novo e avisei que daria mais dois minutos para o encerramento. A resposta do Jorge foi taxativa:

— Meu pai mandou dizer que só encerra quando ele quiser.

Liguei para o controle mestre, mandei cortar o Chacrinha e entrar com o filme programado. Peguei meu carro e fui para casa. Na segunda-feira, fiquei sabendo que ele jogou refletores no chão, quebrou espelhos e anunciou que sairia da Globo.

Imediatamente informei ao Roberto Marinho e liguei para os meus companheiros do conselho executivo, o Walter Clark, o Joe e o Arce. O Walter falou com o Chacrinha, e ele disse que só ficaria se eu me desculpasse. Como o Chacrinha tinha dois programas nos melhores horários da TV Globo e em rede nacional, a saída dele poderia nos custar perda de público, por isso o Walter me pediu que refletisse sobre as consequências. Eu garanti que assumiria a responsabilidade total. Embora admirasse e respeitasse o Chacrinha eu sabia que as outras emissoras não teriam condição de realizar com qualidade o programa dele. O Walter confiou e ligou para o Chacrinha descartando a hipótese de desculpas.

No dia seguinte, os advogados do Chacrinha nos avisaram que entrariam com uma ação contra a Globo. Nossos advogados garantiram que não haveria hipótese de o Chacrinha ganhar, e entramos com uma ação contra ele por quebra de contrato e abandono de serviço. O juiz deu por sucumbidas ambas as partes, declarando que, diante do ocorrido, ninguém devia nada a ninguém. O episódio me abalou muito, porque eu tinha um carinho especial por ele. Ainda bem que reatamos nossa amizade e o Chacrinha voltou ao auge de sua carreira.

Com a saída dele, tratei de recompor a programação e lançamos três novos programas: o *Globo de ouro*, apresentado pelo Roberto Carlos e pela Myrian Rios, o seriado *Kung Fu*, que virou moda em todo o Brasil, e, alguns meses depois, o *Fantástico*. Os três se tornaram líderes de audiência desde a primeira exibição e marcos na televisão brasileira. O Chacrinha passou pelas TVs Tupi, Record e Bandeirantes, sempre com resultados modestos.

Em 1982 recebi um telefonema da minha amiga Florinda fazendo um apelo para a volta do Chacrinha para a Globo. Fui à casa dele e propus ao Chacrinha um programa compactando a Buzina e a Discoteca com o nome *Cassino do Chacrinha*, que colocaríamos no sábado à tarde. De início ele titubeou porque achou ruim o dia e o horário, mas acabou aceitando meus argumentos de que poderia ser um grande sucesso.

E foi. Já na estreia o Chacrinha triplicou a audiência, provando seu talento e popularidade. O programa se tornou uma referência nos anos 1980. O Velho Guerreiro voltou para balançar a pança e comandar a massa até seu falecimento, em 1988.

Acho que somente a Florinda conheceu o Abelardo Barbosa. O Abelardo Barbosa foi incorporando aos poucos o personagem que criou, e nem ele sabia mais qual era um e qual era outro. Criador e criatura viraram uma coisa só: Chacrinha, o Velho Guerreiro. O Chacrinha dizia que "em televisão nada se cria, tudo se copia", mas ninguém conseguiu copiá-lo. Ele foi único. Um revolucionário como nenhum outro em nossa televisão.

46 O *FANTÁSTICO*

Rio de Janeiro (1973)

Hélio Costa: todo domingo, uma grande matéria internacional.

A partir de 1971, fizemos todos os esforços possíveis para melhorar o nível da programação da TV Globo, e em 1973 conseguimos conquistas importantes. Logo em janeiro estreamos *O bem-amado*, primeira novela em cores da televisão brasileira, com texto de Dias Gomes e, no papel de Odorico Paraguaçu, o extraordinário Paulo Gracindo. Lima Duarte, com o seu Zeca Diabo, pontificou na novela.

Régis Cardoso dirigiu *O bem-amado* com cenas de estúdio externas na Bahia e na cidade cenográfica de Sucupira. O elenco contava ainda com Emiliano Queiroz, Jardel Filho e Sandra Bréa. Uma obra rica e magistral do Dias Gomes que tomou conta do Brasil e foi a primeira produção da Globo a ser vendida para o exterior.

Em abril lançamos o *Globo repórter*, produzido inteiramente pela equipe de jornalismo em um formato que eu idealizei para substituir o *Globo Shell*. Ainda em abril foi para o ar o *Globo cor especial*, reunindo somente desenhos animados e séries em cores.

No dia 5 de agosto de 1973 estreamos o *Fantástico — O show da vida*. Eu pensei em uma produção que reunisse todos os departamentos da casa, uma fusão dos conteúdos de jornalismo, dramaturgia, música e humor. Reuni todos os melhores produtores da Globo para formatar o programa. O Armando Nogueira, o Borjalo, o Daniel e o Augusto César Vannucci lideravam a equipe, que tinha ainda o Manoel Carlos, o Ronaldo Bôscoli, o Miele, o João Loredo, o José Itamar de Freitas e, de quebra, a participação do Carlos Augusto de Oliveira, meu irmão Guga. Eu tracei a linha do programa e dei o nome ao projeto de *Show da vida*. O Borjalo pediu que eu definisse em uma palavra qual seria a filosofia do programa. Eu respondi na hora:

— Esperança.

Quando tudo estava pronto, nos reunimos para avaliar o resultado, e o Ronaldo Bôscoli aplaudiu de pé.

— É fantástico… fantástico mesmo. — E completou: — Por que a gente não põe o nome de "Fantástico"?

Eu achei muito bom, mas não abri mão do "Show da vida". Vamos ficar com *Fantástico — O show da vida*.

Eu pedi ao Guto Graça Mello que fizesse a abertura do programa. Mesmo com a filha no hospital, ao lado do leito ele compôs uma melodia genial. Quando me trouxe a música, ele me disse:

— Agora precisamos arranjar alguém para fazer a letra.

Eu reagi na hora:

— Essa letra vai ser minha. Não dou para ninguém fazer.

Como eu tinha na cabeça todo o conceito do programa, acabei fazendo a letra no mesmo dia.

O Chico Anysio deu uma das mais importantes contribuições com seus monólogos de stand-up com textos dele mesmo e do Marcos César. O Nilton Travesso tornou possível a produção de clipes musicais, e o *Fantástico* foi o primeiro programa a fazer continuamente esse gênero. O Nilton Travesso depois foi diretor-geral da atração e foi quem criou os primeiros "clips" da televisão brasileira. Boninho e Maurício Sherman criaram também alguns dos melhores clips do *Fantástico*. O Manoel, desde a primeira exibição, costurava pacientemente com seus textos todos os quadros, dando unidade ao *Fantástico*. O José Itamar de Freitas, que assumiu mais tarde a direção-geral, deu um show de competência.

Foi o mais dedicado diretor da fase "mosaico", quando o *Fantástico* tinha jornalismo, humor, música e dramaturgia. O Daniel Filho chegou a adaptar e produzir uma série de crônicas de Nelson Rodrigues, o Chico Anysio criou o Azambuja, e as reportagens do Hélio Costa se tornaram atração obrigatória.

Liquidando com a concorrência dos domingos à noite, o *Fantástico* atingiu índices de audiência iguais ou maiores que os das novelas. Em 1996, abandonou o formato original e tornou-se basicamente um programa jornalístico sob o comando do Luiz Nascimento.

Hoje uma equipe jovem chefiada pelo Bruno Bernarde é responsável pelo *Fantástico*. Agradeço ao Borjalo e Armando Nogueira pela união das áreas de produção e jornalismo. Ao Nilton Travesso, pelas inovações que introduziu. A Alice-Maria, José Itamar de Freitas, Manoel Carlos, Cidinha Campos, Hélio Costa e a centenas de profissionais que contribuíram para a longevidade do *Fantástico*. Um orgulho para mim.

Para finalizar, lançamos no dia 8 de dezembro o *Esporte espetacular*, um formato novo de programa esportivo, cobrindo todas as modalidades e não apenas o futebol, como era costume das atrações do gênero. Em 2023, o *Fantástico*, o *Globo repórter* e o *Esporte espetacular* completaram cinquenta anos no ar, até hoje liderando a audiência.

47 O **IMPORTANTE** É COMPETIR

Rio de Janeiro (1973)

Com Ayrton Senna do Brasil.

Foi sábio o Barão de Coubertin, criador dos Jogos Olímpicos, quando lançou sua frase emblemática: "O importante é competir." O esporte é pura competição. Primeiro entre o indivíduo com ele mesmo, depois com os outros indivíduos. Mesmo nos esportes coletivos há uma competição para ocupar posições no grupo, e os grupos competem entre si. E os que assistem e não competem torcem pelos seus ídolos ou pelos seus grupos, sejam simples equipes de bairro, cidades, estados ou seleções de países. Tem-se o espetáculo e a emoção. Nelson Rodrigues proclamou com precisão: "A Copa do Mundo é a pátria de chuteiras."

Não é à toa que o esporte é uma das maiores atrações da televisão. Nesse campo, é importante notar que a Globo, como já vimos em outros capítulos, foi projetada para ser uma emissora de jornalismo com debates em seus estúdios e programas de pequeno porte.

Apesar dos investimentos em equipamentos top de linha, a Globo não comprou nenhuma unidade móvel para uso em externas. Por essa razão, a primeira transmissão de futebol da emissora foi feita em película cinematográfica.

O dia era 15 de janeiro de 1965. O jogo, um amistoso entre Brasil e Rússia. Foi necessário filmar o jogo e ir revelando aos poucos os trechos de filmes, cuja montagem durou duas horas, tempo necessário para a partida ser exibida. Naquele tempo, as televisões estavam cansadas de fazer transmissões diretas e ao vivo de futebol. A primeira unidade móvel comprada pela Globo foi em 1969, e era uma unidade velha, que pertencera à TV Paulista, apelidada de Globossauro tamanha a sua condição jurássica. No Rio é também do mesmo ano a chegada de uma unidade velha e inacabada que veio no pacote da compra das TVs Belo Horizonte e Juiz de Fora, de Minas Gerais.

Não dava para encarar as emissoras TV Tupi de São Paulo e TV Record de São Paulo nem a TV Tupi do Rio ou a TV Continental do Rio. Tínhamos que nos contentar em transmitir notícias esportivas dentro dos telejornais. Com o advento da rede de micro-ondas com o governo e a transmissão da Copa Mundial de 1970 foi que a Globo entrou para valer no mundo do esporte. As imagens eram geradas pela televisão mexicana e retransmitidas por um *pool* de emissoras formado pela Globo, Emissoras Associadas e Rede Independente de Televisão.

Apesar de novata no gênero, a Globo liderou a audiência com uma equipe composta por Geraldo José de Almeida, João Saldanha, Luciano do Valle e Ciro José, ancorada no Brasil pelo impecável Leo Batista. A Copa de 1970 impulsionou a venda de televisores, multiplicando a importância da televisão brasileira como veículo de publicidade. Pelé, Rivellino, Carlos Alberto Torres, Gerson, Clodoaldo e Tostão encantaram o mundo, e o futebol passou a ser um gênero obrigatório na televisão.

Logo em seguida, em 1972, a Globo fez sua primeira transmissão da Fórmula 1, em um GP extraoficial transmitido de Interlagos, em São Paulo. A transmissão ficou sob minha responsabilidade direta, e eu contei com a participação do Walter Lacet e do Arnaldo Artilheiro. A unidade móvel era da TV Gazeta de São Paulo, alugada pela Globo.

O Arnaldo Artilheiro, cinegrafista que pesava 120 quilos, amarrou-se no capô de um dos carros da Fórmula 1 e gravou em videoteipe uma volta completa na pista. Não deu para comemorar nem para usar. Cada vez que a câmera pendia para a esquerda ou para a direita aparecia o dedão do Arnaldo. Os letreiros de classificação eram montados na hora sobre cartolina preta e inseridos por superposição. Eram apenas três câmeras, e o operador que estava na torre rodando para acompanhar a volta acabou ficando enrolado no cabo da câmera. Tivemos que retirá-lo do ar e desenrolar o operador.

Mais tarde, com o diretor Aloysio Legey, conseguimos limpar e padronizar as transmissões. O Legey contribuiu para um posicionamento espetacular de câmeras e um corte preciso dos pontos mais importantes da pista. Eu bolei o segundo corte, para focalizar os pelotões que vinham atrás dos líderes. Ganhamos um prêmio de melhor transmissão.

A Fórmula 1 se tornaria uma das mais emocionantes atrações esportivas no Brasil graças à vitória de Emerson Fittipaldi no GP da Itália, o que lhe rendeu o primeiro título como campeão mundial da F1. A transmissão foi da TV Record. Em 1973 o Antonio Scavone e o Julinho Delamare trabalharam para trazer uma das disputas do GP para o Brasil e fazer uma programação de rotina na Globo. Desde esse momento, a transmissão no Brasil ficou sob a minha responsabilidade. Conheci o Bernie Ecclestone, figura amável e inteligente. Ele me dizia: “O Emerson Fittipaldi vai ser bicampeão.”

E foi. O protagonismo do Brasil seguiu com o Nelson Piquet, tricampeão, e em seguida com o apaixonante Ayrton Senna, que também ganhou brilhantemente um tricampeonato. Me tornei amigo do Ayrton Senna, que frequentava minha casa em Angra dos Reis, onde era campeão absoluto em contar casos engraçados e piadas maravilhosas. O Ayrton tinha o maior e mais variado repertório de piadas que já conheci. Batia o Chico Anysio.

Quando a F1 já era rotina na televisão é que o futebol brasileiro passou a ser regularmente exibido. A Globo conseguiu estabelecer horários convenientes para a audiência e os anunciantes que patrocinam os campeonatos.

O importante é que, a partir da Fórmula 1 e do futebol, a Globo mergulhou em outros esportes, como vôlei e basquete, e abriu espaço para todos os esportes olímpicos de verão e de inverno. Com o Adilson Pontes Malta e o Fernando Bittencourt, tivemos que investir em tecnologia, projetando e montando no Brasil unidades móveis e até importando veículos prontos para transmissão.

Não só o esporte, mas o jornalismo também foi beneficiado com os recursos de gravação e transmissão ao vivo de externas. A Globo, de forma pioneira, tornou-se a primeira do mundo no uso maciço do *field production*, ou seja, da captação eletrônica em locações para dramaturgia. Ao lado de novelas, séries, minisséries e especiais, o esporte faz parte do cardápio de todas as emissoras. Pelé e Ayrton Senna tornaram o Brasil respeitado e admirado em todo o mundo. A eles a eterna gratidão do país e de toda a televisão brasileira.

48 JOGO DURO

Alemanha (1974)

Geraldo José de Almeida, um dos maiores narradores esportivos do país.

O ano de 1974 marcou para mim dois jogos muito duros. O primeiro foi o lançamento de *O espigão*, de Dias Gomes, e outro, a Copa do Mundo. A novela *O espigão* era focada na exploração desenfreada do mercado imobiliário e na falta de respeito dos empreendedores às questões sociais e ambientais.

Antes mesmo de estrear, no período de promoção da novela, choveram reclamações de pessoas ligadas ao Roberto Marinho, e ele me chamou para conversarmos sobre o assunto. Muito tranquilo como sempre, ele pediu que eu mudasse os rumos da novela e negociasse com o Dias Gomes um abrandamento das críticas ao mercado imobiliário. Eu expliquei a ele que tínhamos vinte capítulos na frente e que isso seria impossível. Prometi falar com o Dias Gomes, mas ele defendia a tese de que a crítica era aos empresários inescrupulosos e não ao mercado em geral.

Voltei ao Roberto, mas não o convenci dos argumentos do Dias Gomes. Ele queria que eu substituísse o Dias por outro autor, e deixei claro que, se eu tirasse o Dias, ele iria se demitir e revelar os motivos da demissão. Sem se assustar com isso e sem dar ordens, o Roberto me pediu:

— O Dias é seu amigo. Conversa com ele.

O espigão, título dado pelo poeta e arquiteto Marcos Vasconcellos, era o projeto de um imenso prédio residencial de altura incrível e uma ocupação do terreno que contrariava todas as normas legais. Voltei ao Dias, e, depois de muita conversa, ele aceitou trocar o "espigão" pelo projeto de um hotel com as mesmas irregularidades na construção, mas que tirava o foco dos edifícios residenciais. Não mudava a crítica do Dias aos espigões, mas acalmava a situação. Tivemos que gravar algumas cenas mudando o nome de "Edifício Fontana" para "Fontana Hotel".

Isso resolveu o problema, mas ainda havia questionamentos sobre o título *O espigão*. Como a novela já havia sido anunciada, o nome não tinha como ser mudado, permaneceu *O espigão*. A novela foi um duplo sucesso: de audiência e como denúncia.

Anos depois, o mesmo problema ocorreria com *O pagador de promessas*. O Dias Gomes mexeu na obra, e o Roberto Marinho fez um editorial em *O Globo* dizendo que o Dias havia traído sua própria obra. Ficou complicado, mas o Roberto Irineu resolveu o problema.

O segundo jogo duro do ano de 1974 foi mais complicado. Na Copa da Alemanha, o Armando Nogueira escalou o maravilhoso narrador Geraldo José de Almeida e o melhor comentarista de todos os tempos, João Saldanha. O Armando foi para a Alemanha chefiando a equipe. O Walter Clark foi junto, para assistir à Copa, como amante do futebol que era, mas sem participar do evento.

A nossa seleção, sem Pelé, Gerson, Carlos Alberto Torres, Clodoaldo e Tostão, não apresentava um bom desempenho. Na transmissão de Holanda × Brasil, começaram os problemas. O Brasil perdeu por 2 a 0, mas o Geraldo José e o Saldanha, imbuídos de patriotismo, diziam que éramos melhores que a Holanda, que o juiz era comprado, que estávamos sendo roubados e por aí afora. Liguei para o Armando e pedi a ele que conversasse com os dois, porque eu queria uma narração neutra, profissional, sem criticar nem defender a seleção. O Armando me informou que as instruções haviam sido passadas.

No jogo contra a Polônia, pela disputa do terceiro lugar, a coisa piorou. Eu fui para o controle e falava por rádio com o Armando Nogueira. O Geraldo José e o Saldanha estavam estranhos, com dicção ininteligível, e começaram de novo com a lenga-lenga de que estávamos sendo assaltados, que a CBD, atual CBF, deveria fazer um protesto contra a arbitragem, que o Brasil estava melhor do que a Polônia e que o resultado era injusto. Mas isso não se via nas imagens. Estava claro que a nossa seleção não estava bem.

Reclamei mais uma vez, e o Armando, que estava na central de transmissão e não na cabine, me dizia que eles não obedeciam às nossas ordens. No final do jogo, o Geraldo José falou comigo e disse que estava muito frio, o que impedia a correta emissão das vozes. Que ele havia corrido para chegar à cabine de locução devido a problemas burocráticos. Eu quis saber por que eles não obedeciam às nossas ordens. Ele me disse que as ordens não chegaram a eles. Cobrei o Armando, e ele me garantiu que ele mesmo, pelo rádio, havia passado a eles minhas instruções.

Inconformado, fui apurar com todos os envolvidos, engenharia, coordenadores etc. Fiquei sabendo que o Walter Clark estava na cabine e dizia claramente a eles para prosseguir como quisessem e ignorar ordens vindas do Brasil. Depois da Copa, liguei para o Walter, que estava em Paris. Ele me confirmou que estava na cabine assistindo ao jogo e que os dois perguntaram a ele o que fazer. Me disse, então, que a resposta que deu aos dois foi:

— Estou de férias. Vocês é que sabem.

O Walter Clark não me disse mais nada, e eu também não perguntei mais nada. Quando voltaram, demiti os dois. Demitir é uma das piores coisas na nossa área. Você colocar na rua quem tem talento e é uma figura popular é uma decisão muito amarga.

Eu os admirava e os respeitava muito. E pior: o Geraldo José era meu amigo de anos, e o João Saldanha acompanhava o Walter Clark desde a TV Rio. No entanto, aceitar uma insubordinação dessa natureza poderia comprometer minha liderança e até desestabilizar a empresa.

Hoje talvez eu não fosse tão radical. Poderia ter apenas aplicado uma suspensão neles. Pesou um pouco na minha decisão a vontade de renovar o quadro de esportes com gente mais jovem e moderna, como o Luciano do Valle e o Ciro José, que os substituíram. O problema da disciplina foi resolvido, mas eu fiquei triste para sempre com o desfecho amargo.

49 **25 ANOS** DE TV, **10 ANOS** DE GLOBO

Rio de Janeiro (1975)

Sônia Braga, a Gabriela da novela e do cinema.

Para comemorar os dez anos da Globo, nós preparamos três atrações ao longo de 1975. A primeira era uma retrospectiva sobre a televisão brasileira desde a inauguração, em 1950, até chegar aos 25 anos. A segunda foi a adaptação de *Gabriela*, de Jorge Amado, e a terceira seria a novela *Roque Santeiro*, de Dias Gomes.

A série *TV ano 25* foi produzida por Manoel Carlos e Luiz Lobo, dirigida por Augusto César Vannucci e contou com a participação de artistas de todas as emissoras brasileiras. Na abertura, Manoel de Nóbrega, Flávio Cavalcanti, Bibi Ferreira, Susana Vieira, Ilka Soares, Sandra Bréa, Hilton Gomes e Chacrinha representaram todos os canais de TV do Brasil. A série foi uma antologia completa da televisão daquele período.

A produção da novela *Gabriela* foi uma ideia do Edwaldo Pacote, meu assessor direto. Baiano, ele era amigo de Jorge Amado e conseguiu negociar com ele os direitos para a TV Globo. A direção foi entregue ao Walter Avancini e a adaptação para televisão ficou com o Walter George Durst — dois dos mais competentes profissionais da nossa televisão. Daniel Filho supervisionou a produção, e foi ele quem sugeriu a Sônia Braga para o papel. O Edwaldo Pacote e o Walter Avancini pediram a aprovação da Sônia ao Jorge Amado, e ele adorou, esclarecendo que Gabriela era sergipana e que a Sônia se encaixava na figura idealizada por ele. Era só tomar um pouco mais de sol.

O Jorge Amado fez uma recomendação à qual o Avancini foi fiel em toda a novela: disse para o Edwaldo e para o Avancini que a Gabriela não era uma sedutora, e sim uma sedução. Que não poderia fazer caras e bocas nem olhares maliciosos. Explicou que ela encantava pelo jeito ingênuo e seduzia pela simplicidade e brejeirice. E assim foi feito.

Em um dos primeiros capítulos, quando Gabriela se deslocava de Sergipe para Ilhéus, percebi que as unhas dela estavam imaculadas; sem esmalte, mas feitas no capricho. Mandei estragar as unhas e regravar várias cenas. A Sônia, com seu talento, incorporou perfeitamente o personagem, que de imediato conquistou todo o Brasil. O Armando Bógus arrasou como o turco Nacib, e o José Wilker, como Mundinho Falcão. Fúlvio Stefanini deu um show como Tonico Bastos.

O grande destaque foi para o coronel Ramiro Bastos, interpretado por Paulo Gracindo. O elenco contava ainda com artistas do nível de Nívea Maria, Dina Sfat, Elizabeth Savalla, Maria Fernanda e Marco Nanini. Dorival Caymmi fez o tema musical "Modinha para Gabriela", cantado por Gal Costa, e o baiano Aldemir Martins criou pinturas especialmente para a abertura.

A trilha sonora foi uma das melhores, se não a melhor, que já fizemos para uma novela. Além da Gal Costa, estavam presentes Djavan, João Bosco, Maria Bethânia, Quarteto em Cy, Moraes Moreira, Alceu Valença e Fafá de Belém.

Aconteceu com a Fafá um caso curioso. Eu fui chamado para bater o martelo na trilha e faltava apenas uma música para fechar o disco. O padrão estava tão alto que era difícil escolher. Me mostraram tudo, e eu não gostei de nada. Por fim me disseram que havia uma composição cuja identificação se perdera e ninguém sabia quem era o compositor e nem quem era a cantora. Ouvi a faixa e decidi que deveríamos usá-la, mas me diziam que era impossível, porque não haveria tempo de obter a autorização do compositor e da cantora. Eu insisti:

— Quero essa cantora de qualquer jeito.

— Como vamos encontrá-la? — perguntaram.

Eu dei a solução:

— Vamos colocar um pedaço da música em todos os intervalos da Rádio Globo, com o texto: "Se você é a cantora desta música, entre em contato com a TV Globo urgentemente."

As mensagens entraram no ar e no mesmo dia recebemos um telefonema de uma moça dizendo ser ela a cantora. As telefonistas, para evitar trotes, estavam instruídas para pedir nome, número de RG e um telefone para o qual retornaríamos a ligação. A moça forneceu todos os dados, e fizemos o contato. Do outro lado, uma voz inconfundível respondeu:

— Meu nome é Fafá de Belém. Eu sou a cantora da música.

Acertamos com ela para vir ao Rio assinar os documentos. A Fafá nos contou que estava em um táxi na Bahia ouvindo a Rádio Globo e se surpreendeu. Nos informou que a música se chamava "Filho da Bahia" e o autor era Walter Queiroz. Fechamos a trilha. Eu já havia ficado encantado com a voz da Fafá, mas quando a conheci fiquei mais impressionado ainda com a personalidade dela: alegre, descontraída e cativante. Fafá passou a ser uma amiga muito querida. E mantemos essa amizade até hoje.

A terceira atração prevista, o *Roque Santeiro*, de Dias Gomes, com Lima Duarte e Betty Faria nos principais papéis, já tinha cerca de trinta capítulos gravados, mas foi proibida pela censura no dia da estreia, em cima da hora, para nos prejudicar.

Foi reprisada a novela *Selva de pedra*, que manteve os índices do horário, e o Daniel Filho e a Janete Clair preparam em tempo recorde a novela *Pecado capital*, com parte do elenco do *Roque* disponível, como a Betty Faria, e tendo o Francisco Cuoco como protagonista. A pedido do Guto Graça Mello, Paulinho da Viola compôs a música de abertura, "Dinheiro na mão é vendaval", que para mim é a melhor música original que já tivemos nas novelas. *Pecado capital* explodiu de audiência.

Para fechar o aniversário de dez anos, trocamos a marca da Globo por uma nova, idealizada pelo diretor de arte Hans Donner, que viria a dar notáveis contribuições para a emissora.

50 HANS DONNER

Rio de Janeiro (1975)

O austro-alemão Hans Donner revolucionou a computação gráfica no mundo.

O Hans Donner nasceu na Alemanha em 1948, mas foi criado na Áustria, onde estudou design gráfico. Em 1974 foi apresentado ao Walter Clark. O Hans tinha um estudo de uma nova marca para a Globo e uma amostra do que havia feito na Europa. Mas a coisa ficou apenas na conversa. Em 1975 o Walter convidou o Hans a apresentar a mim os trabalhos dele, e eu aprovei o layout da nova marca e finalizei a contratação do Hans.

Na época, a computação gráfica ainda não existia, e o Hans precisava comprar uma Oxberry, que ninguém sabia o que era, mas eu conhecia muito bem o equipamento, que se utilizava nos anos 1960 para produzir desenhos animados e trucagens. A Oxberry era cara e um luxo para uma emissora de TV, mas compramos a máquina, e o Hans trouxe da Alemanha o Rudy Boehm para operá-la. Começamos, assim, a revolução do grafismo na televisão. Eu não falava alemão, e o Hans, nada de português. Trabalhávamos em inglês.

Nós tínhamos na Globo, idealizado por mim e executado pelo Borjalo, um diafragma de máquina fotográfica que separava os filmes de longa metragem dos comerciais da emissora. Logo depois que o Hans finalizou a marca, pedi a ele uma nova vinheta, e o Hans fez um encontro de duas marcas. Ficou lindo, e eu resolvi sonorizar com um efeito eletrônico de duas notas. Pedi ao maestro Luiz Paulo Simas que me trouxesse dezenas de efeitos feitos no equipamento Mug, e eu escolhi o "plim-plim". Em pouco tempo demos um passo para a computação gráfica.

O Walter já havia saído, e eu banquei as pesquisas para passarmos da película para a tecnologia eletrônica. O genial engenheiro José Dias foi fundamental nesse salto. Foi ele que viabilizou toda a base desse desenvolvimento, buscando e reunindo matemáticos, engenheiros eletrônicos e especialistas em informática. Os primeiros estudos incluíam alguns pioneiros mundiais.

Quando o Hans Donner me propôs a abertura do *Fantástico* chamada de "pirâmides", ele e o José Dias me disseram que precisariam comprar um supercomputador. Eu comprei o equipamento nos Estados Unidos, e o Hans foi trabalhar lá a cada dez dias. Fomos os primeiros no mundo a fazer um investimento dessa ordem.

Nos anos 1990, dois produtores norte-americanos, ao serem informados do nosso projeto, se interessaram em saber como estávamos desenvolvendo esse processo e foram procurar o Hans. Eram os produtores de *Toy Story*, que pensavam em um desenho animado, mas mudaram imediatamente para a técnica de computação, seguindo nossos passos. O Steve Jobs havia sido demitido da Apple e colocou dez milhões de dólares na mão desses produtores para fazerem o que quisessem. Assim nasceu a Pixar e, depois, a Dreamworks.

O resultado da liberdade que dei ao Hans e ao José Dias e a confiança que depositei neles proporcionaram o avanço das pesquisas e o uso dessa nova tecnologia. É importante registrar o apoio dado pelo Roberto Irineu Marinho, um entusiasta da ideia.

O Hans trabalhou comigo por 23 anos e produziu logotipos, logomarcas, cenários, vinhetas, aberturas de novela, shows, especiais, séries, minisséries e programas esportivos. A lista não caberia aqui, mas destaco as identidades da Globo, as marcas de todas as emissoras da rede, as aberturas do *Fantástico*, novelas como *Ti ti ti*, *O salvador da pátria*, *Tieta*, *Selva de pedra 2*, as aberturas das Copas do Mundo de 1978 em diante, as diversas do Chico Anysio e todas as do *Viva o gordo*, do *Planeta dos homens*, a padronização dos letreiros da Globo e as aberturas de todos os telejornais. Fizemos juntos uma centena de trabalhos. O Hans tinha mania de dizer que eu era o pai dele. Um dia me apresentou aos dois filhos:

— O Boni é o meu pai.

E os dois ficaram me olhando sem entender nada.

O fato é que o talento e a criatividade do Hans Donner o transformaram em um dos mais importantes artistas do mundo, reconhecido e homenageado em inúmeros países. Tenho por ele gratidão, admiração e carinho. Hans sempre foi transparente e amigo da equipe, que contava com a extraordinária designer Ruth Reis e o Nilton Nunes. O Hans mudou conceitos estéticos no Brasil e no mundo, que vão da televisão aos botecos de esquina, passando por todas as atividades da arte. Os que eventualmente não gostam do estilo de Hans é porque não sabem que um diretor de arte como ele pode até ter uma marca, mas que sua criatividade e seus padrões são renováveis sem limites.

Para mim, ele estaria até hoje no posto. E sei que ele seria sempre surpreendente, desenvolvendo estilos diferentes e criando uma outra estética. Mas para isso é preciso saber o que se quer...

51 O INCÊNDIO **REAL E O** REALISMO **FANTÁSTICO**

Rio de Janeiro (1976)

Saramandaia foi sucesso em 1976.

No dia 4 de junho de 1976, eu havia combinado um almoço com o Armando Nogueira no restaurante Antonio's, onde almoçávamos praticamente todos os dias. O Armando foi direto da casa dele para lá, e eu estava na rua entrando no meu carro quando vi uma fumaça saindo do segundo andar. Voltei à portaria para avisar que havia um começo de incêndio e fui informado de que a nossa brigada já estava no local e que os bombeiros tinham sido chamados. Eu quis subir pelas escadas, mas, ao abrir a porta corta-fogo, vi que estava tudo tomado por uma fumaça preta. Em meio à fumaça, desciam às pressas vários funcionários.

Da portaria liguei para o Antonio's e avisei o Armando. Estava comigo o jornalista Roberto D'Ávila, que eu levaria para o almoço para conversar sobre sua possível contratação para o *Fantástico*. Na hora do incêndio a Globo transmitia o jornal *Hoje*, e os repórteres estavam fora da emissora fazendo entradas no programa ou gravando matérias para o *JN*.

O Roberto D'Ávila não era nosso funcionário, mas pedi a ele que fizesse, ao vivo, a reportagem do incêndio. O Clemente Neto, diretor de programação, arranjou um paletó emprestado, e o D'Ávila entrou no ar segurando a reportagem até que alguém da emissora o substituísse.

O Adilson Pontes Malta, diretor da engenharia, e o engenheiro Herbert Fiuza se juntaram a mim na rua em frente ao prédio já em chamas. A Globo tinha um link entre Rio e São Paulo bastante eficiente, mas era usado quase sempre na direção do Rio para São Paulo. Viramos o link em minutos, e São Paulo passou a comandar a rede sem que a Globo saísse do ar. Em minutos, ainda na rua, o Armando e a Alice-Maria se dispuseram a fazer o *JN* de São Paulo. A Alice, o Ronan Soares e outros editores foram imediatamente para o Aeroporto Santos Dumont. Alice, antes de sair, ordenou a um cinegrafista que rodasse alguns pés de filme, colocasse na lata para ser revelado em São Paulo e entregasse no aeroporto. Ela partiu, e, quando já estava no avião, chegou a lata com o material.

O *Jornal nacional* foi ao ar com a mesma qualidade de sempre. Programas e novelas entraram no horário. O Walter Clark, assim que soube do sinistro, foi para o Jardim Botânico e comandou pessoalmente a retirada das fitas de videoteipe. No incêndio de 1971, na Globo do Rio de Janeiro, tínhamos perdido algumas fitas, por isso havíamos decidido transformar em depósito de fitas gravadas o enorme e inútil saguão de entrada do prédio. O saguão dava saída para a rua Von Martius, através de uma escadaria monumental, e seria mais fácil resgatar as fitas em caso de um novo incêndio. Imediatamente todos os funcionários que estavam no prédio correram espontaneamente para lá e formaram uma corrente humana para retirá-las. O problema é que elas estavam arquivadas por ordem e foram retiradas ao acaso. Enquanto os funcionários retiravam as fitas e colocavam em Kombis, os editores, desesperadamente, procuravam identificar e separar as fitas que eram dos respectivos programas e novelas e que ainda seriam editadas para dar continuidade à exibição.

Dessa vez, devido à localização do arquivo e à iniciativa dos funcionários, perdemos menos material de arquivo do que em 1971 e nenhuma das fitas necessárias para dar continuidade à programação. As câmeras também foram salvas, mas o segundo andar, onde ficava a área técnica, ficou totalmente destruído.

Quando vi que nada mais havia a fazer, me reuni com minha equipe, na minha sala no prédio da Lopes Quintas, que não havia sido atingido pelo fogo. O Adilson Pontes Malta, o Herbert Fiuza, o Fernando Bittencourt e toda a equipe da engenharia imediatamente se juntaram para discutir soluções. Com equipamentos da externa e outros retirados de São Paulo, foi sugerido montar um controle mestre na garagem do prédio da Lopes Quintas, o que foi feito na madrugada, permitindo a exibição dos comerciais locais. Os musicais e humorísticos seguiram a produção normal no Teatro Fênix.

Liguei para meu amigo Herbert Richers, e ele me cedeu os estúdios cinematográficos para gravar as novelas. Alugamos também parte da Cinédia e depois da Tycoon. Nenhuma novela, nenhum programa e nenhum telejornal sofreu qualquer interrupção. Num esforço fora do comum, o pessoal da engenharia, utilizando caixinhas pulsantes usadas pelas joalherias para limpar joias, foi recuperando os componentes das máquinas de gravar e editar. Elas foram montadas também na garagem da Lopes Quintas, e as edições foram sendo normalizadas.

Os estúdios e os controles da Von Martius foram reconstruídos com calma, e voltamos a gravar, editar e operar do local original. Compramos em seguida o terreno vizinho e construímos lá um prédio blindado e com cuidados especiais anti-incêndio para abrigar nossas fitas gravadas. Durante o incêndio vários artistas que moravam por perto também foram ajudar. O Jô Soares foi um deles. O repórter de um jornal carioca viu o Jô e perguntou para ele:

— Se o senhor fosse o chefe dos bombeiros, o que retiraria primeiro do prédio?

E o Jô não titubeou:

— O fogo!

Para compensar a tragédia, tivemos alguns avanços importantes nesse ano. Um deles foi a estreia do realismo fantástico, com mais um trabalho primoroso do Dias Gomes na novela *Saramandaia*, exibida no horário das onze, mas com índices de audiência iguais aos das novelas das oito. A produção, dirigida pelo mestre Walter Avancini, atingiu um nível artístico incomum para os padrões brasileiros.

Outra novela marcante foi *O casarão*, do Lauro César Muniz, que retratou pela primeira vez em uma novela o amor de um casal idoso, vivido por Paulo Gracindo e Yara Cortes, embalado pela versão de "Fascinação" gravada pela Elis Regina, além de relatar a queda da oligarquia cafeeira paulista.

Outro fato importante foi a entrada no ar de uma programação visual para a totalidade dos programas da Globo, idealizada pelo Hans Donner em conformidade com a marca que ele criou.

52 RENATO **ARAGÃO**

Rio de Janeiro (1977)

Renato Aragão, Zacarias, Dedé Santana e Mussum.

Ninguém pode dizer que o sucesso do Renato Aragão caiu do céu. Quem caiu foi o Renato, em um desastre com um avião de passageiros. Ele foi dado como morto, mas, para felicidade geral da nação, conseguiu se salvar.

Renato é advogado formado pela Faculdade de Direito do Ceará e tenente de infantaria do Exército formado pelo CPOR — Centro de Preparação de Oficiais da Reserva. Em 1959, resolveu se meter no rádio e depois ganhou um concurso na TV Ceará. Veio para o Rio Janeiro em 1964, foi contratado pela TV Tupi e passou para a Excelsior, onde criou os *Adoráveis trapalhões*, com Wanderley Cardoso, Ivon Curi e Ted Boy Marino. Passou pela TV Record, onde lançou *Os insociáveis*. Voltou para a TV Tupi em 1974 e resgatou o antigo formato, agora mais definido, com a formação definitiva, com Dedé Santana, Mussum e Zacarias.

Em 1977 eu precisava de um coringa na disputa com o Silvio Santos e convidei o Renato para ir para a Globo. Ele estava infeliz na TV Tupi, com problemas de produção e atraso de salário, mas permanecia com bons resultados de audiência. Vinha de sucessos incríveis no cinema, campeão brasileiro de bilheteria. Eu achava pobre a produção da Tupi, mas via nos trabalhos para o cinema uma chance de revitalizar *Os trapalhões*. O Renato chegou com uma lista de exigências, e eu topei tudo.

O humor do Renato, embora parecesse popularesco e apelativo, guardava semelhanças com Chaplin, Totó e Cantinflas. Apostei nisso e deu certo. Primeiro fizemos as paródias da SWAT e depois insistimos nos episódios temáticos, para os quais o Carlos Alberto de Nóbrega desenvolveu uma linha de texto e direção que era popular e inteligente.

Hoje seria impossível ter o mesmo quarteto. O lamentável "politicamente correto" iria cair em cima do Mussum, um negro que bebia a caninha que ele chamava de "mé" — ou seja, de "mel" —, do Zacarias, um homossexual assumido e de mentalidade infantil, um mediador, que era o Dedé, e um doce espertalhão, que era o Didi. Todos, no entanto, com tamanho grau de pureza que não se comportavam nem de forma crítica nem eram capazes de alguma influência negativa. Isso é tão verdadeiro que o Renato Aragão passou a ser embaixador do UNICEF — Fundo das Nações Unidas para a Infância — pelo seu desempenho e liderança na campanha *Criança esperança*, sugerida pelo João Carlos Magaldi e que eu realizei, colocando todo o peso do elenco e da produção da TV Globo. O projeto tinha o Legey na parte artística e a Alice-Maria no jornalismo.

O Renato é um astro de padrão internacional. Não é à toa que os filmes dele correram o mundo e receberam prêmios em muitos países. Meu último trabalho com o Renato foi o programa *Renato Aragão especial*, mas ele continuou na ativa até 2018 e se convocado ainda dará muito caldo. Ele é uma figura especial, amorosa e naturalmente simples. Sabe o que quer, mas não briga pelas coisas. Consegue o que quer sem ter que lutar, pois tem o dom do saber pedir e conquistar. Um "pidão" genial. Uma figura acima da curva.

53 ADILSON PONTES MALTA

Rio de Janeiro (1977)

Com Fernando Bittencourt, Miraluna e Adilson Pontes Malta na feira eletrônica em Las Vegas.

Em 1977, nomeei o Adilson Pontes Malta diretor-geral da Central Globo de Engenharia. Conheci o Adilson na TV Rio em 1963. A área técnica da TV Rio não tinha ar-condicionado e ficava aberta para a praia de Copacabana. Para combater a maresia, os equipamentos ficavam ligados 24 horas por dia. Se fossem desligados, não voltavam a funcionar. Nesse caos, poucas pessoas da engenharia eram capazes de resolver as panes em um instante. Uma delas era um garoto sempre ligado e rápido como a luz, o que lhe valeu o apelido de "Lampadinha". Com seus instrumentos rudimentares da época, ele corria de um lado para outro e garantia a continuidade dos trabalhos. Esse sujeito era o Adilson, que mais tarde seria uma das mais importantes figuras da televisão brasileira, como um dos diretores da TV Globo.

O Adilson Malta chegou à TV Globo em dezembro de 1968, trazido pelo engenheiro coronel Wilson da Silveira Brito, ambos vindos da TV Rio. O coronel Brito veio substituir o falecido general Lauro de Medeiros, mantendo a linha de militares nas funções técnicas da Globo, o que dava tranquilidade ao Roberto Marinho, pois a competência do Instituto Militar de Engenharia, o IME, era indiscutível.

No início das transmissões de televisão no Brasil, a técnica — que depois passou a ser engenharia — limitava-se a colocar no ar os transmissores e zelar pela manutenção dos equipamentos. A convivência era pacífica, e, como todos estavam aprendendo juntos, a cooperação era total.

Com a complexidade crescente dos equipamentos, estabeleceu-se uma espécie de ditadura da engenharia, não só criando regras para uso dos equipamentos, mas também gerenciando o uso dos recursos técnicos. Na Globo, os cinegrafistas, os diretores de TV, os iluminadores e similares eram funcionários da engenharia. O corte era feito por um TD — *technical diretor* —, a exemplo da televisão norte-americana, cuja produção nada tem a ver com as características brasileiras.

Embora engenheiros da Globo como o Herbert Fiuza e o Oswaldo Leonardo entendessem as nossas necessidades, eles obedeciam a rígidas regras estabelecidas desde o início da empresa, seguindo um organograma e práticas da televisão norte-americana. Essa observação é necessária para que se entenda o papel importante que o Adilson teve no desenvolvimento e na capacitação da produção de programas na televisão do Brasil. Com a chegada do Adilson, mesmo ele sendo uma espécie de assistente do coronel Brito, todas as velhas regras começaram a ser substituídas por uma posição de apoio da engenharia aos clientes. Ele gostava dos equipamentos e sistemas eletrônicos. E era diferente: seu objetivo era atender os clientes, que eram produção, jornalismo, comercialização e distribuição de sinais. Logo percebi que ganhei um aliado. A ditadura da engenharia estava com os dias contados, porque passei a resolver com o Adilson os problemas que não resolvia com o coronel Brito.

Em 1969, foi criada a Superintendência de Produção e Programação, e eu assumi a chefia da engenharia e do jornalismo, acumulando com a programação e a produção. Como o Brito estava agora sob o meu comando, minhas relações com a engenharia se estreitaram, principalmente a relação com o Adilson.

Ele revisou as premissas da época, atualizou conceitos e inovou em tecnologia. Uma das primeiras decisões que tomou foi tentar separar integralmente a produção da exibição, coisa que era misturada no Brasil, o que na prática só pôde ocorrer totalmente com a reconstrução do prédio da Von Martius após o incêndio de 1976. Outra foi transferir para a área de produção, jornalismo e programação todo o pessoal de operação, ficando a engenharia com o planejamento tecnológico, a operação de sistemas de atividades-meio, a operação de sistemas eminentemente técnicos e a manutenção de todos os equipamentos da rede, incluídos transmissores, geradoras próprias, retransmissoras e apoio às afiliadas. O inquieto Malta aproveitou a oportunidade para criar um sistema profissional de controle de estoque de peças de reposição dos equipamentos e a área de formação de profissionais de engenharia da Globo.

Em 1976, depois do incêndio da Globo do Rio de Janeiro, tivemos que reequipar a emissora do Jardim Botânico, e o Adilson Malta foi peça fundamental nesse processo. O coronel Brito, especialista em transmissores, tinha uma ligação histórica com a RCA e queria que abandonássemos a linha de gravadores de vídeo Ampex, adquirindo máquinas da RCA.

O Adilson foi pesquisar e comparar as performances e concluiu que deveríamos optar pela Ampex, pela confiabilidade da reprodutora de cassetes quadruplex ACR-25, usada pela maioria das grandes redes norte-americanas na exibição de intervalos comerciais. O equipamento RCA só era usado pela rede NBC, por fazer parte do mesmo grupo empresarial.

Uma situação difícil para o Adilson, pois o Brito era chefe dele, mas o profissionalismo falou mais alto. O Adilson fez um consistente relatório para o coronel Brito com cópia para mim e, por minha solicitação, levou à minha sala os representantes das duas marcas. Bati o martelo, decidindo pela Ampex. O Adilson estava tão certo que, pouco depois, a RCA desativou seu setor de gravadores de vídeo. Se tivéssemos seguido o Brito, teríamos cometido o maior erro da história da Globo. Era a maior compra de gravadores e exibidores de videoteipe da televisão brasileira.

O Brito recorreu ao Walter Clark para anular minha decisão, mas o Walter não tomou conhecimento, deixando a palavra final comigo. Ele ficou por mais algum tempo e depois se demitiu, e o Adilson assumiu a Central Globo de Engenharia.

Chegar a esse cargo não foi fácil, mas o Adilson também teve muita sorte. Ele é o resultado de um adolescente de 13 anos acolhido por uma das melhores escolas técnicas do país, a Escola Técnica Nacional do Rio de Janeiro (ETN), inaugurada em 1942.

Em 1954 ele entrou para a ETN, onde se formou em 1958. Em seguida fez o técnico de eletrotécnica, de três anos. Estudava dia e noite.

Em 1951 foi admitido na verdadeira escola de técnica de televisão do Brasil, a TV Rio. Foi lá que aprendeu de fato a manter no ar uma emissora que operava com equipamentos usados e instalados de forma precária.

Em 1975, o Adilson Malta foi graduado pela Escola Técnica Federal Celso Suckow da Fonseca em engenharia eletrônica de operação.

Uma das maiores qualidades do Adilson é o respeito que sempre teve pelos colegas. Foi por isso que conseguiu montar na Globo uma equipe competente e engajada nos nossos sonhos de fazer uma televisão artística e tecnicamente perfeita. Na equipe dele estavam o perfeccionista Pier Giorgio Pagliari, cujo olho era capaz de superar o mais sofisticado dos instrumentos de aferição de imagens e cuja sensibilidade artística era fora de série; o estudioso e competente Fernando Bittencourt; o José Dias, parceiro do Hans na computação gráfica e inventor das casseteiras brasileiras de exibição de comerciais; o Nelson Faria, que hoje está na TV Cultura; o genial Raymundo Barros, atualmente diretor de estratégia e tecnologia da Globo; o criativo José Benarroch e os saudosos Antonio Oliveira e Balthazar. A engenharia tinha um corpo tão grande e coeso que até hoje um grupo de mais de trinta ex-funcionários se reúne várias vezes por ano para, com a coordenação do Caubi Sampaio do Monte, comemorar os feitos e brindar à amizade.

O Adilson embarcou em todas as minhas aventuras, e a engenharia foi peça importante no que ficou conhecido como Padrão Globo de Qualidade. Para ele não havia o impossível. Sob seu comando, sobrevivemos aos três incêndios que nos atingiram, e aquela turma da engenharia assegurou a permanência das nossas emissoras no ar e garantiu a continuidade das gravações e edições de todos os programas.

Após o incêndio na Von Martius, faltavam estúdios, e o Adilson descobriu que a Ikegami, uma empresa japonesa desconhecida na época, estava fazendo uns testes com a CBS de uma câmera eletrônica portátil com dois volumes. O objetivo era atender ao jornalismo da CBS com uma qualidade que não era top de linha. No caos de produção pós-incêndio, o Adilson me pediu para ir ver os testes da Ikegami na CBS de Nova York, e eu concordei. Na volta, ele me disse:

— Boni, a qualidade não é realmente top de linha, mas o telespectador não vai perceber. Vamos poder sair dos estúdios, ter imagens em carros, barcos, helicópteros, locações e muito mais.

Acreditando no Adilson, compramos algumas para testes, saímos dos estúdios e eu incrementei o uso de externas em novelas, séries e minisséries.

O Adilson topou e venceu todos os desafios para que a tecnologia não limitasse o desenvolvimento da Globo, promovendo o incremento de gravações externas, a exibição de comerciais com segurança, a implantação do jornalismo eletrônico e o uso amplo dos sinais via satélite, ligando todo o mundo à TV Globo. Cada passo da conquista tecnológica representou um salto na qualidade e na criatividade em todos os campos de trabalho da emissora. Quando ninguém acreditava no potencial do interior de São Paulo, combinei com o Adilson e levamos o Joe Wallach de jatinho para um reconhecimento das dez principais cidades da região. Compramos dez transmissores importados e, com o empenho apaixonado do Ernesto Amazonas, que cooptava as prefeituras, conseguimos montar em meses toda a rede, cobrindo, na prática, o estado de São Paulo por completo. Um ganho jornalístico, artístico e comercial sem precedentes. Na transição do preto e branco para cores, a engenharia da Globo operou milagres para atender às necessidades da produção, que iniciou com apenas três câmeras da Ferneseh-Bosch. Fomos pioneiros no uso de cores na dramaturgia, no jornalismo e no cinema.

Outra contribuição notável foi o desenvolvimento do Projac — Projeto Jacarepaguá —, hoje Estúdios Globo. O Adilson assumiu a responsabilidade pela criação do conceito desse complexo de produção, estabelecendo áreas definidas para atividades técnicas e artísticas, como a *Above and Bellow the Line*, usada na produção cinematográfica. Definiu a distribuição das áreas dentro do terreno, concebeu as casas de produção separadas, a posição da cenografia e dos estúdios. Tempos depois, os projetos finais foram entregues a especialistas, mas os conceitos do Adilson permaneceram.

Na década de 1980, simultaneamente ao desenvolvimento do Projac, vivíamos o início da convergência digital nos equipamentos de televisão, agregando novas funcionalidades e efeitos especiais. Isso foi um sério problema para nós no Brasil, o único país que usava o padrão de televisão em cores PAL-M.

Os novos equipamentos eram lançados prioritariamente em NTSC, depois para os padrões dos países europeus, e nós ficávamos no fim da fila. As atualizações dos equipamentos para PAL-M chegavam parcialmente e poderiam levar até quatro anos. Era desesperador viajar para a feira da NAB — National Association of Broadcasters —, ver fantásticos novos recursos para as nossas emissoras e recebê-los só quatro anos depois.

Seria simples para o governo permitir o uso de equipamentos NTSC pelas emissoras que converteriam depois o sinal PAL-M para transmissão, mas a desconfiança e teimosia militar fizeram com que jogássemos no lixo um volume brutal de dinheiro.

Em meados de 1977, logo depois de ter assumido a engenharia, o Adilson veio à minha sala pedindo autorização para criar a Sociedade Brasileira de Engenharia de Televisão — SET —, que reuniria engenheiros de todas as emissoras do Brasil e seria um instrumento para pressionar pela liberação do uso de equipamentos NTSC na produção. A associação foi criada e o objetivo alcançado em menos de um ano. Foi um grande passo para a Globo atualizar suas produções e operações com o que havia de mais moderno em tecnologia no mundo. A SET desempenhou papel fundamental na evolução tecnológica da televisão brasileira e foi um dos principais players no desenvolvimento e na aprovação do Sistema Brasileiro de Televisão Digital, o SBTVD-T.

A mudança dos transmissores de São Paulo do pico do Jaraguá para a avenida Paulista também foi idealizada e comandada pelo Adilson, projetada e realizada pelos engenheiros Fernando Bittencourt e Herbert Fiuza. Inquieto e estudioso, rato de publicações técnicas, o Adilson esteve sempre por dentro de tudo. Como eu gostava do assunto, trocávamos ideias diariamente, e eu aprendi muito com ele. A televisão brasileira deve ao Adilson Pontes Malta e à equipe de engenheiros da Globo a superioridade tecnológica que temos e, principalmente, o entendimento de que a função da engenharia é de suporte à produção de conteúdo e à distribuição de sinais. Eu tenho também gratidão ao Adilson por ter me ajudado a colocar no ar a TV Vanguarda. Adilson Pontes Malta escreveu grande parte da história da nossa televisão, e continuamos escrevendo, pois não paramos de estudar e pensar. O Adilson transcende a engenharia e ainda coopera comigo em todas as áreas da televisão. Nossa amizade é para sempre.

54 OS **EMBALOS** DE TODAS **AS NOITES**

Rio de Janeiro (1978)

Glória Pires em *Dancin' Days*: decolando para o estrelato.

Logo no começo do ano o Daniel Filho me procurou com um projeto que ele havia desenvolvido com o Domingos Oliveira e a participação de Paulo Mendes Campos.

Era a série *Ciranda cirandinha*, que abordava em profundidade os conflitos de geração depois do célebre "O sonho acabou", de John Lennon. Li o projeto, que, além de corajoso, era curioso. Cada personagem representava um estado emocional. Denise Bandeira vivia o "sentimento"; Lucélia Santos, a "razão"; Fábio Jr., a "sensação"; e Jorginho Fernando, a "intuição". Achei muito bom e perguntei ao Daniel:

— Dá para fazer um por semana?

— Texto e elenco nós temos. Mas produzir só vai dar um por mês — respondeu o Daniel.

Eu coloquei às quartas-feiras, às 21h30. Foi um sucesso absoluto. Choviam cartas e telefonemas de jovens e também dos pais. Todos adoravam, menos a censura. Nós tínhamos planejado 15 episódios, mas somente sete foram ao ar devido aos cortes e à pressão dos censores.

Apesar da curta temporada, o *Ciranda cirandinha* marcou época e foi um teste espetacular que nos levou mais adiante a produzir séries brasileiras semanalmente. No capítulo final, o Fábio Jr. cantou uma composição dele que se chama "Meu pai, meu herói". Linda e emocionante. A novela seguinte da Janete Clair tinha como tema central a história de um pai e um filho. Dei a ela o título de *Pai herói* e usei a música na abertura.

Esse seriado ainda estava no ar quando decidimos a próxima novela das oito. Era uma sinopse da Janete Clair denominada *A prisioneira*, que seria desenvolvida pelo Gilberto Braga. A novela tinha como centro um restaurante, mas, por influência do *Ciranda cirandinha*, começamos a pensar em um ambiente mais jovem. Também estava estourando o filme de John Travolta *Os embalos de sábado à noite*, e eu e o Daniel explodimos ao mesmo tempo: DISCOTECA!

O Gilberto Braga topou na hora, e mexemos na história, nos cenários e no elenco. O Nelson Motta acabara de estrear o show *Frenetic Dancing Days* com o grupo que ele criou e batizou de As Frenéticas.

O Daniel me pediu ajuda para arranjar um título equivalente em português, mas eu decidi que poderia ser mesmo em inglês, só mudando de "*dancing*" para "*dancin'*" com o intuito de evitar que a novela virasse "*dan-cín-gue*". Ficamos então com *Dancin' Days*. Nelson Motta permitiu o uso e ainda compôs o tema de abertura, que embalou o país.

A novela explodiu no Brasil e foi vendida em quase todo o mundo. Criou fã-clubes, estimulou a abertura de milhares de discotecas e lançou moda inspirada nas roupas criadas por Marília Carneiro, como as meias usadas pela Sônia Braga, um item obrigatório nas vestimentas das adolescentes. *Dancin' Days* para mim se tornou inesquecível pela revelação da Gloria Pires e por mais uma brilhante atuação da Sônia Braga.

Com o sucesso de *Dancin' Days*, o Cassiano me ligou:

— Vocês estão fazendo um sucesso danado com uma prisioneira; posso fazer uma cleptomaníaca?

Pedi a ele que mandasse a sinopse. Era uma comédia romântica e deliciosa. Como havia uma história de uma vida dupla que ninguém sabia, sugeri o nome: *Te contei?*. Mais um tema novo que também levantou os índices de audiência do horário das sete da noite.

Os três horários da noite embalaram o ano de 1978.

55 **CHUMBO** GROSSO

Angra dos Reis (1979)

A namoradinha do Brasil agora é *Malu mulher*.

Como mencionei no capítulo do Daniel Filho, próximo ao Natal de 1978 eu o convidei para passar um fim de semana na minha casa em Angra dos Reis. Eu tinha vontade de ter uma novidade na programação de 1979. Depois de um jantar com alguns vinhos, passamos a um charuto, coisa que era rara nos nossos hábitos. Comecei a falar sobre a necessidade de fazer alguma coisa diferente, de produzir algo novo e dar uma mexida na televisão. O Daniel, rápido e sensível, captou em um instante a mensagem:

— Fala logo. O que você está querendo fazer?

— Séries, Daniel. Séries no formato da televisão norte-americana.

O Daniel não se assustou:

— Já fizemos o *Cirandinha*, mas era mensal. Você está pensando em uma série semanal?

Joguei limpo e fui sincero:

— Quatro, Daniel. Quatro séries semanais para substituir a novela das dez. Estamos com novelas demais.

Eu estava crente que ele iria estrebuchar e me dizer que não dava. Mas não foi isso o que aconteceu.

— Acho uma boa, Boni. Só me dê uma semana para ver o que dá para fazer.

Uma semana depois, o Daniel veio com a solução:

— Com os estúdios BCD recuperados do incêndio, vamos voltar com as novelas para a emissora, mas para produzir mais temos que manter os estúdios que foram alugados.

Esse não era o problema, e eu acertei com ele que faríamos tudo que fosse necessário. Mas eu quis saber se ele tinha alguma ideia do que fazer. O Daniel desandou a falar:

— Se você garante os estúdios, o que precisamos é de autores. Muitos e bons autores. Acho que eu tenho gente para escrever três séries, mas a outra teria que ser um teatro televisionado com textos já existentes.

Eu topei e quis saber se ele já havia pensado nos temas.

— Uma série policial é fundamental. Uma série familiar também. E eu pensei naquele especial *Jorge, um brasileiro*, que adaptamos do romance do Oswaldo França, e acho que uma série sobre caminhoneiros também daria pé. O teatro nós deixaríamos com o Paulo José — sugeriu Daniel.

Por mim estava tudo perfeito. Pedi as sinopses, a sugestão de elenco e quis saber se dava para estrear em abril, no aniversário da Globo. O Daniel me pediu mais um mês, e eu concordei. Em janeiro de 1979 ele me trouxe o projeto. Um deles já com nome, *Plantão de polícia*, com o Hugo Carvana vivendo o papel de Waldomiro Pena, um repórter de polícia. O segundo eu batizei de *Carga pesada*, com o Antonio Fagundes e o Stênio Garcia, e um terceiro seria uma série, ainda sem título, com a Regina Duarte, uma mulher separada que tinha que trabalhar para se sustentar e educar uma filha ainda pequena.

O Daniel estava seguro com duas séries, *Plantão de polícia* e *Carga pesada*, mas queria gravar alguns pilotos da série com a Regina Duarte, que para ele parecia ainda indefinida. Ele acabou optando por uma comédia romântica e gravou alguns episódios para sentir. Me trouxe os episódios gravados para eu ver, e fiquei decepcionado:

— Pode jogar fora tudo isso.

O Daniel concordou:

— Também achei que não era isso.

Lembrei a ele que a lei do divórcio havia sido aprovada recentemente e que as mulheres estavam começando a lutar pelos próprios direitos. Disse a ele que a série deveria ser a bandeira da emancipação feminina. Eu ia continuar falando, quando ele me interrompeu:

— Já entendi. Não precisa falar mais nada. Você quer é chumbo grosso.

O meu entendimento com o Daniel sempre foi instantâneo. Uma reunião que durava horas com outras pessoas, com o Daniel levava 15 minutos. O Daniel gravou de novo e me trouxe o primeiro capítulo. Espetacular. Tudo perfeito. Só faltava o título. O personagem da Regina se chamava Malu, e eu achei que esse nome deveria ser o nome da série. O Daniel matou a charada:

— Malu... Malu alguma coisa. Que tal *Malu mulher*?

Fechamos as três, e eu sugeri *Aplauso* para a coletânea teatral, que ficaria com o Paulo José.

Tema musical de *Malu mulher,* a canção "Começar de novo", de Ivan Lins e Victor Martins, cantada por Simone, ocupou por um longo tempo o primeiro lugar nas paradas de sucesso.

As quatro séries emplacaram e mudaram a cara da televisão naquele momento. Um sucesso estrondoso. Eu queria chumbo grosso, mas acabou sendo um tiro de canhão.

56 JÔ SOARES

Rio de Janeiro (1981)

Jô Soares: talento, criatividade e sofisticação.

No final de 1960 conheci o Jô Soares. Nesse ano, eu escrevia e dirigia o programa *Simonetti Show*, na TV Excelsior. Em dezembro peguei uma gripe infernal. Estava recém-casado, e a minha atividade na publicidade estava no auge. Decidi deixar o programa, e passamos a procurar um autor para me substituir. Li vários textos, mas o único que me chamou a atenção foi o do Jô Soares.

Para discutir a filosofia e o estilo do programa *Simonetti Show*, o Jô foi à minha casa. Eu o recebi no meu quarto, acamado. É por isso que eu costumo dizer que conheci o Jô Soares na cama. Ele contava que eu vestia um pijama horroroso, com estampas exageradas. E tinha razão. Eu acabara de ganhar a peça e nem me dei conta disso. Mas que era horroroso, era.

Eu aprovei o Jô para me substituir com a certeza de que ele era muito melhor humorista do que eu. Além disso, o programa já estava implantado, e ele conseguiu dar continuidade de forma brilhante.

O Jô Soares, quando muito jovem ainda, pretendia ser diplomata. Desistiu da carreira, mas não deixou de ser um diplomata. Foi e será querido por todo mundo, colegas, amigos ou conhecidos. Sabia administrar como ninguém conflitos e atritos. Essa habilidade deve ter origem no Lycée Jaccard, em Lausanne, na Suíça, onde ele foi se preparar para entrar na diplomacia. Nasceu artista por natureza e se dedicou inicialmente ao teatro, armazenando técnica e cultura. O lado crítico e a competência que ele tinha para a sátira o levaram para o humorismo.

O Jô participou do programa *Praça da alegria*, do Manoel de Nóbrega, na TV Record, como comediante, e mais tarde passou a fazer a preparação de entrevistas para o *Programa Silveira Sampaio* — o primeiro talk show da televisão brasileira.

Em 1967, em parceria com Carlos Alberto de Nóbrega, escreveu a *Família Trapo* e também interpretava o mordomo Gordon. O programa foi um dos maiores sucessos da televisão brasileira. No final de 1969, eu convidei o Jô para trabalhar na Globo. Ele considerava que seu compromisso com a TV Record estava encerrado, então fechamos um acordo. Mas uma cláusula do contrato com a TV Record dizia que ele deveria informar com antecedência e por escrito caso não fosse renovar. Perguntei se ele havia comunicado, e ele me respondeu que o Paulinho de Carvalho combinara que bastava uma comunicação verbal, pois a cláusula era pró-forma e não precisava ser cumprida.

— Não vão te liberar — disse ao Jô.

O Jô pensou e apostou comigo:

— Tenho certeza de que o Paulinho cumpre a palavra.

Não foi o que aconteceu. A TV Record considerou o contrato automaticamente renovado e não liberou o Jô. Foi somente no fim de 1970 que ele se desligou da emissora e foi para a Globo.

Estabelecemos entre nós uma forte relação de amizade. Em nossos jantares, o Jô matava a gente de rir contando histórias incríveis. Um dia, em Angra, retratando nosso fim de semana, escreveu um poema antológico de quatro páginas. Goldoni puro. Em 1971 lançamos o *Faça humor, não faça guerra*, programa que revolucionou o humor na televisão e no qual o Jô Soares era uma das peças principais. O Max Nunes, o Haroldo Barbosa e o Hilton

Marques foram os redatores desse programa e depois acompanharam toda a carreira do Jô Soares na Globo.

Em 1973, o programa foi substituído por *Satiricom* e, em 1976, pelo *Planeta dos homens*. Em 1981 o Jô passou a ter um programa solo, o *Viva o gordo*. Deveria ter acontecido antes, mas era difícil interromper a sequência de sucessos da qual o próprio Jô foi o protagonista. O título *Viva o gordo* foi dado por mim baseado no show de teatro que o Jô fazia, chamado *Viva o gordo e abaixo o regime*. O Hans Donner criou a marca do programa com os caracóis do cabelo do Jô, e, juntos, o Hans Donner e eu fizemos várias aberturas, renovando-as todos os anos.

Eu gostava tanto do *Viva o gordo* que era o único programa a que eu comparecia em todas as gravações no Teatro Fênix. Nesse período fizemos um ensaio de talk show como *Globo gente*. Em 1988, depois de sete anos de sucesso, o Jô foi para o SBT. O motivo principal é que ele queria fazer um talk show diário, e esbarramos no problema do horário. Ele queria um horário fixo, e aceitar isso seria mentir para o Jô. Nossos horários na época variavam muito devido a especiais, filmes e futebol. Expliquei que, se eu aceitasse a imposição de um horário fixo, estaria mentindo para ele, porque esse horário não seria respeitado. Eu disse a ele que poderia apenas assegurar que ele entraria depois do *Jornal da Globo*, sem, no entanto, ter um horário definido.

O Jô me falou que o Silvio Santos tinha garantido a ele o horário das 23h30 e que o programa se chamaria *Jô Soares onze e meia*. Essa posição levou o Jô a assinar com o Silvio Santos. Para mim as negociações não tinham sido encerradas, e, pego de surpresa, briguei com o Jô. Tive uma crise de ciúme por considerar ter sido traído. Na verdade, o SBT jamais respeitou o horário, e às vezes o *Jô Soares onze e meia* entrava de madrugada.

Não demorou muito para selarmos a paz. O Jô ficou 11 anos no SBT e conquistou um grande prestígio. Em 2000, depois que eu saí da Globo, ele voltou para a emissora, onde permaneceu por 16 anos com amplo sucesso. Nosso carinho mútuo foi restabelecido, e nossa amizade se fortaleceu com o tempo. Na sua autobiografia, ele carinhosamente escreveu: "Conheci na vida três gênios, o Millôr Fernandes, o Ivo Pitanguy e o Boni." É evidente que foi um rasgo de generosidade dele, mas não posso omitir a citação, porque ela é preciosa para mim vinda do querido amigo.

A minha admiração pelo Jô sempre transcendeu o lado profissional, estendendo-se para a figura humana, sensível e amorosa que ele foi. O Jô pautou sua vida pelo binômio humor e amor. Uma das figuras mais brilhantes da história da televisão brasileira.

57 MORRENDO DE RIR

**Rio de Janeiro
(1981)**

Jô Soares, Chico Anysio, Max Nunes, Haroldo Barbosa e Borjalo (sentado)

Em 1981, o humor na Globo estava no auge com Chico Anysio, Jô Soares, Renato Aragão e um grupo de redatores de respeito. O Max Nunes, autor do *Balança mas não cai*, inovou o humor radiofônico em 1950, na Rádio Nacional, emissora líder na história do rádio. O programa estava estourando de audiência quando um invejoso autor de novelas da Nacional cruzou com o Max no corredor da emissora e foi dizendo:

— Max, ouvi seu programa ontem. Sinceramente, não achei graça nenhuma.

— Pois eu também ouvi sua novela ontem e, sinceramente, MORRI DE RIR — retrucou o Max, rápido no gatilho.

Em 1968, na Globo, resolvi reeditar o *Balança mas não cai* na televisão, e não foi fácil convencer o Max. Acabamos fazendo, porém, e durou três anos de sucesso, de 1968 a 1971; depois voltou em 1982 e 1983.

Médico cardiologista, o Max Nunes enveredou pelo humorismo, mas nunca largou a profissão. Já contei uma história dele, mas vale repetir. Uma noite, quando estava de plantão, atendeu um chamado de emergência. Quando chegou ao local, não havia luz, e o paciente estava no quarto andar. O Max não titubeou. Pegou a maletinha de médico e enfiou-se escada acima. Deparou-se com o paciente na cama. O Max, ofegante, retirou da maleta uma injeção de adrenalina, abriu o frasco e aspirou o líquido. Olhou para a agulha e apagou. Quando acordou, o Max estava na cama, e o paciente, em pé, perguntou:

— Está melhor, doutor?

Max criou dezenas de programas, como *Faça humor, não faça guerra*, *Planeta dos homens*, *Satiricom* e *Viva o gordo*, na Globo, e depois, no SBT, onde foi o responsável pelo *Jô Soares onze e meia*. Foi um dos maiores e mais geniais escritores de humor no Brasil.

O Haroldo Barbosa criou no rádio o programa *Um milhão de melodias*, que mudou a história da MPB. O Haroldo e o Zé Mauro usaram todos os recursos da Rádio Nacional nesse programa, que foi um inspirador da bossa nova. Criou programas de humor na Rádio Mayrink Veiga e foi o descobridor do Chico Anysio. Na Globo foi parceiro de Max Nunes em todas as produções do humorista. Compositor, jornalista e redator, o Haroldo foi um dos maiores nomes do rádio e da televisão no Brasil. Além de criar programas, foi professor de quase todos os novos autores que surgiram. Um amor de pessoa. Pescador e imbatível cozinheiro de frutos do mar.

O Carlos Alberto de Nóbrega é filho de um dos maiores radialistas da nossa história, o autor, ator, produtor e diretor Manoel de Nóbrega, criador do programa *Praça da alegria* e de inúmeros outros de rádio e televisão. O Carlos Alberto começou muito cedo, no início dos anos 1950, como redator do programa *Manoel da Nóbrega*, na Rádio Nacional de São Paulo. Fui aprendiz do Manoel de Nóbrega junto com o Carlos Alberto, o que aumenta meu carinho e admiração por ele. O Carlos Alberto demonstrou talento e capacidade conquistando o Brasil com o texto da *Família Trapo*, que desenvolveu com o Jô Soares, na TV Record. Lá assumiu programas da maior importância, como o *Show do dia 7* e o *Roquette Pinto*. Foi para onde desenvolveu o vitorioso formato de *Os trapalhões*.

Seguiu para a TV Globo, onde permaneceu por mais de dez anos. Ficou responsável pelo programa do Renato Aragão e produziu, escreveu e dirigiu o *Praça da alegria*. Cometi um erro naquela época ao achar que o Carlos Alberto era muito jovem para sentar no banco da praça, pois eu tinha o Nóbrega na cabeça, mais velho e com maior experiência de vida. Pura fixação no criador do personagem. O Carlos Alberto poderia ter feito, como fez tempos depois no SBT com grande sucesso.

Por tudo o que eu devo ao Manoel de Nóbrega, o Carlos Alberto poderia, e teria, o direito de me pedir qualquer coisa na Globo. Mas nunca quis fazer uso dessa prerrogativa. Figura de honestidade absoluta, o Carlos Alberto herdou do pai qualidades de caráter que o transformaram em um líder, criador e protetor de dezenas de artistas e um amigo precioso para todos os amigos dele.

Miele e Bôscoli, a corda e a caçamba, escreveram para tudo: televisão, rádio, jornais, grandes shows e pocket shows. Miele, além de escrever, foi um apresentador no estilo dos mestres de cerimônia internacionais, compositor, cantor, dançarino e diretor. Um artista completo, além de ser aquele amigo que sempre honrou a palavra “amizade”.

O Bôscoli fez de tudo. Letrista de primeira categoria, tem papel relevante na bossa nova. A criatividade dele esteve presente em todas as intervenções que fez naquilo que chamamos de show business. Roberto Carlos até hoje usa alguns textos do Bôscoli nos espetáculos. O Bôscoli criou o nome do programa *Fantástico*. Namorou e casou com nove entre dez estrelas da música popular brasileira.

Há muitos outros nomes que deveriam figurar nesta lista, como o Robertinho Silveira, que acompanhou o Chico Anysio a vida inteira; o Arnaud Rodrigues, também parceiro do Chico; o extraordinário Antônio Maria; o Sérgio Porto (Stanislaw Ponte Preta); o J. Rui, criador do *Teatro psicotécnico*; o Afonso Brandão; o Castro Barbosa e outros, igualmente importantes, que me fogem da memória.

58 **GALVÃO** BUENO

Espanha
(1982)

O melhor narrador esportivo de todos os tempos.

Em 1971, na Cidade do México, foi criada a OTI — Organização da Televisão Ibero-Americana —, uma entidade cujo objetivo era congregar as emissoras de língua portuguesa e espanhola a fim de comprar direitos esportivos em conjunto, por um preço menor e rateando os custos entre as emissoras de televisão. A OTI tinha nas mãos um abacaxi e uma mina de ouro, ou, nas palavras do Armando Nogueira, um "filé com osso" e um "filé sem osso". O abacaxi eram as transmissões das Olimpíadas, que ocupavam muito espaço na grade de programação, mas pouco interessavam à audiência. Já a Copa do Mundo era a mina de ouro. Para obrigar as emissoras a comprar as Olimpíadas, a OTI criou um vínculo entre esses dois eventos, de forma que, se as emissoras não comprassem as Olimpíadas, também não teriam direito de comprar a Copa. As emissoras em geral não deram muita bola para essa regra, pois achavam que a OTI não iria cumpri-la.

Em 1979, o Armando Nogueira foi a uma reunião da OTI representando a televisão brasileira e, ao retornar, convencido de que a decisão da entidade era para valer, recomendou aos dirigentes de todas as emissoras que comprassem os direitos das Olimpíadas para não perderem a Copa. Na Globo, imediatamente fizemos um orçamento para cobrir os dois eventos, e eu levei a questão ao departamento comercial, que garantiu a compra casada das Olimpíadas e da Copa.

Nós fechamos contrato com a OTI sem pensar em exclusividade. Nenhuma outra emissora se interessou pelo assunto. Na Globo, o Armando fez um belo plano de exibição dos Jogos Olímpicos de Moscou, e não houve prejuízo, já que alguns eventos foram muito maiores do que esperávamos. A OTI, que já havia estabelecido um valor para a Copa no mercado brasileiro, nos avisou que teríamos direito à exclusividade pelo preço estabelecido, ou seja, a Globo não pagou nenhum centavo a mais pelos direitos.

Devido à exclusividade, o planejamento da Copa foi extremamente cuidadoso. Levamos 150 profissionais para a Espanha, e lembro que a cartilha da Copa feita pelo jornalismo esportivo da Globo tinha sessenta páginas, a primeira com um conselho escrito pelo Armando Nogueira: "Na Espanha, não bata o pé. Se você bater um, o espanhol baterá dois." Luciano do Valle era o locutor principal, mas Galvão Bueno estreou na Globo narrando os jogos do grupo 1. O Galvão vinha da Record e da Bandeirantes. Eu conheci o Aldo Viana, pai do Galvão, trabalhando com o Silveira Sampaio. Naquele momento, ninguém imaginava que o Galvão se tornaria o melhor e maior narrador esportivo da história da televisão brasileira. Foi nesse momento crucial que ele começou a mostrar quem era.

Nossa trajetória na Copa havia sido brilhante, e todos nos saudavam como favoritos absolutos até o jogo contra a Itália, que terminou em pizza, com o placar de 3 a 2 para a Itália, e eliminou o Brasil da Copa. Para todos os brasileiros, e especialmente para nós da Globo, foi uma grande tristeza. Abateu-se sobre nós o peso da exclusividade. Arautos do apocalipse acharam que a derrota do Brasil em 1982 traria uma imagem de pé-frio para a Globo. O novato Galvão Bueno, sem que ninguém pedisse, foi eloquente e acabou com as especulações. Disse o Galvão ao encerrar sua participação na Copa da Espanha: "O Brasil saiu da Copa, mas elevou a imagem e o prestígio do nosso futebol."

A torcida comprou essa frase e passou a repetir o que o Galvão havia dito. Talvez nem ele avalie como isso foi importante para a

Globo. Logo depois, em compensação, quando o Galvão começou a narrar a Fórmula 1 na Globo, terminou uma prova atribuindo a vitória a Carlos Reutemann, da Argentina. Na verdade, o vencedor havia sido Alain Prost. O Galvão não perdeu o emprego por um triz. Dava mesmo para se confundir, e eu entendi o que aconteceu. Depois o Galvão fez dois trabalhos brilhantes: o acompanhamento da morte de Garrincha e as Olimpíadas de Los Angeles.

Em 1986, na Copa da Argentina, o locutor principal seria o Galvão Bueno, mas ele ainda não era o queridinho dos publicitários como é hoje. Os anunciantes queriam um nome mais conhecido, e o Osmar Santos foi contratado. O Galvão só narrou um jogo. Na Fórmula 1, narrou dois campeonatos do Nelson Piquet e foi a alma gêmea do Ayrton Senna em três campeonatos mundiais, com o seu clássico "Ayrton Senna... do Brasil!". Em 1990, finalmente, o Galvão foi locutor titular da Copa do Mundo na França. Em 1992 deixou a Globo, mas ficou na CNT — Central Nacional de Televisão — apenas um ano. Eu o trouxe de volta em 1993, e na Copa do Mundo de 1994, sediada nos Estados Unidos, ele emocionou o Brasil aos gritos de "É tetra! É tetra!".

O Galvão foi polêmico? Foi, e muito. Cometeu gafes? Dezenas. Mas o Galvão é assim mesmo: livre, natural, autêntico. Gente de verdade, como poucos narradores conseguem ser. Até bordões dele nasceram naturalmente, como o "Olha o gol, olha o gol!". Muitos consideram que ele é o maior vendedor de emoções da televisão. Eu discordo. Meu amigo Galvão Bueno é emoção pura. Não vende nada falso. Ele se emociona de fato e contagia todos com sua emoção. Muitas vezes tentei contê-lo, mas me convenci de que ele à vontade é o melhor Galvão Bueno que eu conheço, o melhor narrador esportivo do Brasil de todos os tempos.

59 **HOMERO** ICAZA **SÁNCHEZ**

Rio de Janeiro (1982)

O Homero Icaza Sánchez foi uma das pessoas mais importantes na história da TV Globo e uma das maiores expressões artísticas do país. Escritor, poeta e desenhista, o Homero era simples mas, ao mesmo tempo, sofisticado ao extremo. O Paulo Montenegro e o José Perigault, do Ibope, me apresentaram ao Homero. Ele era panamenho, como o Perigault, e havia sido cônsul do Panamá no Brasil. Em 1968 ele fundou o Itape — Instituto Técnico de Análise e Pesquisas —, e eu contratei os serviços dessa empresa a fim de fazer para a Globo pesquisas qualitativas e análises das pesquisas disponíveis.

Ficamos muito amigos, e em 1971 eu o levei para a Globo, onde ele montou o departamento de análise e pesquisa. Viajamos juntos pelo Brasil e pelo exterior. Além de conselhos profissionais, ele também era meu conselheiro pessoal. Juntos iniciamos o acompanhamento das novelas pelo processo *group discussion*, e eu dei ao Homero a liderança do grupo de leitura que avaliava sinopses e capítulos de novelas, um trabalho que foi fundamental na decisão do que produzir. O querido Homero assinava os relatórios favoráveis ou contrários com uma observação: "Essa é a minha opinião, sujeita ao seu melhor juízo e decisão."

O Homero era culto, amante das artes plásticas e da literatura. Era uma enciclopédia da música clássica. Poeta, escreveu um livro chamado *Poemas para cordas*. Tinha na casa dele um crayon do Matisse que eu adorava. Elogiei tanto que ele me deu de presente. Fazia parte das minhas reuniões de segunda-feira e opinava sobre a Globo inteira. Tinha um jeito carinhoso de fazer críticas. Quando eu engordava, me dizia: "Uma dietinha não lhe faria mal."

Quando esgotei minhas tentativas de fazer uma audiência maior nas noites de sábado, saiu com esta:

— Sábado não é dia de televisão. É dia de sexo. É a única noite disponível para a classe C transar.

Em 1982, no episódio Proconsult, o Homero, corajoso e honesto, jogou para o alto seu emprego e prestígio.

No começo daquele ano, eu, o Joe Wallach e o Armando Nogueira fomos convocados para uma reunião na sede do jornal *O Globo* para discutir a estratégia de apuração das eleições no estado do Rio de Janeiro. Participaram também os diretores do jornal e da rádio. Nós levamos o orçamento da cobertura da televisão, elaborado pelo Armando e pela nossa equipe da Central Globo de Jornalismo. Fomos informados pelo Roberto Marinho que ele recebera do TRE — Tribunal Regional Eleitoral — uma notícia auspiciosa em relação aos investimentos necessários para cobrir a apuração.

O TRE havia contratado uma empresa para fazer esse serviço denominada Proconsult, que, paga pelo tribunal, nos entregaria os resultados em uma velocidade nunca vista, graças a um sistema de computação de última geração. O Armando tentou defender que uma apuração personalizada nossa traria mais prestígio à TV Globo e mais segurança quanto aos resultados. Fomos vencidos pela evidente economia de custos e por um argumento inquestionável: o resultado oficial da apuração e o resultado da Proconsult jamais poderiam terminar com números diferentes, e, se houvesse discrepância, o que valeria seria o resultado oficial do TRE. A Proconsult foi então aceita, e passamos a depender exclusivamente dela.

Iniciada a apuração, o Homero Icaza Sánchez pediu uma reunião comigo e o Armando e relatou a visão dele sobre o assunto. O Homero, mestre em pesquisa e em análise de pesquisa, constatou que os resultados das cidades mais distantes do interior, onde o Brizola perdia, chegavam mais rapidamente que os resultados da cidade do Rio de Janeiro. Uma coisa bastante estranha. A teoria do Homero era que o trabalho da Proconsult era atrasar a apuração na capital, onde o Brizola vencia, para dar tempo de fraudarem os resultados das urnas. Mas era somente uma hipótese, não havia como comprovar isso.

O Homero nos recomendou que não fizéssemos projeções em cima dos números que estávamos recebendo, mas, se não fizéssemos, ficaríamos atrasados em relação aos outros veículos. Ele então resolveu ligar diretamente para o Brizola, expôs sua teoria e sugeriu que o Brizola botasse a boca no mundo. O Brizola fez isso, se autoproclamou eleito e, por uma inimizade ferrenha com o Roberto Marinho, acusou os veículos Globo de estarem envolvidos no processo que o Homero denunciou.

O serviço secreto do governo militar grampeou o Homero e levou a gravação ao Roberto. O Homero foi demitido.

Mais tarde eu convenci o Roberto a trazer o Homero de volta. Ele quis saber o porquê do telefonema do Homero direto ao Brizola.

— Ele me assegurou que foi apenas um preciosismo técnico e não político. Tinha certeza do que estava ocorrendo e não poderia se calar.

O Homero era a integridade em pessoa. Continuamos nossa amizade mesmo depois que saímos da Globo. Perdê-lo em 2011 resultou em um intenso vazio para mim.

60 TELEVISÃO É UM BOM NEGÓCIO?

Rio de Janeiro (1984)

Adolpho Bloch e Roberto Marinho, muy amigos.

Em 1983 foi inaugurada a TV Manchete, com a ajuda técnica e política do Roberto Marinho. Em 1984 a Globo perdeu uma batalha, ficando sem transmitir o desfile de Carnaval daquele ano.

Não foi uma batalha financeira nem estratégica, e sim um conjunto de fatores. O primeiro foi de natureza política, motivado pelo ódio do Brizola ao Roberto. O segundo foi uma discussão intensa que eu tive com o então vice-governador, Darcy Ribeiro, sobre o conceito do desfile. O Darcy foi um brilhante sociólogo e antropólogo, mas não entendia nada de Carnaval. Ele precisava festejar a criação da praça da Apoteose e queria que as escolas dessem uma volta no local, o que era tecnicamente impossível. Eu o convenci de que isso era inviável, e ele cedeu.

O outro problema era maior. O Darcy não queria que a escola vencedora saísse nos desfiles de domingo e segunda, mas sim no desfile das campeãs no sábado, criando um supercampeonato.

O Darcy Ribeiro era uma flor de pessoa, antropólogo e apóstolo da educação. Eu tinha admiração pelo Darcy, mas ele entendia de televisão tanto quanto entendia de Carnaval. No desfile de sábado, as escolas nunca são as mesmas dos desfiles de domingo e segunda. Carros alegóricos e alegorias sofrem normalmente perdas nos desfiles de domingo e segunda. Isso se o tempo estiver bom. Se chover, danou-se. Fantasias se deterioram, adereços quebram ou são perdidos. Nem todos os componentes voltam a desfilar. O tal supercampeonato seria injusto e inadequado, mas ele, como um menino malcriado, bateu o pé.

Se do ponto de vista do Carnaval essa ideia era ruim, para a televisão seria um desastre. Teríamos que transmitir tudo de novo e entregar de graça aos patrocinadores o tal desfile. No sábado perderíamos audiência e dinheiro. Pensamos em não transmitir o evento do sábado, mas o Darcy queria uma cláusula nos obrigando a isso e ameaçando tirar a Globo do Carnaval.

O Moysés Weltman era o negociador pela Manchete. Eu fiz com ele um combinado, que a Manchete simplesmente não honrou. Havíamos concordado que a Globo continuaria brigando contra o supercampeonato e a Manchete compraria os direitos; depois, dividiríamos o custo e faríamos uma transmissão em conjunto, montando o que se chama de *pool* na linguagem de televisão. Ficamos surpresos quando a Manchete passou a anunciar na programação que transmitiria o Carnaval com exclusividade.

Falei com o Moysés Weltman, e ele confirmou o acordo e lamentou por não poder cumprir, por ordens diretas da diretoria. Informei ao Roberto, que tentou falar várias vezes com o Adolpho Bloch, mas não foi atendido. Uma afronta ao Roberto, pois os dois eram amigos, e o Bloch fora conselheiro do Roberto na escolha das impressoras de *O Globo*, sem cobrar um centavo. Em contrapartida, o Roberto ajudou a Manchete a ter sua televisão, não só com apoio político, mas dando ao Adolpho o projeto técnico, que foi feito na íntegra pelos engenheiros da Globo.

Com a transmissão dos desfiles de Carnaval, a Manchete conseguiu bater a Globo no Rio de Janeiro e conquistar a simpatia dos amantes do gênero. No entanto, os índices de audiência da Globo, sem o Carnaval, subiram em todo o Brasil. Uma vitória de pirro do Adolpho Bloch. Mas o Roberto não perdoou a desconsideração de não ter sido atendido e pediu: "*Delenda* Manchete."

Não foi necessário fazer nada. O Adolpho, um ucraniano que migrou para o Brasil, era um sonhador e empresário atrevido. Era gráfico, dominava essa área com grande habilidade e publicava revistas de sucesso, como a *Manchete* e a *Fatos & Fotos*, além de enciclopédias, livros didáticos e de ficção e também histórias em quadrinhos. Televisão o Adolpho não conhecia, e não procurou dirigentes com experiência. Acabou mal. Quando estava à beira da falência, pediu uma reunião com o Roberto Marinho. O Adolpho Bloch foi à Globo, e o Roberto lhe deu um chá de cadeira. Ao entrar na sala, o Adolpho reclamou:

— Roberto, você me deixou quatro horas esperando.

O Roberto retrucou:

— É pouco. Há dez anos eu espero seu retorno do telefonema que fiz no Carnaval de 1983. Lembra?

Na Manchete, o único que sabia das coisas era o Pedro Jack Kapeller, o Jaquito, mas o Adolpho decidia tudo sozinho. Quando montou sua linha de cinema na televisão, exibiu em um mês o pacote que deveria durar um ano. Filmes se alugam, mas ele pensava que seriam eternamente dele. Não tinha ideia de custos e, apesar de alguns sucessos, mergulhou em um caos financeiro. Um dia me interpelou em uma reunião de emissoras:

— A televisão me arruinou, e você me disse que televisão era um bom negócio.

Não tive outra resposta:

— Eu acho um bom negócio. Mas aproveite que o Roberto está aqui e pergunte a ele o que acha.

61 O MAIOR ESPETÁCULO DA TERRA

Rio de Janeiro (1984)

"Ratos e urubus, larguem minha fantasia", o maior sucesso de Joãosinho Trinta.

Em julho de 1984, o Capitão Guimarães, o Anísio Abraão David, o Luizinho Drummond e o Castor de Andrade fundaram a Liesa — Liga Independente das Escolas de Samba do Rio de Janeiro. Com o apoio da liga, a Globo voltou aos desfiles. Um apoio justo, pois as emissoras nunca pagaram nada pelas transmissões dos desfiles, e a Globo foi a primeira a dar valor ao trabalho das escolas de samba e a reconhecer seus direitos desde 1971.

Segundo meu amigo Ricardo Cravo Albin, historiador e musicólogo, os desfiles têm origem no século XIX e foram inspirados nas procissões religiosas e em manifestações populares — como os blocos de rancho; o Zé Pereira, com seus bumbos; os desfiles denominados "corsos". Oficialmente, a fundação da Deixa Falar, em 1928, é considerada o marco inicial da era das escolas de samba. O início dos desfiles competitivos se deu em 1932 e foi idealizado pelo jornalista Mário Filho, irmão do Nelson Rodrigues, como promoção do jornal *Mundo Sportivo*. A oficialização, no entanto, só ocorreu em 1935, com a participação do poder público no evento.

A campeã do primeiro desfile oficial foi a Vai como Pode, nome da Portela na época. O enredo era profético, com o título "O samba dominando o mundo". É bom lembrar que, por motivos racistas, o samba era criminalizado e só foi liberado porque Getúlio Vargas, na década de 1930, começou a usar o samba e as modinhas de rua como instrumentos de suas campanhas de popularização do Estado Novo.

Alguns espetáculos da era pré-Sambódromo foram maravilhosos, realizados com talento e coragem. São tantos que não dá para citá-los. Eu, pessoalmente, reconheço que a Liesa deu uma nova dimensão aos desfiles, especialmente o Anísio Abraão David e o Capitão Guimarães, que investiram tempo, dinheiro e muita paixão para dar ao espetáculo um salto de qualidade e atingir a grandeza que os desfiles têm hoje. Foram os patronos, como eles, que bancaram Joãosinho Trinta, Arlindo Rodrigues, Fernando Pamplona, Fernando Pinto, Renato Lage, Rosa Magalhães, Paulo Barros, Laíla, Fran Sérgio, Alexandre Louzada, Max Lopes, Viriato Ferreira, Djalma Vogue, Milton Cunha, Maria Augusta e centenas de cenógrafos, figurinistas, aderecistas, escultores, iluminadores, costureiras e músicos, além de artistas e artesãos em abundância. É o mundo da arte se exibindo a céu aberto.

Na Liesa, sob a batuta de seus fundadores, o Jorge Castanheira foi um presidente brilhante, o Zacarias e o Laíla, figuras inesquecíveis. Uma nova geração irá, com certeza, perpetuar as conquistas e ampliar o prestígio da maior manifestação de cultura popular do mundo.

Como todos os amigos sabem que eu sou um apaixonado pelas escolas de samba, sempre me perguntam qual o melhor desfile de todos os tempos. Eu respondo que, como o vinho, é difícil escolher um. O primeiro impacto que eu tive foi em 1949, com "Exaltação a Tiradentes", da Império Serrano, especialmente pelo samba-enredo de Mano Décio da Viola, Estanislau Silva e Penteado. A letra mais simples e perfeita da história dos desfiles, com uma melodia também singela, mas contagiante.

Minha primeira participação na transmissão dos desfiles foi em 1963, na TV Rio, quando Arlindo Rodrigues deslumbrou o público com "Xica da Silva", do Salgueiro. Vi outros espetáculos fabulosos, como "A criação do mundo na tradição Nagô", "Os sertões", "Festa para um rei negro", "Liberdade, liberdade", o esfuziante "É segredo" e o psicanalítico "Sonhar não custa nada". Somando meus quesitos pessoais, considero "Ratos e urubus, larguem minha fantasia", do gênio Joãosinho Trinta, o maior representante dos criativos carnavalescos. Para fechar o capítulo, pedi a alguns amigos e especialistas que elaborassem uma lista dos maiores espetáculos a que assistiram. Confira:

Anísio Abraão David:

1. "A criação do mundo na tradição Nagô" (Beija-Flor, 1978).
2. "Ratos e urubus, larguem minha fantasia" (Beija-Flor, 1989).
3. "Liberdade, liberdade! Abre as asas sobre nós" (Imperatriz Leopoldinense, 1989).
4. "Os sertões" (Em Cima da Hora, 1976).
5. "Xica da Silva" (Salgueiro, 1963).
6. "Sonhar com rei dá leão" (Beija-Flor, 1976).
7. "Aquarela brasileira" (Império Serrano, 1964).
8. "Kizomba, festa da raça" (Vila Isabel, 1988).
9. "Os cinco bailes da história do Rio" (Império Serrano, 1965) e "Lendas e mistérios da Amazônia" (Portela, 1970).
10. "Yes, nós temos Braguinha" (Mangueira, 1984).

Capitão Aílton Guimarães Jorge:

1. "Aquarela brasileira" (Império Serrano, 1964).
2. "Festa para um rei negro" (Salgueiro, 1971).
3. "O mundo melhor de Pixinguinha" (Portela, 1974).
4. "Ziriguidum 2001, Carnaval nas estrelas" (Mocidade Independente de Padre Miguel, 1985).
5. "Kizomba, festa da raça" (Vila Isabel, 1988).
6. "Ratos e urubus, larguem minha fantasia" (Beija-Flor, 1989).
7. "Liberdade, liberdade! Abre as asas sobre nós" (Imperatriz Leopoldinense, 1989).
8. "Orfeu, o negro do Carnaval" (Viradouro, 1998).
9. "Brasil com Z é pra cabra da peste, Brasil com S é a nação do Nordeste" (Mangueira, 2002).
10. "É segredo!" (Unidos da Tijuca, 2010).

Haroldo Costa:

1. "Sublime pergaminho" (Unidos de Lucas, 1968).
2. "Os sertões" (Em Cima da Hora, 1976).
3. "Exaltação a Tiradentes" (Império Serrano, 1949).
4. "Xica da Silva" (Salgueiro, 1963).
5. "Quilombo dos Palmares" (Salgueiro, 1960).
6. "Heróis da liberdade" (Império Serrano, 1969).
7. "Kizomba, a festa da raça" (Vila Isabel, 1988).
8. "Liberdade, liberdade! Abre as asas sobre nós" (Imperatriz Leopoldinense, 1989).
9. "Cem anos de liberdade: realidade ou ilusão?" (Mangueira, 1988).

10. "Bum Bum Paticumbum Prugurundum" (Império Serrano, 1982).
11. "Ratos e urubus, larguem minha fantasia" (Beija-Flor, 1989).

Milton Cunha:

1. "Pauliceia desvairada: setenta anos de Modernismo" (Estácio de Sá, 1992).
2. "É segredo!" (Unidos da Tijuca, 2010).
3. "O teu cabelo não nega" (Imperatriz Leopoldinense, 1981).
4. "Bum Bum Paticumbum Prugurundum" (Império Serrano, 1982).
5. "Kizomba, festa da raça" (Vila Isabel, 1988).
6. "Peguei um Ita no Norte" (Salgueiro, 1993).
7. "Ratos e urubus, larguem minha fantasia" (Beija-Flor, 1989).
8. "Tupinicópolis" (Mocidade Independente de Padre Miguel, 1987).
9. "Das maravilhas do mar, fez-se o resplendor de uma noite" (Portela, 1981).
10. "Cem anos de liberdade: realidade ou ilusão" (Mangueira, 1988).

Pela diversidade de temas abordados e pela qualidade da produção, não há a menor dúvida de que o desfile das escolas de samba do Rio de Janeiro é mesmo "o maior espetáculo da Terra".

62 O QUE PINTA **DE NOVO** PINTA NA TELA **DA GLOBO**

Rio de Janeiro (1985)

Roque Santeiro chegou a dar 100% de audiência.

Em 1983 lançamos a novela *Guerra dos sexos* do Silvio de Abreu, com a participação de Fernanda Montenegro e Paulo Autran. Foi uma revolução que se tornou referência de renovação. A audiência foi espetacular, e nós ficamos ainda mais comprometidos com a busca pelo "novo".

Em 1985, para comemorar os 20 anos da Globo, resolvemos fazer uma programação marcada por novidades. Começamos em janeiro com o lançamento da marca tridimensional do Hans Donner, justapondo o número 20 à nossa identidade. Depois foi a vez de transmitir o Rock in Rio.

No ano anterior, o Roberto Medina me procurou para falar sobre um projeto imaginado por ele e que tinha por intuito realizar um grande espetáculo de rock no Rio de Janeiro. Fomos almoçar no antigo e saudoso Antonio's, e ele começou a descrever o projeto de forma tão frenética que nem pedimos a comida. A ideia era maravilhosa, e o elenco, perfeito. O envolvimento com o público jovem caiu como uma luva para a Globo, que comemorava os seus 20 anos de nascimento. Desisti do almoço, peguei o Roberto Medina pelo braço, entramos no carro e fomos ao departamento comercial da Globo para apresentar o projeto. No meio do caminho, o Roberto me advertiu de que aquilo era apenas uma ideia. O Rock in Rio estava na cabeça dele e nada mais.

O Roberto havia me apresentado sua proposta com tantos detalhes, descrevendo cenários, som, luzes, elenco e até venda de ingressos, que eu pensei que tudo já estivesse pronto. Ele me pediu uma semana para fazer a apresentação ao pessoal da Globo e, por incrível que pareça, veio com tudo: imensos cartazes, música de abertura e plantas do local. Conquistou todo mundo da área comercial e conseguiu a viabilização financeira do megaprojeto. O que parecia sonho virou realidade e cresceu de forma extraordinária, mantendo-se até hoje em pleno vigor. A capacidade de criar do Roberto Medina só é menor que a sua capacidade de realizar. Em 1985 exibimos o Rock in Rio de 11 a 20 de janeiro.

Em abril lançamos, com 26 capítulos, a superprodução *O tempo e o vento*, adaptada da obra de Erico Verissimo, roteirizada por Doc Comparato e estrelada por Tarcísio Meira. No elenco, contamos com as participações de Lima Duarte, Paulo José, José de Abreu, José Lewgoy, José Mayer, Gloria Pires, Leila Abramo, Louise Cardoso, Lílian Lemmertz e Carla Camurati. Um trio de respeito compôs a direção: Paulo José, Denise Sarraceni e Walter Campos. As cenas externas foram feitas no Rio Grande do Sul, e Tom Jobim criou todos os temas musicais da série. Nesse mesmo período, a Central Globo de Jornalismo fez uma cobertura completa sobre a doença e o falecimento de Tancredo Neves. Maio foi o mês da estreia de *Armação ilimitada*, uma proposta do Kadu Moliterno e do André De Biase repaginada pelo Daniel Filho e na qual eu apostei. O texto coube a Euclydes Marinho, Nelson Motta, Antonio Calmon e Patrícia Travassos. Foi um sucesso total.

Em julho lançamos o *Festival dos festivais*, realizado pelo Solano Ribeiro, criador do primeiro festival de música brasileira, que foi exibido pela TV Excelsior, e de todos os festivais da TV Record. O maior acontecimento das comemorações foi a novela *Roque Santeiro*. Estávamos almoçando no restaurante da diretoria com os parceiros de sempre, o Armando Nogueira, o João Carlos Magaldi, o Homero Icaza Sánchez, o Borjalo, o Otto Lara Resende, o Daniel Filho e eu. Conversa vai, conversa vem, o Daniel colocou na mesa o assunto novela. Precisávamos de um tema especial para marcar os 20 anos da Globo e estávamos já há algum tempo pesquisando. O Daniel perguntou se alguém teria alguma sugestão, e o Otto matou a charada na hora:

— Vocês têm a novela pronta. Acabou a censura. Por que não fazem a *Roque Santeiro*?

O Daniel largou a sobremesa e já saiu correndo para tocar a produção. O governo José Sarney havia abolido a censura, e tudo o que estava escrito poderia ser aproveitado. Os trinta capítulos gravados não poderiam ser usados porque já estavam anacrônicos e por conta da indisponibilidade do elenco. A Viúva Porcina, que seria interpretada pela Betty Faria, passou para a Regina Duarte; o Roque, que seria o Francisco Cuoco, para o José Wilker; e o Sinhozinho Malta foi para o Lima Duarte, conforme estava previsto inicialmente.

O Daniel recomendou à Regina que desenvolvesse o papel de forma operística, e ela se esbaldou colocando todo seu talento e sua verve na personagem. O Lima Duarte inventou, fora do roteiro, o balançar e o ruído da pulseira, além da postura de cachorrinho submisso do Sinhozinho Malta. O Daniel e eu decidimos fazer um final inspirado no filme *Casablanca*. Para ocultar o último capítulo e despistar a imprensa, gravamos várias opções, mas já tínhamos feito a nossa escolha. O Dias Gomes contou com a colaboração de Aguinaldo Silva e Marcílio Dias, entregando ao Aguinaldo o desenvolvimento da trama, mas não resistiu à tentação e quis escrever os últimos capítulos. Eu tive que administrar essa situação, mas tudo acabou bem.

Roque Santeiro foi a segunda novela de maior audiência da história da televisão, atrás apenas de *Tieta*. No entanto, o capítulo final de *Roque* alcançou 100% de audiência, ou seja, quem estava com a televisão ligada estava na Globo.

63 *CHICO & CAETANO*

Rio de Janeiro (1986)

Ternura e talento em dobro.

A outra inovação de 1986 foi o programa *Chico & Caetano*, com o Chico Buarque e o Caetano Veloso, mais uma proposta do Daniel Filho que eu comprei imediatamente. O Daniel tinha receio de que eu tivesse algum problema com o Chico, mas descartei essa hipótese imediatamente. A vida tem mal-entendidos, e quem não entende isso não entende de vida. Desde que o Chico surgiu na música brasileira, eu me tornei um fã ardoroso dele, com toda a sua coerência ideológica. Por isso aprovei a ideia no ato. Um prazer enorme para mim, pela admiração que sempre tive pelo Chico e pelo Caetano e, é claro, pela música popular brasileira.

O programa, que era escrito pelo Luiz Carlos Maciel e pelo Nelson Motta, estreou em 25 de abril, marcando um importante momento para a TV Globo. Por ali passaram convidados nacionais como Gilberto Gil, Gal Costa e quase todos os cantores e bandas que faziam sucesso na época.

Um fato curioso aconteceu com o Tim Maia, que ensaiou mas não compareceu no dia da gravação. Como já havíamos anunciado a presença dele, o Daniel Filho teve que enxertar cenas do Tim Maia gravadas no ensaio. Entre as atrações internacionais destaco o extraordinário Astor Piazzolla, maestro e compositor que renovou o tango argentino com composições como "Libertango" e "Adiós Nonino". Foi uma de suas raras aparições na televisão brasileira. A cantora Mercedes Sosa, conhecida como "a voz da América Latina" pelas canções de protesto, apresentou-se ao lado de Milton Nascimento em um dos momentos mais emocionantes da série.

Chico & Caetano marcou o retorno do Chico Buarque à TV Globo, depois de relações estremecidas desde o final de seu programa, patrocinado pela Shell, encerrado devido ao término do contrato com o patrocinador. Problemas também ocorreram por causa da censura e por vários mal-entendidos de ambas as partes. Como sou fã absoluto do artista e do ser humano Chico Buarque, esse retorno foi uma alegria para mim. Somando a brilhante presença do Caetano, a realização desse programa foi extremamente gratificante.

Chico & Caetano foi ao ar de abril a dezembro de 1986 com absoluto sucesso de crítica e de audiência.

64 O "X" DO PROBLEMA

Rio de Janeiro
(1986)

Um sucesso
explosivo.

Depois de muitas trocas de apresentadores e em especial com a saída da Marília Gabriela, que era a figura principal do *TV mulher*, a audiência pela manhã entrou em declínio. Ao mesmo tempo, o *Balão Mágico*, devido à dispersão dos integrantes do conjunto Turma do Balão Mágico, também começou a perder competitividade. Examinando os índices de audiência, verifiquei um aumento significativo da TV Manchete naquele horário. Conversando com o Mário Lúcio Vaz, ele me pediu que assistisse a alguns programas da Xuxa. Bastou ver um só para perceber o potencial dela e sua imensa capacidade de comunicação.

A Xuxa havia modificado completamente a maneira como as crianças eram tratadas na televisão. O Maurício Sherman tinha um tremendo olho clínico para descobrir gente nova, e foi ele quem levou a Xuxa para a Manchete. Um acerto total. Pedi, então, que o Mário Lúcio Vaz marcasse um almoço com a Xuxa e me encontrei com ela no restaurante Florentino, no Leblon. Ela veio em um lindo vestido rosa e com um chapéu um pouquinho mais escuro. Eu não a conhecia, mas não resisti à brincadeira:

— Que beleza. Você veio vestida de sorvete de morango.

Ela levou a sério e ameaçou encerrar a conversa. Eu logo disse que era meu jeito de brincar e que ela era tão carismática que eu já me sentia íntimo dela. Funcionou. Em poucos minutos discutimos como seria o programa, prazo e valores do contrato. Estava tudo fechado quando surgiu um problema:

— Boni, eu faço questão de que o programa tenha o meu nome.

Expliquei a ela que desde a saída do Chacrinha havíamos decidido não colocar mais nomes de pessoas em títulos de programas, e que isso não era coisa minha, mas da empresa. Ela argumentou:

— Vocês têm o *Chico Anysio show*.

— Isso é simples, Xuxa. O Chico já tinha esse nome há muito tempo. Desde a TV Rio — respondi.

Não adiantou. Ela encerrou o assunto, almoçamos e saímos do restaurante. Peguei carona no carrão branco dela, e a Xuxa me deixou na Globo. Com aquele sorriso encantador, ela se despediu:

— É uma pena. Pensa melhor... pensa.

Eu queria trazer a Xuxa de qualquer maneira. Fiquei pensando e achei que, se o título fosse alguma coisa criativa, eu poderia mudar as regras. Uma semana depois bolei *Xou da Xuxa*, escrevendo "show" com "x" e "u". Na minha reunião de segunda-feira, testei o nome com os diretores da Central, e todos gostaram. Fui avisar ao Roberto que quebraríamos a nova regra, e ele fez uma observação:

— "Xou" escrito assim tem um inconveniente: estaremos ensinando a escrever português errado.

— Português, não. Inglês errado. "Show" é uma palavra do inglês — respondi.

Ele riu.

— Nessa você me pegou. Faça do jeito que quiser — falou.

Liguei para a Xuxa:

— Você prefere *Xuxa Xou* ou *Xou da Xuxa*, sendo "show" com "x" e "u"?

Ela não me perguntou por que eu estava ligando e nem por que havíamos decidido usar o nome dela. Apenas respondeu:

— *Xou da Xuxa*. Quando eu passo aí para assinar?

Contrato assinado, marcamos a estreia para o dia 30 de junho, de modo que tivéssemos tempo de projetar e construir cenários, desenhar as roupas e encontrar um tema musical, criar logotipo etc. A Xuxa chegou e, como no samba de Noel Rosa, resolvemos o x do problema.

Naquele horário, passamos a ter uma audiência jamais alcançada pela televisão brasileira. Xuxa explodiu no Brasil e no mercado internacional. Teve o programa televisionado em quase toda a América Latina e também nos Estados Unidos. Bateu recordes de venda de discos, e seus produtos vendiam feito água. E, depois do *Xou da Xuxa*, caiu a proibição de usar o nome do apresentador no título de qualquer atração.

Mantenho até hoje uma grande amizade com ela e sou grato pela sua imensa colaboração. Teve sempre comigo um diálogo franco, carinhoso e produtivo. Nunca tivemos qualquer divergência, e, antes de ser a Rainha dos Baixinhos, eu já a considerava a minha rainha.

65 ANTONIO CARLOS JOBIM

Nova York (1987)

O gênio musical do Brasil.

Em 1987, a Globo realizou o especial *Antonio Brasileiro*, gravado em Nova York e no Rio de Janeiro, dirigido pelo Roberto Talma e pelo Luiz Gleiser. Eu assisti ao programa pronto e não gostei. Era mais uma entrevista que um programa. Decidi pela reedição total. Demos ao especial uma linha de condução com princípio, meio e fim. Acabamos com o vaivém entre Nova York e Rio de Janeiro fazendo a primeira parte no exterior e a final no Brasil, ligadas pela passagem majestosa de um urubu-jereba, tão cultuado pelo Tom. O especial ganhou o Emmy Internacional e foi exibido em quase todo o mundo.

Para mim, uma alegria. Sempre tive uma relação especial com o Tom. Almoçávamos frequentemente na Plataforma, tomando um chopinho "pipoca" — aquele que você toma e logo arrebenta outro na sua frente. Como eu gostava de vinho e levava os meus, o Tom fugia às vezes de seus hábitos. Jogava o restinho de chope fora e, chamando o copo de latinha, me pedia vinho:

— Põe um pouquinho aqui na minha latinha.

O Tom morava no Jardim Botânico, perto da Globo, e às vezes me ligavam da portaria:

— O Sr. Tom Jobim está aqui na portaria e quer falar com o senhor.

Eu mandava entrar imediatamente. Ele vinha para tomar um café e bater papo. Ouvir o Tom era tão fascinante que eu até suspendia reuniões para um papo com ele. Um dia me pediu:

— Boni, eu venho aqui sempre. Me dá um crachá para entrar direto.

Eu registrei o Tom e dei um crachá permanente para ele. A casa do Tom ficava no chamado Suvaco do Cristo, bem embaixo da estátua do Sumaré. Ali não pegava nenhum sinal de televisão, e ele queria ver como ficavam no ar os trabalhos que fez na Globo. Instalei de presente uma parabólica na casa dele e dei uma assinatura perpétua.

O Tom, já disse em meu livro anterior, nunca me negou nada. Quando pedi a ele que fizesse a abertura da série *O tempo e o vento*, ele me respondeu:

— A abertura não faço.

Argumentei que a obra do Erico Verissimo era um marco da literatura e da história brasileira e que somente ele poderia fazer essa abertura. Ele abriu um sorriso maroto:

— Você não entendeu. A abertura não faço. Quero fazer a trilha inteira.

O Tom escreveu 11 músicas inéditas para a série, cada uma melhor que a outra. A abertura é antológica.

Várias vezes ele me autorizou a usar composições suas em programas e novelas e até algumas cantadas por ele mesmo. Para a série *Anos dourados*, eu lhe pedi uma abertura inédita, e ele me disse que pediria a letra ao Chico Buarque. Exultei. Ouro sobre azul. Alguns dias antes da estreia da minissérie, o Tom me entregou uma versão sem letra. O Chico não tinha feito no prazo. A abertura musical tinha um solo de piano substituindo a letra, que seria interpretada por algum cantor. Achei que a peça musical estivesse inacabada e disse ao Tom que iria assumir uma abertura instrumental e que no lugar do piano deveríamos colocar cordas. Ele concordou comigo, mas me pediu:

— Deixa um pianinho só na entrada. Tá tão bonitinho.

Eu deixei, e fomos para o ar sem letra mesmo. Na semana seguinte, o Chico entregou a letra, genial por sinal, e substituímos os violinos pela abertura cantada. Lembrar disso me mata de saudade. Depois ele escreveu, a meu pedido, a canção "Luiza" para a novela *Brilhante*. Fez letra e música. A letra descreve um orgasmo como se fosse uma explosão de um brilhante. Na elaboração da letra, ainda no rascunho, faltava um pedaço, e eu pedi ao Tom para dar uma acelerada e terminar o trabalho:

— Está linda demais. Mas me ajuda. Preciso da abertura pronta amanhã.

— Boni, música eu domino, mas em matéria de letra eu sou apenas um amador — retrucou ele.

— Põe isso na letra, sugeri ao Tom.

E cabia quase certinho na melodia. Faltavam duas notas, e eu sugeri "pobre", ficando "pobre amador". O Tom topou e fechou a belíssima "Luiza".

O Tom não era amador em coisa alguma. Era mais que um compositor, arranjador e letrista de mão-cheia. Era filósofo, com uma visão da vida voltada para o amor e a natureza. Culto, lia muito. Era um observador preciso do comportamento humano, que ele via com um olhar certeiro e conciso. Algumas frases dele são inesquecíveis.

A filha Maria Luiza, que ele amava, pegou uma gripe brava e, quando melhorou, o Tom reagiu com esta pérola: "Nem tudo está perdido, Maria Luiza acordou sem febre." Sobre o Brasil, ele criou uma definição que ficará para sempre: "O Brasil não é para principiantes." E outra que dizia: "Nova York é bom, mas ruimmmm. O Brasil é ruim, mas muito bommmmm." A frase tem várias versões, mas o sentido sempre é o mesmo. Sobre sexo, três frases: "Tenho medo de ônibus, de ficar impotente e de comer chocolate"; "Temos que preservar a perfusão dos corpos cavernosos"; e, mais tarde, "Os meus desejos me abandonaram". Quando morreu Vinicius de Moraes, ele não foi ao enterro e saiu-se com esta: "Só agora percebi que somos mortais." Sobre a morte, dizia: "Quando se corta uma árvore, ela renasce em outro lugar. Quando morrer, quero ir para esse lugar onde as árvores vivem em paz."

O Tom se foi em 8 de dezembro de 1994, com 67 anos. Deixou uma obra extensa e de extrema qualidade, reconhecida no mundo inteiro. Se novas produções do Tom fazem falta, sua inteligência e sensibilidade fazem ainda mais. Dói profundamente a perda de um gênio e um ser humano como ele. Eu até hoje não me conformei. Mato as minhas saudades encontrando-me em Nova York com a Ana Jobim e vendo, às vezes, a Maria Luiza Jobim. Em Nova York visito algumas vezes o piano do Tom. Meu apartamento fica no mesmo prédio em que ele morava. Nem preciso pegar o elevador. Os andares são colados, é só pegar a escada. Para mim, Tom é eterno. Jamais sairá da minha vida.

66 QUEM TEM MEDO DA CENSURA?

Brasília (1988)

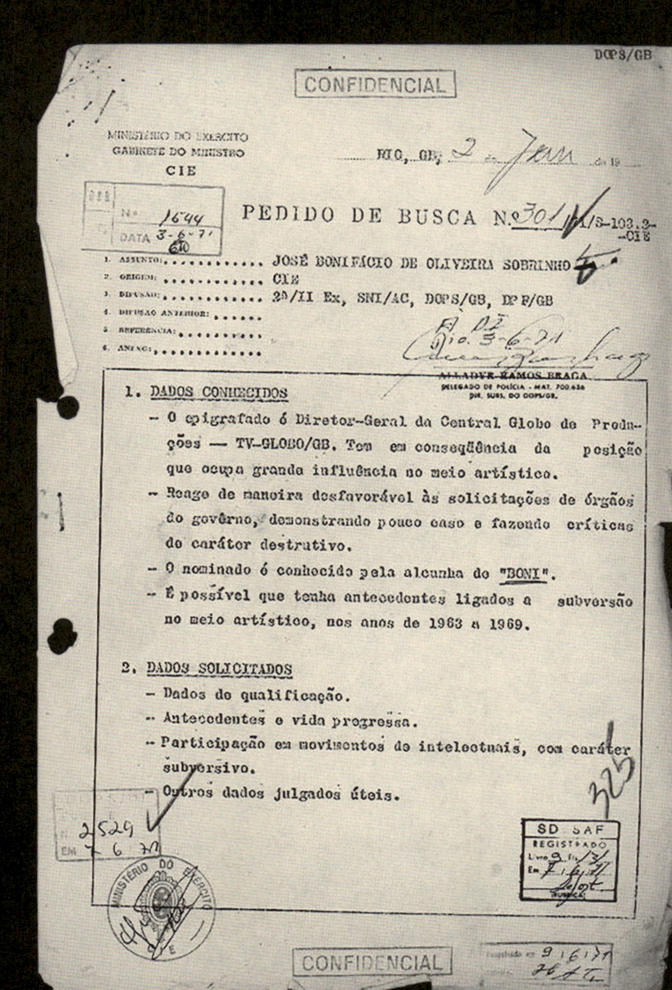

DOPS/GB

CONFIDENCIAL

MINISTÉRIO DO EXÉRCITO
GABINETE DO MINISTRO
CIE

RIO, GB, 2 de Jan de 19

Nº 1644
DATA 3-6-71

PEDIDO DE BUSCA Nº 301/S-103.2-CIE

1. ASSUNTO: .... JOSÉ BONIFÁCIO DE OLIVEIRA SOBRINHO
2. ORIGEM: .... CIE
3. DIFUSÃO: .... 2ª/II Ex, SNI/AC, DOPS/GB, DPF/GB
4. DIFUSÃO ANTERIOR: ......
5. REFERÊNCIA: ....
6. ANEXO: ....

Rio, 3-6-71

ALLADYR RAMOS BRAGA
DELEGADO DE POLÍCIA - MAT. 700.636
DIR. SUBS. DO DOPS/GB.

1. DADOS CONHECIDOS

- O epigrafado é Diretor-Geral da Central Globo de Produções — TV-GLOBO/GB. Tem em conseqüência da posição que ocupa grande influência no meio artístico.
- Reage de maneira desfavorável às solicitações de órgãos do govêrno, demonstrando pouco caso e fazendo críticas de caráter destrutivo.
- O nominado é conhecido pela alcunha de "BONI".
- É possível que tenha antecedentes ligados a subversão no meio artístico, nos anos de 1963 a 1969.

2. DADOS SOLICITADOS

- Dados de qualificação.
- Antecedentes e vida pregressa.
- Participação em movimentos de intelectuais, com caráter subversivo.
- Outros dados julgados úteis.

SD SAF
REGISTRADO

MINISTÉRIO DO EXÉRCITO

CONFIDENCIAL

Convocado para depor no DOPS.

A guerra contra a censura não foi fácil. Fui chamado algumas vezes para prestar esclarecimentos. Em uma das intimações, fui acusado de não cumprir ordens e de rir da censura. Eu não ria da censura, ria daquilo que eles censuravam. Se não fosse a intervenção do Roberto Marinho, talvez eu não tivesse retornado do meu depoimento. Todos vivemos esse drama. Não havia qualquer lógica nessas convocações.

A verdade é que, indistintamente, todos os veículos de comunicação, incluídos jornais, revistas, rádio e televisão, apoiaram o golpe de 1964. Os Diários Associados, *O Estado de S. Paulo*, a *Folha de S.Paulo*, o *Jornal do Brasil* e *O Globo* apoiaram. A TV Globo não existia.

Assustados com os discursos estatizantes dos ministros de Jango (João Goulart), todos foram a favor dos militares, pois queriam assegurar a continuação dos seus negócios. A exceção foi a TV Excelsior, montada a fundo perdido para defender os interesses de Goulart e Wallace Simonsen. O diabo é que os veículos de comunicação não imaginavam que a ditadura militar iria durar 20 anos.

Nessa época, a TV Globo estava com os estúdios em fase de conclusão e os equipamentos encaixotados. Só foi inaugurada em 1965 e nasceu vítima, não beneficiária, como insistem alguns. Nenhum veículo foi mais censurado que a TV Globo. Sobrevivemos graças à competência da nossa equipe, apesar dos pesares. E ninguém pode punir a competência. A TV Globo contratou profissionais de televisão e artistas olhando para a qualidade deles e nunca para eventuais posicionamentos políticos. Lá estavam Dias Gomes,

Ferreira Gullar, Dori Caymmi, Walter Avancini, Walter George Durst e centenas de atrizes e atores militantes da esquerda. Os jornalistas da TV Globo eram livres para expressar suas ideias, obviamente sempre que conseguiam ludibriar os censores que habitavam os corredores da empresa.

Quando recebíamos uma proibição taxativa, apelávamos para matérias do exterior, assim como a imprensa apelava para poesias e outros recursos para preencher o espaço censurado. Perdemos várias batalhas, mas lutamos sempre até o final. Para evitar uma cassação, éramos obrigados a ter cuidados maiores, mas, em contrapartida, a empresa decidiu crescer sem pedir e sem aceitar qualquer favor.

A TV Globo recebeu sua primeira concessão do governo Getúlio Vargas, que acabou cassando o canal concedido, somente recuperado no governo Juscelino Kubitschek. A TV Globo, leia-se Roberto Marinho, não recebeu mais nenhuma geradora. Teve que montar sua rede comprando emissoras falidas. E isso quando o Time-Life já havia abandonado o acordo e retirado o dinheiro do investimento inicial, conforme relatado no capítulo 24, "O nascimento da Globo".

A TV Globo nunca recebeu favores ou proteção. Foi implantada com verbas advindas da publicidade de agências e anunciantes e da venda de seus produtos. Tivemos novelas, jornais, humorísticos e projetos censurados, mas não tivemos medo. Levamos pancada dos militares, que nos consideravam um bando de comunistas infiltrados na empresa, e levamos pancada da esquerda, que nos imaginava a serviço da ditadura.

O que fizemos foi manter viva a comunicação com o público por meio de uma luta permanente em todos os gêneros de nossa produção. Íamos com frequência a Brasília para discutir critérios e negociar a liberação de matérias jornalísticas, novelas e shows. Houve uma época em que o meu amigo Ricardo Cravo Albin teve que se mudar para Brasília e ficar lá por um período, enfrentando os censores na linha de frente.

Perdas irreparáveis e algumas vitórias nos permitiram caminhar mesmo com percalços. A novela *Selva de pedra* foi ao ar mutilada, e Janete Clair teve que se reinventar para manter o produto no ar. *Cavalo de aço*, uma das melhores obras do Walter Negrão, teve a trama destruída. O *Jornal nacional*, que jamais foi diário oficial da ditadura, enfrentava uma luta diária, palavra por palavra, imagem por imagem. Aliás, o *JN* nem poderia ter sido arauto da revolução, pois somente foi ao ar cinco anos depois do golpe. Foi perseguido, isso, sim.

A novela *Roque Santeiro* foi proibida na íntegra sem que houvesse qualquer motivo para isso. A história de Dias Gomes era baseada no texto *O berço do herói*, que narra a história de um desertor militar, mas o Dias havia suprimido qualquer relação com o original. *Roque Santeiro* foi vetada, e sua exibição, proibida em todos os horários. É fantasiosa a hipótese de que o Roberto decidiu não exibir a novela mais tarde; ele nunca interferiu na programação. Somente dez anos depois pudemos produzir e transmitir a novela.

Em 1977, *Despedida de casado*, de Walter George Durst, também foi totalmente vetada. Interferências em *Vale tudo* e *Guerra dos sexos* quase impediram essas novelas de seguir seus caminhos.

A Dercy Gonçalves foi proibida sem nenhum motivo real. O Chacrinha chegou a ser preso. Em *O bem-amado*, tive que cortar as falas dos personagens toda vez que alguém se referia a "coroné", mesmo eu explicando que era "coroné" do sertão. Para esconder as pernas das bailarinas em um especial do Roberto Carlos, um censor militar quis substituir a cena por uma fotografia do cantor. O Borjalo, que negociava com ele, não hesitou: "Parabéns, coronel. O senhor acabou de inventar o rádio."

Para se ter uma ideia do trabalho que dava a censura prévia de novelas, a censura federal exigia que mantivéssemos um adiantamento de vinte capítulos em relação ao que seria exibido naquele dia. Além de sermos obrigados a adiantar a produção, a avaliação da reação do público custava uma fortuna com os chamados grupos de discussão, que eram convocados para acompanhar as novelas antes de irem ao ar.

Em uma edição do *JN*, e já contei isso, um censor chegou atrasado, e o telejornal já estava no ar. O censor quis saber como ele faria para censurar, e o Armando, tranquilo, mostrou um botão no switcher e disse:

— Quando não concordar, é só apertar ali.

O censor, atônito, não tocou no botão de corte. Em outra edição, o general Newton Cruz, ao final do *JN*, determinou o fechamento da Globo, ordenando que nossos transmissores fossem lacrados imediatamente. Um sufoco. Mas o Roberto Marinho conseguiu contornar a situação.

Na verdade, a negociação era contínua. Tanto que houve época em que havia um representante permanente da censura na Globo, chamado Edgard Ericssen. E nós, cansados de não conseguir entender os critérios, tivemos que usar censores civis, aposentados, para nos orientar sobre o que fazer para driblar a censura.

Desde 1985, na prática, o procedimento de exame prévio se encerrou por determinação do presidente Sarney. Mas a extinção oficial da censura se deu em 3 de dezembro de 1988.

Passei anos trabalhando dobrado. Tínhamos que criar, produzir, contornar a censura e ainda entregar novelas e programas com antecedência brutal, como relatei. Por nos livrar não só da censura, mas também da carga de trabalho, o meu agradecimento ao presidente Sarney. Eu seria injusto se não reconhecesse que haviam militares abertos ao diálogo e que entendiam que algumas atitudes radicais acabavam muitas vezes prejudicando a própria imagem do governo. Ou seja, houve de tudo. O inferno de Dante.

67 "NAVEGAR É PRECISO"

Rio de Janeiro (1988)

O grupo *Casseta & planeta* renova o humor na TV.

Fernando Pessoa reafirma o sentido da frase grega "Navegar é preciso" dizendo em seu poema: "Viver não é necessário; o que é necessário é criar." Eu, desde o dia em que entrei na Globo, estabeleci que nossa meta era a criação constante e que no mínimo uma novidade teríamos que ter a cada ano. Liberei também as equipes para que, no processo de tentativa e acerto, não tivessem medo do erro. Mas também deixei claro que os erros operacionais teriam tolerância zero.

Quando o Jô Soares nos deixou e foi para o SBT, passamos a buscar um substituto no gênero humorístico. A pesquisa se tornou intensa. Procurando referências em um show de teatro, assisti a um espetáculo dos grupos Casseta Popular e O Planeta Diário. Imediatamente mandei chamá-los para estudar um contrato. O Sérgio Mata, da *Gazeta Mercantil*, me enviou um piloto do programa *Wanderleison show*, gravado na TV Bandeirantes. O material reforçou meu interesse, e eu os contratei.

Pensava em aproveitá-los no ar, como autores e atores, imediatamente. No entanto, o Daniel Filho, acertadamente, ponderou que seria um risco e haveria necessidade de preparar a turma para um trabalho contínuo. O Daniel pediu então um projeto ao Guel Arraes, e assim, em 1988, nasceu o *TV pirata*. O Guel reuniu um elenco extraordinário de atores, e o programa inovou mais uma vez o humor na televisão, elevando o texto e as interpretações a um novo patamar. Lá estavam Ney Latorraca, Cláudia Raia, Marco Nanini, Diogo Vilela, Débora Bloch, Guilherme Karan, Louise

Cardoso, Luiz Fernando Guimarães, Maria Zilda e a minha amiga querida Regina Casé.

O TV *pirata*, com texto de Cláudio Paiva, Luis Fernando Verissimo, Pedro Cardoso e o pessoal do Casseta e do Planeta, fez uma abordagem nova do humor e explodiu de audiência. Era para ficar um ano, apenas como um programa de transição, mas durou quase quatro. E daria para ir em frente se não fosse essa nossa mania de inovar.

Em 1991, já com o nome *Casseta & planeta*, a equipe produziu, e os autores passaram a atuar no programa *Doris para maiores*, confirmando a ideia inicial de que eles poderiam ter seu próprio show. Em 1992, Bussunda, Cláudio Manoel, Marcelo Madureira, Helio de la Peña, Hubert Aranha e Reinaldo Figueiredo, além de fazer os textos, passaram a ser os atores da nova atração, *Casseta & planeta, urgente!*. Em 1994 a Maria Paula entrou para reforçar o time e trazer uma participação feminina.

Como o *Faça humor, não faça guerra* e o TV *pirata*, o programa *Casseta & planeta* marcou mais uma etapa na evolução do humor na televisão brasileira. A política no Brasil, repetitiva que é, produz poucos fatos. Por isso, decidi desde o início que o programa seria mensal. No fim de 1998, depois que saí da Globo, resolveram fazer o *Casseta & planeta* semanalmente e, o pior, com trinta minutos de duração, acabando com a importância do programa, que era mensal, e promovendo um desgaste na qualidade do texto. Uma pena.

Em 2006, a perda do Bussunda, aos 43 anos, mexeu com o ânimo de todos os integrantes do grupo, e talvez esse sentimento de tristeza tenha contaminado toda a produção. O brilho e a garra da turma já não eram os mesmos, pois o Bussunda, além de ser o astro do programa, levava ao grupo uma alegria contagiante. De qualquer forma, o programa durou até o final de 2012. O *Casseta & planeta* deixou saudade e será sempre lembrado como um dos mais importantes e ousados momentos da nossa televisão. Vamos em frente. "Navegar é preciso."

68 **FAUSTO** SILVA

Rio de Janeiro (1989)

Faustão derrota Silvio Santos.

Fausto Silva, o Faustão, tem o DNA do rádio brasileiro, que formou os mais competentes e dedicados profissionais de comunicação deste país. Começou no interior de São Paulo, em 1964, na Rádio Centenário de Araras, com apenas 14 anos. Gente de rádio não nega fogo. Faustão passou pela Rádio Cultura de Campinas, onde ficou cinco anos. Em 1970, aos 20 anos, já era apresentador e editor do *Jornal da noite* na Rádio Record de São Paulo. Especializou-se em esportes e foi repórter de campo da Rádio Jovem Pan e repórter esportivo do jornal *O Estado de S. Paulo*. Em 1977, foi convidado para integrar o time de esportes de Osmar Santos na Rádio Globo de São Paulo.

O Francisco Abreu, diretor da rádio, abriu um horário para o Osmar na Rádio Excelsior para um programa chamado *Balancê*, no qual o Fausto começou a se destacar. Pouco tempo depois, o Osmar Santos deixou o programa, e o Fausto assumiu o comando. Amigo de todo mundo do meio artístico e também da área política, ele deitou e rolou no *Balancê*. O sucesso foi tão grande que, do estúdio, o programa teve que passar para um auditório. Surgia aí um dos maiores apresentadores do rádio e da televisão do Brasil.

Em 1984, o Fausto foi para a televisão, apresentando na TV Bandeirantes o inusitado *Perdidos na noite*, um programa fora de série que surpreendeu com um excelente resultado de audiência. O empresário Marcos Lázaro insistiu várias vezes para que eu o levasse para a Globo, mas eu não conhecia o Fausto pessoalmente e não sabia se ele toparia mudar o formato do *Perdidos*, absolutamente incompatível com a linha da Globo. Finalmente nos conhecemos, e a primeira coisa que ele me disse foi:

— Sou um profissional. Se eu acreditar, faço o que tiver que fazer.

Foi o suficiente para contratá-lo. Trabalhamos juntos para definir o formato e dar ao Fausto uma "cara" de Globo sem prejudicar a irreverência e a liberdade dele. Convoquei todo mundo para pensar. Os quadros do programa foram definidos, e o Hans Donner fez uma abertura genial. Eu participei de todos os detalhes e criei a campanha publicitária de lançamento do *Domingão do Faustão* na televisão, jornais, rádio e cartazes de rua. No primeiro programa, o Fausto Silva já bateu o Silvio Santos, uma proeza, pois o carisma e a competência do Silvio são indiscutíveis.

Além da audiência, o Fausto se tornou um dos maiores faturamentos da TV Globo. Nossa relação de amizade se estreitou, e eu pude conhecer o Fausto Silva pleno de humanidade, respeitoso com todos os artistas e especialista em distribuir afeto. Reunia na casa dele, para a famosa pizza, pessoas como Dercy Gonçalves, Hebe Camargo e Nair Belo. Fausto convocava para essas reuniões os profissionais do rádio mais antigos e publicitários da nova geração. O objetivo era sempre reconhecer o talento e agradecer o que fizeram e fazem pela arte radiofônica e televisiva.

O volume da sensibilidade e do carinho do Faustão é tão grande que não há cirurgia bariátrica que resolva. Ninguém que eu conheça no nosso meio tem um peso maior que o Fausto em gratidão e generosidade.

Vimos isso recentemente, quando o Fausto teve que se submeter a um transplante de coração. Durante todo o processo e depois do êxito da cirurgia, ele não poupou agradecimentos aos médicos, aos amigos e especialmente à família do doador. Fausto é Faustão mesmo.

69 CAÇA AOS MARAJÁS

Rio de Janeiro (1989)

Tereza Rachel e Tato Gabus Mendes em *Que rei sou eu?*.

Desde 1975 o Cassiano Gabus Mendes vinha insistindo para que a Globo produzisse um humorístico de capa e espada no horário das sete da noite. No início, pensei que ele queria mesmo fazer uma aventura, no estilo *O capitão Blood*, com o Errol Flynn. Eu nunca toparia. Mas ele me explicou que seria um humorístico, uma sátira ao regime brasileiro. A novela *Roque Santeiro*, que não tinha nada disso, havia sido censurada, e eu pedi ao Cassiano para esquecer essa ideia. Em 1985, com a queda das exigências de censura prévia, nós tivemos finalmente a oportunidade de produzir a novela do Dias Gomes. Assim que *Roque Santeiro* foi ao ar, liguei para o Cassiano:

— Agora podemos ir com o *Que rei sou eu?*.

Ele estava escrevendo a sinopse de *Brega & chique* e me pediu:

— Tinha me esquecido disso. Já estou mergulhado na minha nova novela. Não dá para mudar a cabeça de uma hora para outra. Além do mais, tenho que rever e atualizar o *Que rei sou eu?*.

Realmente *Brega & chique* já estava escalada e não dava mais para mudar tudo. Fomos mesmo de *Brega & chique*, que fez um sucesso danado. Quando a Constituição foi promulgada, em 5 de outubro de 1988, o Cassiano me ligou:

— Saiu do forno!

Eu pensei que ele falava da nova Carta brasileira.

— Pois é. Finalmente temos uma Constituição democrática.

— Estou falando do *Que rei sou eu?*. Está prontinho! Vamos fazer? — respondeu ele, rindo.

— Vamos. Está engavetada há muito tempo.

— Preciso da sua amiga Dercy Gonçalves. Fala com ela. A Dercy não vai negar um pedido teu — disse o Cassiano.

A Dercy topou na hora. Pensei em um rap para a abertura, então eu mesmo escrevi a letra do "Rap do rei". Eu e o Hans Donner pensamos imediatamente nas imagens lembrando a Revolução Francesa. *Que rei sou eu?* estreou em 16 de setembro de 1989 e mudou inteiramente a cara do gênero, aumentando a longevidade das telenovelas. Riam as pessoas em casa, ria o elenco quando gravava, e riam todos no estúdio. A novela era uma risada só, do começo ao fim, diariamente.

Os números de audiência aumentaram significativamente. O Cassiano criou a expressão "marajás" para os ricaços corruptos da novela, e não se sabe de fato, mas parece que foi da novela que o Fernando Collor tirou a expressão de sua campanha "caça aos marajás".

O fato é que, mesmo sem qualquer intenção, a novela do Cassiano acabou ajudando o candidato Fernando Collor de Mello. O primeiro turno das eleições de 1989 ficou entre Collor e Lula. O debate do segundo turno foi realizado nos estúdios da TV Bandeirantes com transmissão em rede pela Globo, pelo SBT e pela Manchete.

O Roberto Marinho não fazia campanha aberta para o Collor, mas tinha simpatia por ele pelo fato de ser jovem, por fazer um discurso de abertura do mercado e por ter uma posição contra a corrupção. Foi por isso que o Roberto me pediu uma reunião com a Zélia Cardoso, que queria uma ajuda para orientar o Collor a como se apresentar.

Fizemos a reunião, com a participação do Miguel Pires Gonçalves, e dei algumas recomendações. A primeira foi soltar a gravata do Collor, sempre empertigada, desalinhando também o cabelo. Recomendei que o Collor não mencionasse o Lula pelo nome, por ser curto, forte e popular. Sugeri que usasse "o outro candidato". Pedi para reunir em uma pasta tudo o que fosse útil na defesa do Collor e no ataque ao outro candidato. Enfim, pequenas recomendações formais, típicas de um diretor de cena, mas que nunca mexeriam no conteúdo do candidato, portanto absolutamente legítimas.

O Collor insiste que isso não aconteceu, mas a Zélia e o Miguel são testemunhas. Eu não fui ao debate da Bandeirantes, mas minhas recomendações foram seguidas à risca. É só ver a gravação. O conteúdo, é claro, sempre o dele e de seus assessores, e de mais ninguém. E também é verdade que o Collor foi melhor no debate. A ajuda estética não teria nem teve o poder de decidir a qualidade do desempenho dele, o Lula é que não estava nos seus momentos mais brilhantes. Assim, as pesquisas confirmaram a vitória do Collor no debate.

O problema aconteceu depois. No jornal *Hoje*, a edição mostrou um debate equilibrado, sem vitória, o que não correspondia à realidade e favorecia o Lula. O Roberto Marinho ordenou ao jornalismo da Globo que corrigisse o erro. O que ocorreu foi que o editor foi mais realista que o rei.

Era um sábado, e o Armando Nogueira estava comigo em Angra. Levamos um susto quando vimos a distorção da edição no *JN*, favorecendo o Collor. O Armando chamou o editor e reclamou:

— O Collor ganhou. Tá bem. Mas foi de dois a um, e não de três a zero. Vocês erraram!

Isso irritou o Roberto. De qualquer forma, a edição do *JN* deu uma audiência menor que a audiência das emissoras da rede somadas, portanto não foi decisiva para a vitória do Collor no segundo turno. Mas o episódio deixou sequelas, e aprendemos todos que não se pode editar um debate tentando condensá-lo. Nunca irá espelhar a realidade. O bom é que a Globo reconheceu o erro e adotou medidas para evitar futuros equívocos. O melancólico fim dessa história é que o Roberto Marinho jamais perdoou o Armando Nogueira, que teve a coragem de contestar a ordem dada para a edição que foi ao ar no *JN*.

70 **A GLOBO 90** É NOTA 100

Rio de Janeiro (1989)

Lucas Mendes apresenta *Manhattan Connection* com Caio Blinder, Nelson Motta e Paulo Francis.

Com certeza a era de ouro da TV Globo foi a década de 1980. Por isso, em dezembro de 1989, lançamos uma vinheta de fim de ano em comemoração aos 25 anos da Globo com o tema: "Não tem pra ninguém, a Globo 90 é nota 100!" Para se ter uma ideia do tamanho do elenco, mais de trezentos artistas de primeira linha participaram desse vídeo. A mensagem era tão importante que até o clássico "A festa é sua" só foi lembrado nos acordes finais. Em 1989, a Globo havia alcançado um total de cem emissoras no Brasil, incluindo as próprias e as afiliadas. Atingimos também uma audiência recorde na história da televisão internacional. Em todos os horários, sete a cada dez televisores ligados estavam na Globo. Com isso, conquistamos 75% das verbas publicitárias brasileiras destinadas à TV e passamos a ser a quarta maior rede do ramo no mundo.

Logo no começo do ano de 1990, a novela *Rainha da sucata* tomou conta do Brasil. A Globo inovou nessa década com atrações como *Barriga de aluguel*, *Vamp*, *Mulheres de areia*, *Pedra sobre pedra*, *Renascer* e *O rei do gado*. Também fazem parte do período o seriado *Mulher*, com Eva Wilma e Patricia Pillar, e o retumbante sucesso *Sai de baixo*, do Daniel Filho e Luiz Gustavo, que resgatou as comédias de situação gravadas com plateia. Além disso, especiais de *Destino* sobre a vida de Euclides da Cunha e *Anos rebeldes*, do Gilberto Braga, ganharam destaque. Foi também na mesma época que começou a televisão por assinatura no país.

Em 1991, o Joe Wallach, que já havia deixado a Globo, propôs ao Roberto Marinho a criação de um serviço para assinantes via satélite. Eu fui convidado a entrar para a sociedade da empresa em igualdade de condições com os demais sócios, e assim o Roberto Marinho, o Joe Wallach e eu fundamos a Globosat. Inicialmente eram quatro canais, e eu defini o tipo de atividade e dei os nomes para cada um: o GNT — GloboNews Television —, com programas e documentários da BBC e de outros canais de notícias; o Multishow, com shows internacionais e alguns eventos sediados no Brasil; o Telecine, com filmes inéditos; e o Top Sport, que cobria o esporte mundial e depois passou a ser denominado SporTV. O atrevimento é que eram quatro canais, 24 horas por dia, e não tínhamos rigorosamente nenhum assinante.

Em 1992, eu criei e lancei o primeiro programa interativo da televisão brasileira e mundial, o *Você decide*, ousadia que será relatada no próximo capítulo.

Os canais foram evoluindo e, em 1993, pensei em fazer um programa brasileiro diretamente de Nova York, produzido pela sucursal da Globo. Almocei com o Paulo Francis e o convidei para formatar o programa. O Francis topou na hora, mas fez uma exigência:

— Boni, eu não me dou com o Paulo Henrique Amorim. Só faço se for uma produção independente.

O Francis me recomendou o Lucas Mendes, com quem ele adoraria trabalhar, e eu pedi ao Luiz Gleiser, meu programador na GNT, que o procurasse. O Lucas tinha o formato pronto e tinha até o nome: *Manhattan Connection*. Foi assim que nasceu o melhor programa político já feito até hoje na nossa televisão. Na atração, participaram jornalistas do calibre de Paulo Francis, Nelson Motta, Caio Blinder, Pedro Andrade, Ricardo Amorim e o brilhante Diogo Mainardi, que foi uma indicação minha, mesmo eu não estando mais na Globo. O programa foi transferido para a Globo-News e durou bastante tempo, mas, lamentavelmente, saiu do ar.

A GloboNews foi lançada em 1996 por iniciativa do Roberto Irineu, sob a responsabilidade do Evandro Carlos de Andrade, diretor de jornalismo da TV Globo na época. A Alice-Maria, diretora principal do jornalismo no tempo do Armando Nogueira, foi convocada para dirigir a nova emissora. Ela fez a triagem dos apresentadores e montou a programação com o Evandro, mas todos os detalhes foram aprovados por mim. O primeiro "slogan" do canal também foi criado por mim: "A vida real em tempo real". Percebendo que o caminho de distribuição de conteúdo via satélite seria lento e enfrentaria limitações no futuro, o Roberto Irineu resolveu, acertadamente, investir no modelo a cabo. Foi necessário um volume imenso de dinheiro, e eu e Joe, que não tínhamos o capital necessário, fomos tão diluídos na sociedade que não valeria mais participar da Globosat. Entendemos e saímos.

Nos anos 1990, também comecei a trabalhar para fortalecer os núcleos, pois planejava abrir várias produtoras independentes, mas que teriam a Globo como sócia. Seria uma forma de ter múltiplos sucessores para o meu cargo em vez de apenas um. Ou seja, um modelo híbrido, semelhante ao praticado nos Estados Unidos, mas com a vantagem de ter os criadores e o elenco controlados pela Globo enquanto os melhores núcleos virariam empresas prestadoras de serviço. Não deu tempo.

71 VOCÊ DECIDE

Rio de Janeiro (1992)

Os diversos apresentadores do programa *Você decide.*

Com o extraordinário sucesso de *Que rei sou eu?*, o Daniel Filho me propôs ousar mais uma vez no gênero novela e me apareceu com a sinopse de *Rainha da sucata*, em que Regina Duarte deu um show total e Silvio de Abreu mais uma vez inovou no tema e no texto. Conseguimos liberar da censura a novela *Barriga de aluguel*, da Glória Perez, e esse foi outro momento importante.

Em 1990, a Globo completou 25 anos, e apostamos mais uma vez no novo. A novela *Vamp* mexeu com o público e bateu recordes de audiência. Outro sucesso foi o *Escolinha do professor Raimundo*, que passou a ser exibido em capítulos diários. O grande evento do ano, no entanto, foi mesmo a Copa do Mundo na Itália.

Devido ao Plano Collor, nós ficamos sem dinheiro no caixa, e a Globo teve que enviar uma equipe reduzida, com cerca de trinta pessoas. O Brasil de Lazaroni também não se saiu bem, sendo eliminado nas quartas de final, e a Alemanha foi campeã com um time histórico.

Na Globo, continuamos tocando o barco. Nos anos 1990, o empresário e produtor de televisão Uajdi Moreira apresentou algumas ideias de interatividade ligando o telefone à televisão. Fizemos com a plataforma dele a votação no desfile das escolas de samba e perguntas-relâmpago na ida para os intervalos comerciais do *Fantástico*. Era o ensaio da interatividade na televisão.

Em 1992 eu tive a ideia de usar a intervenção dos telespectadores na dramaturgia e criei o *Você decide*, usando os recursos da época para receber telefonemas que iriam mudando gradativamente o curso da história narrada em cada capítulo. Ao fim de cada bloco era feita uma pergunta ao público, e as respostas determinavam como o episódio iria continuar. Montei o formato e entreguei ao Mário Lúcio Vaz a realização do programa.

Foi um tiro de canhão que ecoou em todo o mundo. O formato foi vendido para vários países, e até a BBC comprou a ideia e realizou a própria versão do *Você decide*. No Brasil, o programa ficou no ar por oito anos e teve mais de trezentos capítulos. O primeiro apresentador foi o Antonio Fagundes, seguido de nomes como Tony Ramos, Lima Duarte e Walmor Chagas. Os diretores que mais atuaram foram o Herval Rossano, o Paulo José e o Roberto Talma.

O importante do *Você decide* é que cada enredo era fechado em um capítulo e não tinha continuidade. Outro detalhe importante é que o final era claro e não deixava dúvidas quanto à decisão do público. Durante anos foi assim, mas recebíamos muitas reclamações de que deveria haver uma terceira opção, e em 1998, em vez de votar "sim" ou "não", o telespectador poderia escolher três caminhos diferentes. De qualquer forma, o programa não tinha como ser reprisado, pois a surpresa final já estava revelada.

Mesmo assim, erroneamente, tentaram colocar o programa no *Vale a pena ver de novo*, e, como não poderia deixar de ser, a estratégia não funcionou. O *Você decide* foi o primeiro programa de dramaturgia na televisão mundial a ser feito de forma interativa. Uma invenção genuinamente brasileira curtida internacionalmente.

72 ESTÚDIOS GLOBO

Jacarepaguá, Rio de Janeiro (1995)

Roberto Marinho inaugura os Estúdios Globo

Em 1969, quando já tínhamos unificado toda a programação de rede, ocorreu o incêndio de São Paulo, onde na época tínhamos apenas dois estúdios improvisados e um auditório. Em um dos estúdios produzíamos o jornalismo local; no outro, uma novela de rede, mas com o elenco paulista; e no auditório acontecia o *Programa Silvio Santos*. Essa produção em São Paulo era menor do que a Globo produz atualmente em seus estúdios paulistas. Mas a programação, como comentei antes, já era totalmente em rede, transmitida via micro-ondas entre Rio e São Paulo e com tráfego de videoteipe para o restante do Brasil.

Com o incêndio ocorrido em São Paulo, tivemos que transferir a novela que estava sendo produzida lá para as instalações superlotadas do Rio de Janeiro. O Daniel Filho se prontificou a apertar tudo, e, para multiplicar o uso dos estúdios, alugávamos uma frota de caminhões nos quais dormiam os cenários de uma novela enquanto se gravava outra.

Depois do incêndio de 1969, na primeira reunião do comitê executivo, registrei em ata que essa situação não poderia perdurar e nosso objetivo mais importante para garantir a longevidade da Globo seria manter e ampliar a produção de conteúdo. Para isso teríamos que ter estúdios adequados e criar um centro de produção em outro local. Na ata o assunto ficou claramente registrado, mas, como sempre, muitas coisas "não saem do papel". Assim, o meu alerta ficou esquecido até 1978, quando o Roberto Irineu Marinho chegou à Globo. Em 1980, lendo, por curiosidade e para se informar, as atas do início da Globo, o Roberto Irineu acabou encontrando o velho documento. Ele me procurou e disse:

— Li suas reclamações em uma ata de 1969. Você tem razão. Vamos ter que fazer um centro de produção.

Inicialmente o Adilson Pontes Malta ficou encarregado do projeto. Ele desenvolveu todo o conceito que foi usado. Parte da obra civil sofreu mudanças determinadas pelo projeto arquitetônico, mas o que foi proposto pelo Adilson foi preservado, bem como toda a especificação tecnológica feita pela Central Globo de Engenharia sob o comando dele.

Não foi fácil encontrar um local para construir os estúdios, ter área suficiente para expandir o projeto e montar as cidades cenográficas. Se isso foi difícil, pior foi vencer a resistência inicial do Roberto Marinho, preocupado com os custos do ambicioso projeto. Acabamos encontrando o terreno ideal. O Miguel Pires Gonçalves, entusiasta dos novos estúdios, deu início à terraplanagem sem consultar o Roberto Marinho, e por isso quase foi demitido. O projeto só foi adiante por decisão e vontade exclusiva do Roberto Irineu.

O nome de trabalho era Projac, a abreviatura de Projeto Jacarepaguá, nome feio e que me lembrava o seriado *Kojak*. Durante a construção e para uso interno, tudo bem. Para uso externo, eu quis mudar para algo mais charmoso e popular, mas não quiseram. Agora, finalmente, virou Estúdios Globo. Antes tarde do que nunca.

Superando todos os percalços, o parque de produção da Globo foi inaugurado, com grande gala, em 2 de outubro de 1995. Havíamos passado trinta anos de aflição produzindo os maiores sucessos da televisão brasileira em estúdios inadequados. Dali em diante era só festejar.

No dia da inauguração, o Roberto Irineu me entregou a claquete da primeira cena a ser gravada, e eu a entreguei ao Roberto Marinho. Uma gentileza do Roberto Irineu comigo e um reconhecimento pelo qual fiquei muito grato. Como relatei em *O livro do Boni*, o Roberto Marinho bateu a claquete ao som de "*Nessun dorma*", sua ária preferida da ópera *Turandot*, de Giacomo Puccini.

Os Estúdios Globo, reivindicados por mim em 1969 e concluídos três anos antes de eu deixar a empresa, garantem hoje a hegemonia de produção da Globo não só para a televisão aberta, mas também para a plataforma de streaming Globoplay.

O prefeito do Projac, que deu uma imensa contribuição para que o local criasse vida, foi o Edson Pimentel, apaixonado por essa realização da Globo e também o profissional que conduziu ao sucesso a Globo Filmes.

O que se chama Estúdios Globo é muito mais que um avançado complexo de produção. É um posicionamento estratégico para assegurar vida longa ao Grupo Globo. A tecnologia avança aos saltos, mas, independentemente do rumo que ela poderá tomar, a capacidade de produzir conteúdo é uma garantia de futuro. Não importa se será para a televisão aberta, para o streaming ou para o que der e vier.

73 TEM GENTE QUE É SHOW

Rio de Janeiro e São Paulo (1967)

Sandra Bréa e Luís Carlos Miele em *Sandra & Miele*

A tradução da palavra inglesa *show* é "mostrar." Mas, no mundo do entretenimento, ela passou a significar "espetáculo". A televisão brasileira produziu muitos shows espetaculares. Na Globo, Sandra e Miele foi um dos primeiros. Agildo Ribeiro foi o Mister Show e explodiu em audiência com seu convidado Topo Gigio. Roberto Carlos sempre é um show. A estrelíssima Betty Faria iluminou os terreiros no *Brasil pandeiro*, e a Claudia Raia prendeu toda a audiência em *Não fuja da raia*. A Xuxa foi um "xou". Foram shows inesquecíveis o *Chico Anysio show*, o *Jô show* e muitos outros. Neste capítulo, quero homenagear aqueles que trabalham comigo desde 1967.

Os especialistas em variedades são raros. Precisam ter um ritmo diferente, gostar de música e dança, ser humoristas, românticos ou dramáticos. Nada fácil. Entre autores, diretores, músicos, cenógrafos, figurinistas, coreógrafos, atores e atrizes, iluminadores e editores, tivemos na Globo gente da melhor qualidade. São tantos que neste capítulo sou obrigado a apontar apenas alguns. Eles foram importantíssimos para a construção de uma televisão de qualidade, eclética, alegre e feliz.

O Augusto César Vannucci era um ser humano doce, amoroso e disposto à luta. Estava na TV Globo desde 1965. O Walter Clark me sugeriu que o aproveitasse como diretor. Com disposição para aprender, ele foi o primeiro na Globo a seguir as regras internacionais de ciclo de produção. Antes de um programa ir ao ar, outro já estava sendo produzido, sempre mantendo uma antecipação. Tudo escrito, produzido e acionado.

O Augusto, pode-se dizer, foi o responsável pela implantação da linha de shows da Globo. Dos programas *Oh, que delícia de show*, *Alô Brasil, aquele abraço*, *Fantástico*, *Faça humor, não faça guerra*, *Viva o gordo* e *Globo de ouro* ao premiado *Vinicius para crianças*, com passagem pelo *Roberto Carlos especial* e pelos festivais de música popular, fez história e criou bases para a produção profissional na televisão brasileira.

Filho do Manoel de Nóbrega, o Carlos Alberto de Nóbrega aprendeu com ele a arte do humor e da dignidade. Pai e filho são responsáveis pela descoberta de inúmeros talentos e mantiveram vivo o mercado de trabalho de centenas de profissionais. Sem eles talvez o humor tradicional brasileiro já não existisse mais. Além do trabalho no *Praça da alegria* como autor, diretor e apresentador, o Carlos Alberto foi responsável pelo melhor momento de *Os trapalhões* na Globo. Sou fã absoluto do Carlos Alberto, não só pela brilhante carreira profissional, mas pelo caráter pessoal e pela maneira como trata toda a equipe e os amigos.

O Geraldo Casé, filho do pioneiro do rádio Ademar Casé e pai da Regina Casé, despontou na TV Rio dirigindo *Noite de gala*. Na Globo, foi um batalhador e um dos responsáveis pela conquista do mercado de audiência de São Paulo, quando estava comigo, em 1970. Brigava dia e noite pelo êxito da emissora. Eu, o Luiz Guimarães e o Casé pegamos o canal 5 de São Paulo em quinto lugar e em três anos colocamos em primeiro.

O Geraldo foi também o responsável pelo *Sítio do picapau amarelo* e pela montagem artística de todos os programas vendidos internacionalmente pela Globo. Um nome que merece o agradecimento de todos os profissionais e empresários da nossa televisão.

Se a televisão tem fundadores, o Maurício Sherman foi um deles. Começou na televisão em 1951, exatamente quando a TV Tupi foi inaugurada. Ator e diretor de teatro de revista, tinha um olhar clínico e um faro para as coisas populares que o tornaram uma espécie de Ziegfeld brasileiro. Descobriu uma centena de comediantes novos e foi responsável pelo lançamento explosivo da Xuxa e depois da Angélica. Dirigiu os mais importantes shows da televisão brasileira e participou da equipe de criação do *Fantástico*, que dirigiu por três anos.

O Walter Lacet começou muito jovem como operador de vídeo, depois passou a atuar como diretor de TV e, por fim, como diretor. Foi meu companheiro de implantação do FIC — Festival Internacional da Canção — e dirigiu outros festivais, além de *Chacrinha*, *Os trapalhões*, *Domingão do Faustão* e *Viva o gordo.* Sempre esteve presente nos momentos mais difíceis da televisão, porque não rejeitava missão e era capaz de entregar qualquer programa para o qual fosse indicado.

Produziu e criou várias atrações desde o início da Globo. Participou dos desfiles de Carnaval e do *Criança esperança*. Produziu e dirigiu o *Som Livre exportação*, que em uma edição especial no Anhembi, em São Paulo, conseguiu reunir mais de cem mil espectadores. Formou diversos profissionais em várias áreas da televisão e tem uma contribuição histórica no ramo.

Excelente diretor e produtor impecável, o Aloysio Legey assumiu a direção-geral de grandes espetáculos, como a Fórmula 1, para a qual criou o "Tema da vitória", e inovou no posicionamento de câmeras e na captação de detalhes em cada corrida. É ele o responsável pelo prestígio internacional das transmissões brasileiras da F1, na época em que elas eram feitas por nós na Globo. Fez os shows do *Criança esperança*, que foram os melhores até hoje realizados. Nos desfiles de Carnaval, reorganizou a transmissão do evento e produziu vinhetas criativas que deram uma linguagem própria a esse espetáculo. Deu dignidade à música sertaneja com a série *Amigos*. Foi o primeiro diretor do Rock in Rio. Dirigiu o *Roberto Carlos especial* e vários especiais de outros artistas. Um profissional detalhista, capaz de fazer de cada produto um espetáculo diferenciado.

Eu não poderia deixar de puxar a brasa para a sardinha do meu filho, o Boninho. Ele merece. O Boninho também participou do início da Globo, tendo dirigido os programas da Angélica, como o *Caça talentos*, e o *TV colosso*. Foi criador do *Clip clip* e criou e dirigiu clipes para o *Fantástico*, além de atrações internacionais como os Rolling Stones. Assumiu o Rock in Rio e os desfiles de Carnaval. Foi responsável pelo programa *Mais você*, com Ana Maria Braga, *Encontro com Fátima Bernardes* e *Caldeirão do Huck*. O Boninho criou o *Mestre do sabor* e foi pioneiro de reality shows como *No limite*, depois produziu e dirigiu o *Big Brother Brasil*, o mais longevo e o melhor *Big Brother* de todo o mundo. Ele é um profissional brilhante que sabe tudo sobre televisão e comunicação. Um orgulho para mim.

Entre outros diretores, é fundamental registrar a contribuição de incríveis profissionais, como o João Loredo, o primeiro nome que eu levei da Tupi para a Globo; o Lúcio Mauro, que esteve à frente por anos do *Balança mas não cai*; o Francisco Milani, que dirigiu e atuou no *Viva o gordo*; o Antonino Seabra, polivalente; e o Carlos Alberto Loffler, conhecido pelo apelido de Gênio por ser o mais anarquista dos diretores.

Pioneiro no rádio, o Haroldo Barbosa foi produtor e autor do *Um milhão de melodias*, na Rádio Nacional do Rio de Janeiro, programa que mudou os rumos da música popular brasileira e deu origem à bossa nova. Foi o descobridor do Chico Anysio. Autor e compositor de mão-cheia, foi parceiro do Max Nunes em todos os programas que figuram na lista do Max. Conhecia como ninguém a alma do povo, o que contribuiu para criar tipos caricatos e ter ideias geniais, populares, mas de bom gosto. Grande cozinheiro, imbatível nos peixes.

Cartunista, jornalista e autor de humor, o Cláudio Paiva é um dos maiores nomes da televisão brasileira, com uma contribuição notável. Veio para a Globo com a turma do Casseta e do Planeta, que foi contratada por mim. Encabeçou o inovador *TV pirata* e sucessos como *Doris para maiores* e *Casseta & planeta, urgente!*, e foi o roteirista final de *Sai de baixo* e da temporada mais recente de *A grande família*. Foi também um dos autores de *Comédia da vida privada*. É um dos melhores e mais modernos autores da televisão brasileira.

Músico, autor de livros e peças, cronista e jornalista, o Luis Fernando Verissimo é um dos maiores nomes da literatura brasileira, responsável por livros como *Ed Mort* e *O analista de Bagé*. Escreveu mais de uma dezena de coletâneas de crônicas. Seus textos na televisão tiveram um imenso poder de renovação e marcaram época, como no programa *Comédia da vida privada*.

Apesar de citados em outros capítulos, é importante registrar aqui o quanto devo ao *Casseta & planeta* por terem acreditado que seria possível fazer humor inteligente e de qualidade na televisão e por terem realizado um trabalho incrível, acima das expectativas. Obrigado, *Casseta & planeta*.

Mas não fica por aí. Entre os autores de humor, devem ser lembrados também o Robertinho Silveira, companheiro permanente do Chico Anysio; o J. Rui, com seu *Teatro psicotécnico;* o Afonso Brandão, parceiro do Max Nunes e do Haroldo Barbosa; o poeta, compositor e autor Antônio Maria; o Sérgio Porto, mais conhecido como o incrível Stanislaw Ponte Preta; o Leon Eliachar; o Arnaud Rodrigues, autor e compositor; e o Marcos César, cujos textos inteligentes e renovadores foram a base do humor na TV Record e cujos monólogos no *Fantástico*, magistralmente interpretados pelo Chico Anysio, marcaram um momento importante da televisão.

Se diretores e autores são fundamentais, o showman é o líder absoluto de sua atração. Claro que Chico Anysio, Jô Soares e Renato Aragão não estão incluídos na lista a seguir por terem capítulos próprios neste livro, mas outros apresentadores, comediantes e humoristas merecem um agradecimento especial.

Em matéria de timing, o Renato Corte Real foi o mais preciso dos apresentadores e humoristas brasileiros. Sua trajetória começou ainda na TV Paulista. Foi uma das maiores atrações da TV Record, com o *Côrte Rayol show* e as apresentações do *Show do dia 7*. Na Globo, ajudou a abrir caminho para o novo humor da televisão com o *Faça humor, não faça guerra*. O Renato não perdia em talento e verve para nenhum astro dos Estados Unidos.

Desde a interpretação do João Grilo, personagem de *O auto da Compadecida*, de Ariano Suassuna, o Agildo Ribeiro se destacou como um dos maiores atores e comediantes do Brasil. Suas criações contribuíram de forma inequívoca para todos os programas em que participou ou que comandou, como o *Mr. Show*, em que recebia o convidado Topo Gigio. Foi uma das maiores audiências do país. Suas caricaturas e imitações também marcaram época. Agildo Ribeiro é inesquecível.

O show precisa continuar, por isso estão aí o Bruno Mazzeo, talento absoluto; o Marcelo Adnet, que é bom demais e aproveitado de menos; a Tatá Werneck, que é um delicioso furacão; o genial Eduardo Sterblitch; o Fábio Porchat, que é o máximo; o André Marinho, sempre impagável. E tem o pessoal do *Porta dos fundos*, de nível internacional e que deveria estar assiduamente na televisão aberta. Sem humor, não há TV que sobreviva.

74 OS AUTORES

Nova York (1988)

Janete Clair, a "Nossa Senhora" das oito.

Em novembro de 1988, levei o Gilberto Braga para jantar no restaurante do Daniel Boulud em Nova York. Apresentei o Gilberto ao Daniel em francês, dizendo que ele era um dos maiores autores do Brasil. O Gilberto contestou:

— *Je ne suis pas un auteur. Moi, je suis un écrivain de feuilleton.**

Começamos uma discussão que durou o jantar inteiro. Eu defendia que escritores de folhetim tinham sido os franceses, com tiras publicadas em capítulos diários nos jornais. Escritores de folhetim eram os primeiros autores de novela, que se baseavam naquilo que era feito em Cuba ou no México. Os autores da televisão brasileira nada tinham a ver com os escritores das *soap operas* norte-americanas. Essa diferença de texto e o tratamento cinematográfico das imagens permitiram que o Brasil vendesse nossa produção televisiva para mais de cem países.

Na sobremesa chegamos a um acordo: os escritores de televisão da década de 1970 até aquele momento eram, na verdade, autores. Com o mesmo peso de autores de livros, o veículo só era diferente. Grandes dramaturgos, eu considero autores todos os nossos escritores de televisão da época de ouro das novelas, séries e minisséries. Listo a seguir alguns que trabalharam diretamente comigo, pela ordem em que entraram na Globo. Dias Gomes não está na lista porque tem um capítulo à parte neste livro.

Pelo sucesso dela no rádio, conheci a Janete Clair primeiro pelo nome, mas somente em 1967 viemos a trabalhar juntos. Nenhum

---

* "Não sou autor. Sou um escritor de folhetim."

autor produziu tanto, com tanta qualidade e com a mesma velocidade dela. A Janete merece o título de Rainha das Oito. Ela renovou as bases do ofício e abriu caminho para a criatividade sem limites. Dizia que tudo era possível na ficção, e que nada precisava ser "verdadeiro", mas teria obrigatoriamente que ser "verossímil". E acrescentava: "O Super-Homem voa, mas voa porque é de outro planeta."

Véu de noiva, *Irmãos coragem*, *Selva de pedra*, *O astro* e *Pecado capital* foram alguns dos inúmeros sucessos de Janete. Para substituir a censurada *Roque Santeiro*, ela elaborou *Pecado capital* em horas. Ela mergulhou nessa novela, aproximando-se do estilo de Dias Gomes, com a ajuda do Gilberto Braga nos diálogos. A televisão brasileira deve a Janete Clair a renovação da chamada carpintaria das novelas, ou seja, o jeito de desenvolver núcleos e estruturar capítulos.

Generosa, a Janete formou vários outros autores, como Gilberto Braga e Glória Perez. Não só os orientou, como elaborou a ideia básica de *Dancin' Days* e sempre sugeriu temas e criou sinopses para os colegas.

O Walter Negrão foi para a Globo em 1969. É um autor polivalente, pronto para desenvolver qualquer projeto que seja a ele encaminhado. Dono de roteiros perfeitos, criou vários produtos de sucesso, como *Shazan, Xerife & cia.*, *O primeiro amor*, *Pão, pão... beijo, beijo*, *Top model*, *O direito de amar* e *A casa das sete mulheres*. Uma de suas melhores novelas, *Cavalo de aço*, foi totalmente destruída pela censura. Na TV Tupi, com Geraldo Vietri, escreveu *Antônio Maria* e *Nino, o italianinho*, dois marcos das novelas brasileiras.

O Vicente Sesso eu levei para a Globo em 1970. Apaixonado pela televisão e um dos seus pioneiros, fez incríveis trabalhos de dramaturgia, especialmente os ligados ao público infantil, segmento que ele dominava com maestria. Também brilhou em novelas, séries e minisséries. Na TV Excelsior, em 1969, escreveu o sucesso *Sangue do meu sangue*, com a atriz Tônia Carrero, e, quando foi para a Globo, levou a Tônia, que estrelou *Pigmalião 70*, de autoria do próprio Vicente, com o inesquecível Sérgio Cardoso. O Vicente também foi o responsável por Regina Duarte ser chamada de "namoradinha do Brasil", devido ao personagem que ela fez em sua novela *Minha doce namorada*, em 1971. Vicente trabalhou na Tupi, Excelsior e Record. A televisão deve muito ao pioneirismo do Sesso.

Em 1971 levei o Benedito Ruy Barbosa para a Globo. Conheci o Benedito no Teatro de Arena em São Paulo, em 1960, dirigido pelo Augusto Boal. Benedito já abordava com precisão os problemas brasileiros, e isso ele jamais abandonou. Produziu na TV Cultura a obra primorosa *Meu pedacinho de chão*, que eu comprei para a Globo e com a qual ele veio junto. Sem dúvida o Benedito foi o autor mais comovente que conheci, fazendo da emoção a sua principal matéria-prima. Talvez por isso tenha sido o que mais fez sucesso fora da Globo, com *Somos todos irmãos*, na Tupi, *Os imigrantes*, na Bandeirantes, e *Pantanal*, na Manchete. Na Globo arrasou com *Sinhá Moça*, *Cabocla*, *Paraíso*, *Renascer*, *O rei do gado*, *Terra nostra*, *Esperança* e *Velho Chico*. É um dos mais sensíveis e criativos dramaturgos brasileiros.

Bráulio Pedroso é nada mais, nada menos que o autor de *Beto Rockfeller*. Em 1971, no mesmo ano do Benedito Ruy Barbosa, levei o Bráulio Pedroso para a Globo, e, para começar, ele explodiu com *O cafona*, que teve a contribuição de Ibrahim Sued. O Ibrahim relatou ao Bráulio Pedroso todas as gafes que ele conhecia sobre a sociedade carioca, e o Bráulio deitou e rolou na sátira aos mais abastados. Depois acertou com *O rebu*, *Feijão maravilha* e *O pulo do gato*.

O Lauro César Muniz veio no ano seguinte para terminar *O bofe*, de Bráulio Pedroso. Lauro é um dramaturgo revolucionário. Os problemas políticos, sociais e econômicos sempre estiveram presentes nos textos dele. De sua extensa obra, destaco as novelas *Escalada*, *Carinhoso*, *O casarão* e *O salvador da pátria*. Escreveu incríveis minisséries, como *Aquarela do Brasil*, *Chiquinha Gonzaga* e *O crime do Zé Bigorna*. Lauro escreveu livros, peças de teatro e desde a TV Tupi deu uma grande contribuição à televisão brasileira.

No fim dos anos 1970, a Maria Adelaide Amaral veio com o Lauro César Muniz, e depois o Cassiano Gabus Mendes a incorporou ao grupo. Ela tem um dos melhores textos da televisão brasileira, e ninguém é melhor que ela para escrever diálogos.

A contribuição dela para a teledramaturgia foi imensa. Com o Cassiano, fez *Meu bem, meu mal*, *O mapa da mina*, *Anjo mau* e *Ti ti ti*. Com Marcílio Moraes, fez *Sonho meu*. Com Silvio de Abreu, *A próxima vítima*. Participou de várias minisséries da mais alta importância.

Convidei o Manoel Carlos para a Globo em 1973, especialmente para escrever o texto e amarrar o novo formato em que iria estrear o *Fantástico*. Não se pode precisar se o Maneco nasceu com a televisão brasileira ou se a televisão brasileira nasceu com o Maneco. Quando a TV Tupi do Rio foi inaugurada, em 1951, o Manoel Carlos foi o primeiro redator. Tinha apenas 18 anos quando assumiu o *Grande Teatro Tupi*. Criou o *Brasil 63* na TV Excelsior, com Bibi Ferreira, e depois a *Família Trapo* e *O fino da bossa* na TV Record. Na Globo, ficou dois anos responsável pelo conteúdo e pelo texto de condução do *Fantástico*. Depois adaptou novelas e foi colaborador de Gilberto Braga em *Água viva*.

Dono de uma imensa humanidade e de um senso crítico extraordinário, escreveu *Baila comigo*. Em 1982, no auge do sucesso de *Sol de verão*, morreu o protagonista Jardel Filho, e o Maneco se recusou a terminar a novela. Me disse:

— Se a novela pode continuar sem o ator principal, pode continuar sem seu autor.

Com o episódio ele deixou a Globo, mas voltou depois e produziu sucessos como *História de amor* e *Por amor* e continuou produzindo novelas e minisséries memoráveis após a minha saída.

Em 1975, eu e o Walter Avancini escolhemos o Walter George Durst para adaptar para a televisão a obra *Gabriela*, de Jorge Amado, e ele deu a ela uma nova dimensão e uma nova intensidade. George Durst foi o primeiro autor da televisão brasileira a adaptar filmes, livros e peças teatrais para o *TV de vanguarda*, na TV Tupi. Dono de um conhecimento absurdo sobre comportamento humano e sobre movimentos sociais, ele sempre impregnou de verdade e análise os próprios textos. Profundo conhecedor de literatura, o Walter George Durst passou por quase todas as emissoras de televisão, deixando uma importante contribuição para a melhoria do nível dos textos. Na Globo, além da adaptação antológica de *Gabriela*, fez também a de *Os ossos do barão*, de Jorge Andrade. *Despedida de casado*, de autoria do George Durst, foi proibida pela censura.

O Cassiano Gabus Mendes chegou à Globo em 1976 e foi o primeiro diretor artístico da televisão brasileira. A dramaturgia televisiva começa com o Cassiano Gabus Mendes, e a ele se deve a implantação de vários programas e gêneros na televisão. Sob seu comando, a TV Tupi de São Paulo liderou a audiência por mais de uma década. Cassiano é uma referência profissional para mim, pois foram ele e o Teófilo de Barros que me contrataram para a Tupi quando eu tinha apenas 17 anos. Como autor, foi brilhante, desde que lançou o *Alô, doçura*, programa diário feito ao vivo na década de 1950, com Eva Wilma e John Herbert. Foi o criador do *TV de vanguarda*, juntamente com Walter George Durst e Túlio de Lemos, e com o Bráulio Pedroso lançou em *Beto Rockfeller* as bases da nova novela brasileira.

Na Globo, acertou uma novela atrás da outra: *Anjo mau*, *Locomotivas*, *Brega & chique*, *Elas por elas*, *Ti ti ti*, *Te contei?* e o megassucesso *Que rei sou eu?*. A sinopse fora escrita em 1975, mas eu não quis fazer porque estávamos saindo da proibição de *Roque Santeiro* pela censura. Somente em 1989 retomamos a proposta do Cassiano. Um sucesso absoluto e uma das mais inovadoras novelas do Brasil.

O Silvio de Abreu foi para a Globo em 1978, e bastaram duas novelas para ele ser consagrado como autor: a comédia *Guerra dos sexos*, um marco da nossa teledramaturgia, e o policial *A próxima vítima*. O Silvio ainda escreveu mais uma dezena de sucessos, como *Pecado rasgado*, *Plumas e paetês*, *Jogo da vida*, *Vereda tropical*, *Cambalacho*, *Rainha da sucata* e *Sassaricando*, e supervisionou vários autores, como Carlos Lombardi, Alcides Nogueira e Maria Adelaide Amaral. Também foi ator, diretor e escritor.

Eu saí da Globo no final de 1998, mas ele continuou sua carreira de sucessos e com o tempo se tornou o responsável pela dramaturgia da emissora. Figura doce e meiga, sempre teve a admiração dos colegas e da crítica, respeitado por ser inovador e pela qualidade e criatividade de seu texto.

O Euclydes Marinho também é de 1978. Foi trazido pelo Daniel Filho para fazer o revolucionário *Ciranda cirandinha*.

Marinho é dono de um texto impecável, denso e pleno de conteúdo, e deu uma significativa contribuição para melhorar a qualidade da televisão.

Além do *Ciranda*, foi um dos criadores de *Malu mulher* e de *Armação ilimitada*, ou seja, participou sempre de projetos inovadores. Escreveu *Quem ama não mata*, uma minissérie tão antológica que tínhamos pilhas de cartas pedindo para a série não acabar. Transportou magistralmente para a televisão as crônicas de *A vida como ela é*, de Nelson Rodrigues. Foi autor de *Confissões de adolescente* e fez o texto de *Antonio Brasileiro*, premiado com um Emmy.

O Aguinaldo Silva estreou na Globo em 1979. Jornalista e especialista no gênero policial, passou a escrever novelas a meu convite, depois de textos perfeitos para o *Plantão de polícia*. Escreveu com Dias Gomes a novela *Roque Santeiro*, criada pelo Dias e considerada uma das melhores novelas já escritas para a televisão. O Aguinaldo Silva foi o responsável por quase todos os capítulos. Também participou, com Gilberto Braga, de *Vale tudo* e criou novelas como *Tieta*, *Pedra sobre pedra*, *Fera ferida*, *Senhora do destino*, *Fina estampa* e *Império*, além de séries como *Obrigado, doutor*, *Bandidos da falange*, *Lampião e Maria Bonita*, *Tenda dos milagres* e *Riacho doce*.

O Aguinaldo pode se orgulhar de ter sido o autor que mais frequentou a lista das novelas mais vistas do Brasil. Um campeão.

A Ivani Ribeiro chegou à Globo em 1982. Do mesmo quilate da Janete Clair, a Ivani Ribeiro escreveu novelas antológicas na TV Tupi e na TV Excelsior, como *A deusa vencida* e *O profeta*. Na Globo estreou com *Final feliz*, título dado por mim, e eu também escolhi a música de abertura, da Rita Lee. Refizemos na Globo quase todos os seus sucessos já exibidos em outras emissoras, e todos foram campeões de audiência, como *Mulheres de areia* e *A viagem*. Ivani Ribeiro é um ícone da teledramaturgia brasileira.

A Glória Perez veio em 1983, trazida pela Janete Clair. Pouco antes de morrer, a Janete me apresentou à Glória e disse: "Esta é a minha sucessora." Glória estreou na Globo escrevendo *Eu prometo* e depois *Partido alto*, em parceria com Aguinaldo Silva. Depois, com o Daniel Filho, desenvolveu a novela *Barriga de aluguel*, que foi vetada pela censura. Esse projeto nunca chegou à minha mesa, mas em 1989 o Mário Lúcio Vaz descobriu a sinopse e me encaminhou, com as razões da censura para vetar a obra. Mandei à Glória um pedido formal de alterações, e, uma vez feitas, finalmente estava liberado o texto. Um sucesso absoluto.

Em 1992, a Glória Perez escreveu a novela *De corpo e alma*, e aconteceu a tragédia do assassinato covarde de sua filha Daniella, que participava do elenco. Foi muito difícil, mas a Glória retornou e concluiu o trabalho. Depois escreveu dois novos sucessos: a novela *Explode coração* e a minissérie *Hilda Furacão*. Quando eu não estava mais na Globo, ela fez *O clone* e *Caminho das Índias*, a primeira novela brasileira a ganhar o Emmy Internacional.

Glória foi pioneira na introdução do chamado merchandising social em suas histórias, e foi iniciativa dela a Lei de Crimes Hediondos. Sucessora legítima de Janete Clair, ela deu um passo além de sua orientadora.

É evidente que há outros autores notáveis não listados, mas inesquecíveis, como Carlos Lombardi, Leonor Bassères, Regina Braga, Ricardo Linhares, Ana Maria Moretzsohn, Alcides Nogueira, Sérgio Marques, Maria Carmem Barbosa, Marcílio Moraes e muitos outros. Não posso esquecer o Mário Prata, que escreveu *Estúpido cupido*, um dos maiores sucessos do horário das sete, e o incrível Daniel Más, colaborador em grandes sucessos e autor de *Um sonho a mais*, estrelada pelo Ney Latorraca. E ainda há uma centena de coautores de dramaturgia que seria impossível listar.

75 OS DIRETORES

Rio de Janeiro e São Paulo (1967 a 1998)

Com Walter Avancini, um dos maiores diretores da história.

Os diretores foram importantíssimos na implantação da Globo. Não só na direção, mas também na participação da escolha de elenco, da trilha sonora, da cenografia, do texto e na edição. Como os diretores são muitos e frequentemente dirigiram em conjunto alguma obra ou substituíam colegas no andamento das produções, vou falar apenas daqueles que estiveram mais próximos de mim e com os quais mantive maior contato.

O talento do paulista Walter Avancini se manifestou muito cedo. Aos 4 anos já declamava poesias. Aos 8, entrou para o Clube Papai Noel, do apresentador Homero Silva, na Rádio Difusora de São Paulo. Em pouco tempo passou a ser profissional como assistente de Oduvaldo Vianna. Fez parte do elenco que inaugurou a TV Tupi de São Paulo e, quando a OVC comprou a TV Paulista, foi para a emissora com Dermival Costa Lima. A partir de 1965 dirigiu as mais importantes novelas da TV Excelsior. Em 1972 foi para a Globo a convite do Daniel Filho. Dirigiu novelas como *Selva de pedra*, *Gabriela* e *Saramandaia*. Ganhou o Emmy Internacional com *Morte e vida severina*.

O Avancini me trouxe o projeto *Grande sertão: veredas*. Tinha dúvidas sobre a adaptação, e eu o incentivei a realizar a série. Fez trabalhos densos e brilhantes. Em 1980 me pediu que o liberasse para assumir a direção artística da TV Tupi de São Paulo. Tentei convencê-lo a não sair, mas ele queria alçar voo solo. Adverti o Walter de que a Tupi estava à beira da falência, o que ocorreu de fato meses depois. Voltou para a Globo, mas saiu de novo. Em 2000 eu já estava fora da emissora, e ele me ligou pedindo que eu o ajudasse a voltar para a Globo. Liguei para o Daniel Filho, que imediatamente contratou o Avancini para dirigir *O cravo e a rosa* e depois *A padroeira*, que ele deixou inacabada por ter falecido em decorrência de um câncer na próstata.

Um dos maiores e mais importantes nomes da história da nossa televisão, a busca pela qualidade e a sensibilidade do Avancini para vivenciar os problemas individuais e sociais fizeram dele um ser humano especialíssimo.

Entregar um produto ao Paulo Ubiratan era a certeza de estrear e correr para o abraço. O Paulo começou na TV Tupi de São Paulo. Foi editor de videoteipe, coordenador de produção e em seguida assistente de direção. Trabalhou diretamente com o Cassiano Gabus Mendes e foi para a Globo em 1970 como editor. Atuou em várias áreas da produção. Em 1978 passou a diretor, como assistente do Walter Avancini em *O pulo do gato*. Começou a dirigir novelas a partir de *Sinal de alerta*. Os primeiros trabalhos dele foram *Água viva*, *Coração alado* e *Baila comigo*, em parceria com Roberto Talma. Eram garotos demais, e eu fui contra, mas o Mário Lúcio Vaz me convenceu a dar uma chance à dupla. Deu tão certo que, depois de *Baila comigo*, determinei que cada um seguisse isoladamente o próprio caminho.

Daí por diante o Paulo alçou voo, emendando um sucesso atrás do outro, como *Roque Santeiro*, *O salvador da pátria* e *Tieta*. Foi supervisor de *A próxima vítima* e passou a diretor de núcleo em 1996. Além de diretor, o Paulo Ubiratan foi um dos melhores escaladores de elenco da televisão. A competência dele para o casting se enquadrava nos melhores padrões do mundo.

Foi meu amigo querido, parceiro de restaurantes e bares de jazz. Fui muitas vezes seu confidente. Um dia ele me ligou me convidando para almoçar. Eu expliquei que não dava para almoçar porque estava fora do país. O Paulo riu ao telefone e me disse:

— Eu também estou fora do país. Em Nova York, exatamente na portaria do seu prédio. Posso subir?

A Valéria Monteiro estava com a filha do Paulo em Nova York, e ele tinha ido até lá para tentar ver a menina.

A morte do Paulo Ubiratan me surpreendeu. Quem me avisou foi o Antonio Athayde, e eu tive que ir à casa da mãe do Paulo e dar a notícia, antes que fosse anunciada na televisão. Ele era uma figura tranquila e tinha uma capacidade monstruosa de trabalho. Foi uma forte marca de talento e amor pela televisão.

Se fosse para classificar o Roberto Talma com uma só palavra, eu diria que ele era o "insatisfeito". Não gostava de nada do que fazia e, mesmo acertando, achava que tinha que procurar coisas novas. Mudava sempre de emissora. Chegou à Globo em 1969, vindo da TV Tupi de São Paulo, foi editor de muitas novelas e iniciou como diretor assistente do Walter Avancini em *O grito* e *Saramandaia*. Depois, em parceria com o Paulo Ubiratan, pilotou os sucessos *Água viva*, *Coração alado* e *Baila comigo*.

Quando o Talma terminou *Sol de verão*, ele quis fazer *O campeão*, do Linhares, e eu não aprovei a novela. Ele e o Linhares foram à TV Bandeirantes e fizeram a novela lá. Não deu certo, mas o Talma assinou um contrato de dois anos e cumpriu. Voltou para a Globo e dirigiu diretamente ou fez a direção-geral de sucessos como *Um sonho a mais*, *Anos dourados*, *Que rei sou eu?* e *Rainha da sucata*. Desenvolveu e realizou uma ideia minha, que foi a *Malhação*.

Em 1996, fugiu de novo e foi ser diretor artístico do SBT. Durou um ano. Recebi o Talma de volta mais uma vez. Eu já não estava lá quando, em 2000, tentou de novo o SBT, mas ficou na Globo até falecer, em 2015.

Quando comecei a trabalhar na Tupi, nos anos 1950, o Régis Cardoso era um ano mais velho do que eu. Quando chegava o Carnaval, a Norah Fontes, mãe dele, tomava minha carteira, dava uns trocados para eu gastar e guardava o restante.

— Faço o mesmo com meu filho. É para que vocês não façam besteira — dizia ela.

Nunca pensei que eu e o Régis fôssemos trabalhar juntos. Em 1964 ele dirigiu na Tupi a famosa *O direito de nascer*, e em 1966 foi para a Globo, levado pelo Henrique Martins e pela Glória Magadan. Dirigiu com o Henrique *Eu compro essa mulher*, primeira novela da era Walter Clark. Como assistente de direção e diretor, respondeu por sucessos como *Estúpido cupido* e foi o primeiro diretor de uma novela em cores, *O bem-amado*; tempos depois, dirigiu também o seriado.

O Jorge Fernando, ou Jorginho, era uma explosão de alegria e entusiasmo. Participou do *Dzi Croquettes* e chegou à Globo para interpretar o Reinaldo de *Ciranda cirandinha*. Foi assistente de direção, diretor e diretor de núcleo. Reinou às sete da noite, sendo responsável por êxitos como *Guerra dos sexos* e *Que rei sou eu?*. Dirigiu mais de trinta novelas e atuou em outras trinta.

Figura ímpar, era amado por todos. Extrovertido, dirigia seus sucessos trajando shorts e bermudas. Quando fui homenageado pela Beija-Flor, ele se ofereceu para fazer uma performance na frente do carro do elenco da Globo.

Conheci o Carlos Manga na TV Rio quando visitei o Walter Clark. Fiz para ele a abertura de um programa da Ema e do Walter D'Ávila chamado *A vila dos D'Ávila*. Ícone do cinema brasileiro, diretor das mais populares comédias da Atlântida e parceiro do Chico Anysio, o Manga era o rei da emissora. Tempos depois nos encontramos em uma situação adversa. Eu era assistente da diretoria da TV Excelsior, e ele havia sido contratado sem o meu conhecimento. O Edson Leite me pediu que fosse ao Rio, à casa do Manga, para saber que ideias ele tinha para a emissora. Fui bem recebido, ele fritou uns ovos, e tomamos um vinho português. Nada mais. Me disse que estava cansado, iria tirar um mês de férias na Europa e na volta conversaríamos. Acabei saindo antes dele voltar. Em 1969 ele foi para a Globo, e nasceu uma amizade entre nós. Ele me dizia: "Você conhece televisão e a minha profissão."

O Manga cozinhou várias vezes para mim na casa dele, na Barra da Tijuca, e eu fiz vários churrascos para ele nessa mesma casa. Polivalente, ele era bom em todos os gêneros.

Dirigiu *Chico City* e *Domingão do Faustão*. Foi o responsável pelo remake de *Anjo mau* e supervisor de minisséries memoráveis, como *Agosto*, de Rubem Fonseca; *Engraçadinha*, de Nelson Rodrigues; e *Memorial de Maria Moura*, de Rachel de Queiroz.

Profissional competente e reconhecido por todos, o Manga, pessoalmente, dividia opiniões. Comigo sempre foi correto, carinhoso e respeitoso. Quando esteve inseguro e deprimido, eu o levei ao Alberto Goldin, o analista de todos os artistas. Os dois entraram na sala, e eu aguardei do lado de fora. Não demorou 15 minutos, e o Goldin me disse:

— Boni, esse cara é maluco mesmo. Ele já tem um analista. Não precisa de mim. Só veio aqui para não te contrariar.

Outros diretores, não menos importantes, contribuíram para a ascensão da Globo e foram responsáveis pelo fato de a televisão brasileira atingir uma qualidade internacionalmente reconhecida. Gente especial como o Gonzaga Blota, que sabia de cor todos os textos e batia recordes de velocidade de gravação; o Paulo Afonso Grisolli, mestre em dramaturgia; o J. Rui, sempre cuidadoso e correto; o Marlos Andreucci, pioneiro na Globo; o Ziembinski, professor de todos; e o talentoso Walter Campos.

O Waltinho era useiro e vezeiro em pedir dinheiro emprestado. Chegava no ouvido dos amigos e dizia: "Tem uma graninha aí para me emprestar? Se não tiver, pelo amor de Deus, não faça gestos."

Dos sobreviventes e que estão, para minha alegria, vivinhos da Silva, quero dizer algumas palavras.

Quando o Dennis Carvalho começou na TV Tupi de São Paulo, a Globo ainda não havia sido inaugurada. Em 1975 foi trabalhar com a gente como ator. Dois anos depois, iniciou uma extraordinária carreira de diretor, marcada por sucessos iniciais como *Dancin' Days*. Em 1979 explodiu como ator e diretor em *Malu mulher*. O Dennis arrasou em *Vale tudo* e, em seguida, em *Anos rebeldes* e *Explode coração*. Foi perfeito em *Sai de baixo*. É um dos mais confiáveis diretores da história da Globo e entregou somente produtos de qualidade à empresa.

O Guel Arraes foi para a Globo em 1981 como diretor de novelas, entre elas *Guerra dos sexos*. Além de ter um talento especial para o humor, o Guel é voltado para a criatividade, procurando sempre ser diferente. Por isso, revolucionou a linguagem do humor na televisão brasileira. Sempre que assinou alguma realização, não fez menos do que torná-la obra-prima, no sentido literal de obra de primeira ou no sentido subjetivo de obra especial. Inovou em 1986 com *Armação ilimitada* e se superou no *TV pirata*.

Em 1987, seu trabalho como diretor e produtor em *Comédia da vida privada* foi mais um marco de inovação. O auge, no entanto, foi o filme *O auto da Compadecida*, baseado na peça teatral homônima de Ariano Suassuna, no ano 2000. Em 2001 lançou *Os normais*. Guel é uma referência na televisão brasileira e no nosso cinema como produtor e diretor dos próprios filmes e esteio da Globo Filmes.

Ator, produtor e diretor, Wolf Maya inovou os musicais no teatro brasileiro. Também foi em 1981 que iniciou sua história como diretor na televisão. Logo no ano seguinte dirigiu *Elas por elas* e *Final feliz*. De 1983 em diante emplacou, no mínimo, um sucesso por ano, entre eles *Barriga de aluguel*, *Mulheres de areia* e *A viagem*. Participou da criação de *Malhação*. No meu tempo, o último sucesso de Maia foi *Hilda Furacão*, em 1998. Apesar disso, ficou firme na Globo até 2005, quando saiu para montar a Escola de Atores Wolf Maya, continuando assim a sua extensiva contribuição para a televisão brasileira.

Ricardo Waddington chegou à Globo em 1982 para dirigir *O Globo de ouro* e respondeu mais tarde pelo *Xou da Xuxa*, *Os trapalhões* e *Domingão do Faustão*. O Ricardo e seu irmão, Andrew (Andrucha), filhos de pai inglês e mãe ucraniana, nasceram com uma câmera na mão, brincando de cineminha. O Andrucha foi para a produção independente e se tornou sócio-fundador da Conspiração, uma das mais importantes produtoras cinematográficas do país. O Ricardo optou pela televisão.

O primeiro trabalho solo do Ricardo na dramaturgia foi em *Corpo a corpo*, em 1984. Depois participou de sucessos como *Vale tudo* e *Tieta*. Fez um trabalho brilhante na direção e na direção-geral de dois textos de Manoel Carlos, as novelas *História de amor* e

Por amor. Após minha saída, fez novelas como *A favorita* e *Avenida Brasil*, além de séries como *Presença de Anita* e *Mad Maria*. Seu núcleo deu continuidade à *Malhação*. Moderno e disciplinador, foi diretor de toda a área de entretenimento da TV Globo.

O Jayme Monjardim tem a fotografia na cabeça e a sensibilidade na alma. É criativo e intenso. Produtor e diretor de documentários, começou na TV Bandeirantes e, em 1984, foi para a Globo. Participou de várias novelas como diretor e assumiu o cargo de diretor-geral com a novela *Direito de amar.* Em 1989 foi para a TV Manchete e fez um trabalho primoroso em *Pantanal*, de Benedito Ruy Barbosa. Esteve à frente de produções independentes até 1999, quando retornou para a Globo e deu show em trabalhos como *Chiquinha Gonzaga*, *Terra nostra*, *O clone* e *Páginas da vida*. Em 2008 dirigiu a série *Maysa — Quando fala o coração*, um retrato perfeito da cantora Maysa, mãe do Jayminho.

A Rosamaria Murtinho e o Mauro Mendonça foram meus primeiros contratados na TV Excelsior em 1963. Quem diria que o filho deles seria um dos melhores diretores da nossa televisão? Pois aconteceu. O Mauro Mendonça Filho começou na Globo em 1984 como editor da novela *Partido alto*. Quatro anos depois, passou a assistente de direção no sucesso *Vale tudo*. Sua primeira direção ocorreu na minissérie *A, E, I, O... Urca*. Em 1995 foi convidado por Guel Arraes para a direção-geral de *Comédia da vida privada*. Depois de uma longa experiência na elaboração e na direção de vários projetos, o Mauro Mendonça Filho foi promovido a diretor de núcleo. Fez uma dupla "de responsa" com a Glória Perez.

Filho do apresentador, produtor e repórter Hilton Gomes — mais conhecido como Papinha, pois era papudinho —, Rogério

Gomes passou a ser também o Papinha, mesmo sem ter a papadinha do pai. Rogério já andava pelos estúdios da TV Tupi quando ainda usava calças curtas. Em 1980 entrou para a Globo como editor de videoteipe. Editou vários e importantes produtos da televisão e dirigiu sucessos como *Tropicaliente*, *Olho por olho* e *A próxima vítima*. Um de seus melhores trabalhos, desenvolvido com a Amora Mautner, foi *Verdades secretas*, em 2015. Rogério Gomes implantou e foi diretor-geral da segunda versão de *Pantanal*.

76 AS ESTRELAS

Rio de Janeiro e São Paulo (1951 a 1998)

Fernanda Montenegro, no ar desde 1951, é a representante perfeita de todas as nossas estrelas.

Temos tantos talentos no Brasil que, para citar todas as boas atrizes, eu precisaria de alguns volumes, pois elas não caberiam em um único livro, muito menos em apenas um capítulo. Escolho, assim, alguns nomes mais próximos de mim e por ordem cronológica das datas que as conheci. Representadas por elas, homenageio aqui todas as atrizes do Brasil. Dona de um capítulo, a Dercy Gonçalves não é mencionada neste.

Eu tinha 17 anos quando cheguei à TV Tupi. Os queridinhos do Sumaré, bairro em que a Tupi ficava, eram o maestro Erlon Chaves, que tinha 19 anos, o Régis Cardoso, que tinha 18, e o Walter Avancini, que tinha os mesmos 17 que eu. Eram pratas da casa, e eu, o forasteiro invasor. Fui adotado pela Norah Fontes, mãe do Régis, e pela Vida Alves, a mais importante estrela da época. Quando precisei de alguém para interpretar a sogra no meu programa *Família Sears*, escolhi a Maria Vidal, e ficamos amigos. Além do *Família Sears*, eu escrevia um quadro humorístico no qual a Maria Vidal, bem gordinha, fazia uma garota-propaganda louca e desastrada. Como a televisão era local, viajávamos de São Paulo ao Rio para fazer o quadro em um programa de humor da Tupi carioca.

Quando eu ia ao Rio de Janeiro, ficava lá somente para ver a Fernanda Montenegro no Grande Teatro Tupi. Vi naquele tempo a Fernanda no teatro, em *A moratória* e depois em *Vestir os nus* e *O beijo no asfalto*. Adorei a Fernanda em uma paródia de *Otelo* escrita por Martins Pena que ela fez em 1961, chamada *Os ciúmes de um pedestre*. Fernanda sempre foi um sonho de consumo, até que eu consegui levá-la para a Globo. Ela já havia estado no começo da emissora, mas em 1981 eu a levei definitivamente. Em 2022, para orgulho da classe, a Fernanda foi eleita para Academia Brasileira de Letras, tornando-se imortal.

Da TV Tupi de São Paulo, nos anos 1950, tenho que registrar minha admiração pela Eva Wilma, que fazia com o John Herbert o *Alô, doçura*. Não descansei enquanto não levei a Eva para a Globo.

Minha querida Laura Cardoso é outra dessas figuras especiais. Ter a Laura na Globo foi um luxo.

Em 1963, quando fui para a Excelsior, a Rosamaria Murtinho e o Mauro Mendonça foram as duas primeiras contratações que fiz para o elenco de dramaturgia. Na Globo, tornaram-se indispensáveis em todos os maiores sucessos da emissora.

Em 1966, quando cheguei para dirigir o Telecentro da TV Tupi, a primeira pessoa que me recebeu fazendo uma saudação em nome do elenco foi a Arlete Salles. Foi para a TV Globo, onde soma mais de cinquenta sucessos.

Uma grande paixão que tenho se chama Glória Menezes, atriz da maior competência e ser humano inigualável. Em 1967 contratei a Glória e o Tarcísio para fazer *Sangue e areia*, e por mais de cinquenta anos eles foram protagonistas de novelas na Globo.

Em 1968 contratei a Regina Duarte por indicação do Walter Avancini. Ela saiu da Excelsior e foi uma das bases para o nascimento e o crescimento da Globo. São deslumbrantes os trabalhos dela, seja na televisão ou no teatro. Regina foi várias vezes à minha casa em Angra, e considero que ouvir a Regina e seus conceitos de vida foram momentos mágicos para mim.

Por intermédio do Sérgio Cardoso, no mesmo ano conheci a Ruth de Souza, a primeira atriz negra a protagonizar uma novela. Ruth era um talento nato que se completava pela determinação técnica. Um encanto de pessoa.

Em 1969, o Daniel Filho levou a Betty Faria. Atriz, bailarina, cantora e autora, fez novelas e musicais inesquecíveis. Foi a Betty quem comprou os direitos autorais de *Tieta* e me sugeriu a produção. É dela também o título do programa *A grande família*.

No ano seguinte, o Régis Cardoso indicou para mim a Susana Vieira, com quem era casado na época. É minha querida amiga até hoje. A Susana esteve à frente das melhores produções da Globo e sustenta um recorde em participações de sucesso.

Foi também em 1970 que contratei a Sônia Braga, que brilhou em *Irmãos coragem*. Quando estávamos escolhendo o elenco de *Vila Sésamo*, os produtores norte-americanos se encantaram por ela. Depois o Daniel Filho sugeriu a Sônia Braga para fazer *Gabriela*, e o Jorge Amado aprovou. Em *Dancin' Days*, Sônia superou todas as expectativas e depois partiu para uma exitosa carreira internacional.

Outra grande aquisição da Globo em 1970 foi a Tônia Carrero. Tônia foi uma das mais sofisticadas estrelas do teatro. Fez peças de Shakespeare, Sartre e Goldoni. Quem a levou para a Globo foi o Vicente Sesso, e a Tônia, com Sérgio Cardoso, fez de *Pigmalião 70* um êxito monumental.

A safra de 1970 revelou a estrela Sandra Bréa, contratada pelo Moacyr Deriquém para *Assim na Terra como no Céu*. Sandra despontou em *O bem-amado* e passou a ser símbolo sexual do país. Com o Luís Carlos Miele, teve seu próprio programa, o *Sandra e Miele*, um sucesso absoluto. A Sandra Bréa contraiu HIV e teve coragem de assumir publicamente a doença e de combater o preconceito. Morreu, na realidade, de um câncer de pulmão, aos 48 anos.

O ano de 1971 marca a entrada da Gloria Pires na televisão. O ator Antônio Carlos Pires, pai da Gloria, fora um comediante da mais alta categoria. Ela tinha a quem puxar e com apenas 8 anos já estava na Globo. Explodiu em *Dancin' Days* e anos depois parou o Brasil interpretando a vilã de *Vale tudo*. Brilhou em tudo o que fez. Sensível e inteligente, é uma amiga fora de série.

Em 1976, ainda muito jovem, a Christiane Torloni começou a acumular sucessos e prêmios. Fez a primeira novela na Globo e não parou mais de emplacar êxitos graças à beleza e ao talento. Ambientalista, a Christiane faz um trabalho contínuo de proteção à Amazônia.

No mesmo ano, outra personalidade fascinante chegou à Globo, a incrível Lucélia Santos. Ela foi escolhida pelo Gilberto Braga para protagonizar a novela *Escrava Isaura*, o primeiro e maior sucesso internacional da Globo. Na Rússia, na China, na Polônia e em Cuba, ela sentiu o carinho de multidões e em todo o mundo recebeu prêmios e homenagens. Eu adoro a Lucélia como pessoa, atriz, autora e diretora.

O ano de 1977 marca a chegada de duas joias à Globo. Bruna Lombardi estreou nesse ano no elenco de *Sem lenço, sem documento*. Sua passagem foi marcada pela interpretação de Diadorim na adaptação de *Grande sertão: veredas*, obra de Guimarães Rosa. Inteligente e participativa, a personalidade de Bruna chega a ser mais rica que sua beleza estonteante. No mesmo ano, Vera Fischer estreou na novela *Espelho mágico* e depois conquistaria prêmios em *Brilhante*, vivendo a protagonista Luiza. Ela esteve impecável na Jocasta de *Mandala* e em outros trabalhos sempre perfeitos. Na Globo, seu maior sucesso foi em *Laços de família*, do Manoel Carlos.

Em 1979 veio a Maitê Proença. Chegou e chamou a atenção de todos pelo talento e pela beleza. Um acidente de carro tirou a Maitê de *Coração alado*, mas ela ressurgiu forte em *Três Marias* e *Guerra dos sexos*. Na Manchete protagonizou dois grandes sucessos: a série *Marquesa de Santos* e a novela *Dona Beja*. Sua sensibilidade e sua cultura a colocam em um lugar de destaque em nosso meio.

Em 1982 chegaram a Cláudia Raia e a Débora Bloch. A Cláudia Raia surgiu no musical *A Chorus Line*, produzido pelo Walter Clark, e imediatamente se tornou uma estrela. Foi protagonista de dezenas de novelas, destaque no *TV pirata* e, em 1999, comandou seu próprio show, o *Não fuja da Raia*. Somos amigos de fé.

A Débora, filha do Jonas Bloch, estreou em *Sol de verão* e colecionou prêmios desde o primeiro trabalho. Polivalente, pontificou como atriz dramática e, com sua veia humorística, foi estrela de programas como o *TV pirata*. No cinema fez o inesquecível *Bete Balanço*.

Outra estrela inconteste é a Adriana Esteves, que chegou em 1988 e, a partir do ano seguinte, esteve no elenco das principais novelas das sete e das oito. Em 1993 foi estrela de *Renascer* e continuou brilhando em outras produções depois de minha saída. É uma das maiores colecionadoras de prêmios no cinema e na TV.

Uma das minhas estrelas mais queridas é a Fernanda Torres. Em 1978, aos 13 anos, pisou no palco do tablado de Maria Clara Machado. No ano seguinte estreava na TVE e depois na Globo. Com 15 anos começou em novelas como *Baila comigo* e em 1986 explodiu na segunda versão de *Selva de pedra*. Foi insuperável em vários episódios do *Comédia da vida privada* e consagrou-se com *Os normais*. Tornou-se uma das maiores atrizes de todo o mundo, recebendo destaques e prêmios em diversos países: Brasil, Cuba, França, Estados Unidos e Suíça.

Outra estrela que eu guardo no coração é a Regina Casé. Ela chegou à Globo em 1983 e integrou o elenco de *Guerra dos sexos*. Eu conheço a Regina desde criança e posso assegurar que ela já nasceu artista. Filha do meu amigo Geraldo Casé e neta do pioneiro Ademar Casé, ela começou no teatro como fundadora do grupo Asdrúbal Trouxe o Trombone. Estava com 23 anos quando ganhou o Prêmio Molière de melhor atriz. Em 1986 foi a estrela de *Cambalacho*. Brilhou no *TV pirata*. Foi a peça principal do *Programa legal* e do *Brasil legal* e aclamada em todo o mundo pelo filme *Que horas ela volta?*. Um ser humano e um talento sem precedentes.

Uma grande atriz que começou em 1983 foi a Malu Mader, figura de talento e carisma que conseguia o impossível. Linda e atraente e, ao mesmo tempo, meiga e frágil, atraía os homens e era endeusada pelas mulheres. Começou em *Eu prometo*, trazida pelo Dennis Carvalho. Explodiu em *Anos dourados* e passou a ser a protagonista preferida do autor Gilberto Braga. Malu Mader é um ícone da televisão.

Em 1993 quem pintou na Globo foi a Carolina Dieckmann. Chegou, viu e venceu. Fez vários papéis, mas arrasou em 1997 em *Por amor*, do Manoel Carlos, um ano antes de eu deixar a Globo. É do mesmo ano a extraordinária Luana Piovani.

Em 1994 aconteceu a estreia de Giovanna Antonelli na Globo, na novela *Tropicaliente*. Giovanna é uma explosão de talento e certamente uma das reservas artísticas da Globo. Sua competência dramatúrgica é reforçada pela beleza que herdou da mãe, Suely Trajano.

Da mesma época é a deslumbrante Taís Araújo, que veio para o elenco de *Anjo mau*. Ela chegou e encantou a todos nós com seu talento e beleza. Logo se revelou uma estrela, dominando todos os gêneros da dramaturgia, brilhando em musicais e ainda revelando ser uma competente apresentadora.

Ainda do meu tempo destaco Aracy Balabanian e Elizângela, que faleceram em 2023. São também notáveis Elizabeth Savalla, Cláudia Abreu, Renata Sorrah, Maria Zilda, Nívea Maria, Alessandra Negrini, Lilia Cabral, Andréa Beltrão, Patrícia Pillar, Cássia Kis e Drica Moraes.

Novas estrelas, como Juliana Paes, Mariana Ximenes, Tatá Werneck e Isis Valverde, surgiram em anos seguintes ao meu tempo, mas não podem deixar de ser citadas. Nos deixaram saudades e a marca de seus respectivos talentos Dina Sfat, Yoná Magalhães, Theresinha Amayo, Nicette Bruno, Eva Todor, Lílian Lemmertz, Zilka Salaberry, Jacira Sampaio, Marina Miranda, Berta Loran, Beatriz Segall, Chica Xavier, Yara Amaral, Yara Cortes e a superestrela Marília Pêra. É tanto talento que alguém, injustamente, deixará de ser lembrado. Debite-se à minha perda de memória.

77 OS ASTROS

São Paulo (1952 a 1998)

O impecável Paulo Gracindo representa nossos incríveis atores.

Como fiz com as atrizes, citarei apenas os atores com os quais estive mais próximo, em ordem cronológica de quando nos conhecemos e sem nenhum juízo de qualidade ou importância. Todo artista é importante.

Quando cheguei à TV Tupi de São Paulo, em 1952, os atores que brilhavam na televisão eram Lima Duarte, Dionísio Azevedo, Jaime Barcelos, José Parisi, Henrique Martins, David José, Luis Gustavo e Luiz Orioni. José Parisi fazia a *Falcão negro*, série na qual eu estreei como ator fazendo o Pé de Coelho, um olheiro amigo do mocinho. Um desastre. O Dionísio Azevedo acumulava as funções de ator, diretor e produtor.

Mas, para mim, a figura máxima já era o Lima Duarte. Vi pessoalmente o Lima ensaiando o *Hamlet*, de Shakespeare, e depois assisti à noite, ao vivo, à encenação da peça no *TV de vanguarda*. O mineiro Ariclenes Martins, nome verdadeiro do Lima Duarte, foi tentar a sorte em São Paulo de carona em um caminhão de transporte de mangas. Conseguiu um bico para trabalhar no rádio, como contrarregra e ajudante.

A inspiração artística e sensibilidade o levaram rapidamente a ser um dos melhores sonoplastas radiofônicos, e dali deu um salto para ser radioator. Com a chegada da televisão, o Lima se tornou protagonista do novo veículo. Hamlet não foi o único personagem de Shakespeare que interpretou; ele fez de tudo na televisão e, em matéria de teatro, foi um dos maiores nomes do consagrado Teatro de Arena.

Lima Duarte nasceu artista. Em 1957, quando produzi o *Lever no espaço*, a primeira ficção científica da televisão brasileira, o Cassiano Gabus Mendes sugeriu inovarmos no elenco, e aproveitamos os galãs Mário Sérgio e Fábio Cardoso como protagonistas, além da Beatriz Segall, que estreava como mocinha e anos mais tarde seria a icônica Odete Roitman. O problema era que o Mário Sérgio e o Fábio Cardoso, vindos do cinema, se deram mal na televisão, que era ao vivo na época. Para me socorrer, já no meio da história, pedi ao Lima Duarte que entrasse no elenco, e ele me salvou do desastre.

Nos anos 1960, eu quis levá-lo ao Rio para ser o diretor artístico do Telecentro da TV Tupi, mas ele fugiu da raia. Ficou em São Paulo, onde dirigiu as novelas *O direito de nascer* e *Beto Rockfeller*, além de peças e especiais. Em 1972 eu trouxe o Lima à TV Globo para dirigir *O bofe*. O Bráulio Pedroso se perdeu no texto, e a novela não cumpriu seu papel. O Lima Duarte se demitiu e iria voltar para São Paulo, mas eu pedi a ele que fizesse o *Zeca Diabo*, o incrível personagem de Dias Gomes em *O bem-amado*. O Zeca aparecia em dois ou três capítulos, mas, com a criatividade do Lima, explodiu na história, e o Dias me pediu para convencê-lo a permanecer na novela. Ele ficou em *O bem-amado* e para sempre na TV Globo, comprovando ser um dos maiores atores do Brasil no teatro, no cinema e na televisão.

Em 1963 eu estava na TV Excelsior com o Edson Leite. Era defensor da novela diária, estimulado, como disse, pelo Peñaranda e pelo Jorge Adib, que queria comprar a produção para a Colgate-Palmolive. Eu abominava o texto de *2-5499 ocupado*, mas deixei a emissora por outras divergências. O fato é que, quando eu estava de saída, estavam entrando a Glória Menezes e o Tarcísio Meira. Em 1967, quatro anos depois, eu os contratei para a Globo.

Nas novelas, estávamos ainda sob o jugo da Glória Magadan, e ela queria fazer *Sangue e areia*. Não tive dúvidas. Tarcísio e Glória seriam perfeitos. Enviei o Luiz Guimarães ao TBC, onde os dois apresentavam uma peça, e fiz uma proposta. Nos encontramos e fechamos o contrato. Foi a primeira brecha para a Globo entrar no mercado de São Paulo, e Tarcísio e Glória passaram a fazer parte da linha de frente da emissora. Com a saída da Magadan, partimos para as novelas atuais e brasileiras.

Com Regina Duarte, a novela *Véu de noiva*, de Janete Clair, conseguiu derrotar *Beto Rockfeller* nos capítulos finais. Em seguida, a Janete escreveu *Irmãos coragem* especialmente para o Tarcísio. Essa novela se tornou o primeiro e esmagador sucesso nacional da TV Globo.

O Tarcísio virou ícone. Novela em que ele aparecesse era sucesso na certa, e, quando ele aparecia como entrevistado em algum programa, a audiência imediatamente subia. Tarcísio colecionou prêmios de melhor ator no teatro e na televisão. Fez um perfeito Capitão Rodrigo em *O tempo e o vento* e um Euclides da Cunha irretocável em *Desejo*. O Berdinazzi, de *O rei do gado*, roubou a cena. Excedeu-se em *O beijo do vampiro*. Certamente foi o ator mais querido da televisão brasileira. Foi um amigo especial. Quando nos deixou, vítima da covid-19, eu escrevi: "Tarcísio era mais bonito que Alain Delon, Tom Cruise e Brad Pitt. Mas não demorou muito para mostrar que tinha o talento de Marlon Brando, a juventude de James Dean e a versatilidade de Jack Nicholson."

Outro ator que me impressionou foi o Franscisco Cuoco. Em 1964 eu estava na TV Rio e havia comprado os direitos da novela *Renúncia*, do Oduvaldo Vianna, para ser gravada na TV Record de São Paulo. O protagonista indicado era o Francisco Cuoco, então fui assisti-lo no teatro em *Boeing-boeing* e aprovei a sugestão da TV Record por intermédio do Nilton Travesso. Foi um sucesso absoluto. Mais tarde, em 1970, a Maria Augusta, diretora de elenco da TV Globo, chamou o Cuoco para ser o protagonista de *Assim na Terra como no Céu*. O Cuoco perpetuou-se como um dos nomes mais importantes da história da Globo. Parou o Brasil em *O cafona*, arrasou em *Selva de pedra* e virou coqueluche nacional com o Carlão de *Pecado capital*.

A lista de sucessos do Cuoco não tem fim. Lembro que, no programa *Só o amor constrói*, no qual o Cuoco foi homenageado, conseguimos atingir o maior índice de audiência dessa série, e foi preciso reforço policial para protegê-lo da multidão que queria agarrá-lo e beijá-lo. Grande Francisco Cuoco.

Em 1967, quando cheguei à Globo, encontrei um dos meus maiores ídolos: Paulo Gracindo. Eu já havia cruzado com ele nos corredores da Rádio Nacional, quando a Lintas patrocinava vários programas na emissora, mas não tive a oportunidade de conhecê-lo na época. Na Globo, em 1967, ele estava fazendo o Conde Demétrius em *A rainha louca*. Mas foi a partir de 1970 que enfileirou um sucesso atrás do outro. Foi o bicheiro Tucão, de *Bandeira 2*; o Odorico Paraguaçu, de *O bem-amado*; o Antenor Camargo, de *Os ossos do barão*; o coronel Ramiro Bastos, de *Gabriela*; e o maravilhoso João Maciel, de *O casarão*. Ganhou todos os prêmios de melhor ator nessas produções citadas. Fez rádio, cinema e teatro.

O Paulo compunha seus personagens com exagero de detalhes e cuidados com a expressão física, do tremor das mãos do Antenor Camargo às passadas de mão pelos cabelos grisalhos do João Maciel. Mais um dos atores que considero perfeitos. Ocorreu um episódio interessante em *Bandeira 2*: o bicheiro Tucão estava reservado para o Paulo, mas o Sérgio Cardoso se candidatou ao papel. Eu e o Sérgio almoçamos juntos no Antonio's, e o Sérgio chegou fantasiado e maquiado como o personagem Tucão. Nada a ver. Parecia coisa de opereta. À tarde o Daniel Filho e o Dias Gomes, achando que eu iria ceder às pressões do Sérgio, foram a minha sala dispostos a tudo. Eu já havia descartado o Sérgio ao vê-lo no almoço. Deixei que defendessem o Paulo Gracindo e, para surpresa dos dois, aprovei a indicação na hora.

Ele foi ótimo com o personagem Tucão, mas em seguida viria *O bem-amado*, sucesso maior ainda. Paulo Gracindo, no entanto, não deixou que o gigante personagem Odorico Paraguaçu ofuscasse seu talento e o ultrapassou em tudo que fez. Uma de suas mais sensíveis interpretações, inesquecível para mim, foi em *O grande negócio*, de Paddy Chayefsky.

Em 1967 estavam também na Globo o Carlos Alberto e o Cláudio Marzo. Carlos Alberto saiu logo porque queria fazer o Marco Antônio de *Cleópatra*, e nós não quisemos repetir o fiasco da TV Tupi quando tentou reproduzir esse clássico do cinema. O Cláudio ficou na Globo e foi escalado pela Janete para *Sangue e areia* e *Véu de noiva*. Em seguida fez o Duda Coragem, um dos três protagonistas de *Irmãos Coragem*. Foi o grande astro de novelas românticas como *Minha doce namorada* e *Carinhoso*. Na televisão fez dezenas de papéis, todos com grande sucesso, e no cinema, mais de trinta filmes.

Em 1969 chegou o Ary Fontoura. Em 1963 ele me procurou na TV Rio, mas a emissora estava em crise e eu não tinha nada para ele. Cinco anos depois, ele foi para a Globo e se revelou um dos maiores talentos do Brasil, criando personagens marcantes em novelas e humorísticos. Acabou se tornando um dos maiores influenciadores nas redes sociais.

A safra da Globo em 1969 foi grande, a começar pelo ator, diretor e produtor Paulo José, um dos mais completos profissionais da televisão. Foi também o ano do genial Marco Nanini, cujo talento e versatilidade fizeram dele um soberbo ator em todos os gêneros, além de produtor e dramaturgo. Brilhou no teatro, no cinema e na televisão. Marcou o extraordinário Lineu em *A grande família*.

Um garotinho estreou em 1969 em *A ponte dos suspiros*. Era o Diogo Vilela, aos 12 anos, ator do mais alto padrão e humorista refinado que brilhou em *TV pirata*.

Esse também foi o ano de chegada à Globo do brilhante Paulo Goulart, de tantos sucessos. É também de 1969 a contratação de Sérgio Cardoso, que foi um dos maiores atores do teatro brasileiro. Na televisão, vinha de uma série de sucessos na Tupi, como *Antônio Maria* e *Nino, o italianinho*. Seu primeiro trabalho na Globo foi em *A cabana do Pai Tomás*. Em *Pigmaleão 70*, ao lado de Tônia Carrero, marcou a maior audiência do horário. Faleceu em pleno sucesso de *Primeiro amor*, vivendo o professor Luciano.

Também de 1969 é o Jardel Filho, uma força da natureza. Jardel foi pioneiro no teatro e no cinema brasileiro, com desempenho notável. Faleceu em plena novela *Sol de verão*, quando faltavam poucos capítulos para o encerramento. Jardel faria sucesso em qualquer parte do mundo, pois transbordava profissionalismo e talento.

Em 1970 conquistamos o José Wilker, certamente um dos maiores atores deste país. Esse mesmo ano nos trouxe o Marcos Paulo, ator e galã perfeito que eu mandei aos Estados Unidos para estudar direção. É da mesma época o Mário Gomes, que se tornou um astro incontestável e teve a carreira destruída pelo rebarbativo Carlos Imperial.

Também de 1970 é o Stênio Garcia, figura carismática, uma das joias da nossa dramaturgia. Participou dos maiores sucessos da TV Excelsior e foi o maravilhoso Bino da série *Carga pesada* e o incrível Corcoran de *Que rei sou eu?*, ambos da Globo.

O grande Carlos Vereza é outro de 1970: chegou para *Assim na Terra como no Céu* e explodiu em *O cafona*. Meu amigo, Vereza é um ator sublime e um mavioso flautista, um patrimônio da Globo.

Em 1971, o Stepan Nercessian foi cotado para *Bandeira 2* e, com sua versatilidade e talento, brilha até hoje não só na televisão, mas também no cinema. Entre os vários filmes que fez, incorporou de corpo e alma o Chacrinha. Stepan é escritor e, além disso, cuida com especial carinho do Retiro dos Artistas.

O Juca de Oliveira foi um dos maiores atores brasileiros do teatro, do cinema e da televisão. Chegou à Globo em 1973, depois de passar pela TV Tupi, onde atuou em inúmeros sucessos, por exemplo, como o protagonista da novela *Nino, o italianinho*. Na Globo, participou de novelas como *O semideus*, *Fogo sobre terra* e *Espelho mágico*. Seus personagens em *Saramandaia* e *O clone* foram destaque absoluto. Além de maravilhoso ator, o Juca se consagrou como autor e diretor. Líder da classe artística e apaixonado pelas causas sociais, ocupa a cadeira 8 da Academia Paulista de Letras.

Em 1974 chega o meu querido Ney Latorraca. Bastariam os cinco papéis que fez simultaneamente em *Um sonho a mais* para consagrá-lo, pois essa novela foi um dos maiores sucessos da Globo. Mas o Ney faz tudo o que faz com a maior competência. É um ator completo de teatro, cinema e televisão. O Ney deve figurar em destaque na lista de seres humanos especiais.

Em 1975 contratamos o Fábio Júnior para *Despedida de casado*, mas a censura vetou a novela antes da estreia. Ele foi aproveitado em *Nina*, mas o sucesso veio mesmo com a série *Ciranda cirandinha*. O Fábio já era cantor e compositor mesmo antes de entrar para a Globo. Sua composição "Pai" encerrou a série e comoveu a Janete Clair, que usou a música na abertura e aproveitou o nome na novela: *Pai herói*. O ator Fábio Júnior fez sucessos atrás de sucessos, e o cantor lançou mais de vinte álbuns. O Denis Carvalho, que está na lista de diretores, veio como ator para fortalecer *Roque Santeiro*, mas a novela foi cancelada.

Outra figura de destaque foi o Fúlvio Stefanini, que começou no cinema e participou dos maiores sucessos da TV Tupi e da TV Excelsior. Chegou à Globo antes de 1975, mas foi nesse ano que explodiu em *Gabriela*, fazendo um espetacular Tonico Bastos. Arrasou também em *Um sonho a mais*, como o Orlando Aranha. O Fúlvio é uma de nossas joias raras. *Gabriela* trouxe ainda o supertalentoso Armando Bógus.

A grande conquista de 1976 foi o Antonio Fagundes, que estreou em *Saramandaia* e protagonizou séries como *Carga pesada* e novelas memoráveis como *Dancin' Days*, *Renascer*, *O rei do gado*, *Por amor* e outros sucessos depois da minha saída. Uma pessoa maravilhosa, o Fagundes é aclamado pela crítica e adorado pelos companheiros de trabalho.

Não menos querido, o Luis Gustavo chegou também em 1976 à Globo. Ele era a cara da TV Tupi, onde protagonizou *Beto Rockfeller*, o marco da transformação da novela brasileira. Explodiu em *Ti ti ti*, fez o Mário Fofoca na novela e depois no seriado *Elas por elas*, além de ter sido o criador de *Sai de baixo*, com a participação de Daniel Filho.

Em 1977 Tony Ramos chegou à Globo carregando uma enorme bagagem de sucessos da TV Tupi e trouxe com ele sua figura doce, gentil, sincera e de caráter ilibado. O Tony é gente da melhor espécie. Sua atuação em *Pai herói* foi comovente. Ele foi premiado em *Baila comigo* pela interpretação dos irmãos gêmeos, sem usar recurso de maquiagem, diferenciando-os apenas pela voz e pelas atitudes corporais. Sua atuação foi responsável pelo êxito do remake de *Selva de pedra*. Tony Ramos faz parte dos atores que nunca erraram um papel sequer.

Foi também nessa época que o Marcos Frota foi para a Globo e deu um brilho especial a todos os personagens que interpretou.

Em 1977, o ator Walmor Chagas fez seu primeiro sucesso na Globo, em *Locomotivas*. O Walmor veio de uma carreira brilhante no teatro, onde reinou soberano. Além de novelas e especiais, foi o narrador de *O mundo em guerra*. Sem dúvida um dos maiores talentos do Brasil.

Fecham a lista dos anos 1970 o José Mayer, o Reginaldo Faria e o elegante e carismático Raul Cortez. O Mayer chegou em 1977, mas só estourou em *Bandidos da falange*, em 1983. Pode-se dizer que o José Mayer foi o típico galã brasileiro da televisão, com dezenas de belas interpretações e muitos sucessos. Reginaldo Faria é outro que tem uma ficha inigualável de acertos, tanto na televisão quanto no cinema. Profissional fora de série.

São excelentes e peças indispensáveis em um bom elenco os astros Edwin Luisi, Tato Gabus Mendes, Cássio Gabus Mendes, Humberto Martins, Thiago Lacerda, Marcelo Serrado e Osmar Prado. Exuberantes em suas interpretações, eles são talentos indiscutíveis e, certamente, campeões em número de participações de grande sucesso da Globo.

São dos anos 1980 duas grandes aquisições para nosso elenco: o Edson Celulari e o Miguel Falabella. O Edson protagonizou inúmeros sucessos, sempre com desempenho extraordinário, colecionando prêmios em novelas e séries como *Decadência*.

O Falabella foi sempre polivalente como ator dramático, autor, diretor, apresentador e comediante. Foi o grande Caco Antibes de *Sai de baixo*. Um talento explosivo.

Em 1980 o Chico Anysio trouxe o sobrinho, Marcos Palmeira, para a Globo. Com o dom da família, o Marcos se tornou um dos astros mais importantes do cinema e da TV. Ele é simplesmente perfeito e interpreta seus papéis com segurança e naturalidade. Surpreendeu em *Renascer*, foi o João Coragem do remake de *Irmãos coragem* e o Zé Leôncio da *Pantanal* de 2022.

A década de 1980 trouxe um novo grupo extraordinário. O José de Abreu, com seu carisma, voz e gestual, se tornou imprescindível em diversas produções. Paulo Ubiratan era seu fã de carteirinha.

Um ator especial é o Murilo Benício, que consegue a incrível façanha de ser ele mesmo em tudo o que faz, criando personagens ainda mais fortes que sua personalidade — um feito que é raro entre os grandes atores no mundo. Benício fez *Woman on Top* com Penélope Cruz e foi sucesso em todo personagem que interpretou na televisão.

O grande presente que eu recebi em 1990 foi o Fábio Assunção. Ele estreou em *Meu bem, meu mal* e revelou-se um ator completíssimo, transitando entre o drama e a comédia com uma desenvoltura inigualável. E ainda mostrou competência como produtor e diretor. Fábio Assunção é um marco importante na nossa televisão.

Em 1993 quem parou a televisão foi o Leonardo Vieira, na novela *Renascer*, do Benedito Ruy Barbosa. Ele estendeu seu sucesso participando de *Sonho meu*, a meu pedido.

Entre os atores que vieram depois que eu saí, cito alguns magistrais: o personalíssimo Cauã Reymond; o completíssimo Mateus Solano; o impecável Rodrigo Lombardi; o Alexandre Nero, com seu talento gigante; o sofisticado Marcos Caruso; o Lázaro Ramos, por sua força dramática; e o Aílton Graça, pela simplicidade e intensidade.

Costumo chamar de "força da natureza" aqueles que se superam no que fazem, e o Wagner Moura é um desses casos. Lembro que, entrando por acaso em um estúdio de televisão em Salvador, vi um animador de auditório com um jeito especial e diferenciado. Era o Wagner, que viria a se tornar um dos maiores astros do cinema e da televisão, ascendendo a padrões internacionais.

Me perdoem os demais pela real impossibilidade de me lembrar de todos. O Brasil tem muitos talentos. Para se ter uma ideia completa do gabarito dos atores que tivemos, termino publicando a lista de alguns grandes nomes que, eventualmente, não foram citados em outros pontos deste livro, mas que precisam ser lembrados. São astros que passaram pela Globo e nos deixaram: Grande Otelo, José Lewgoy, Mário Lago, Hugo Carvana, Cláudio Cavalcanti, Flávio Migliaccio, Oswaldo Loureiro, Cláudio Corrêa e Castro, Castro Gonzaga, Guilherme Karan, Sergio Viotti, Nelson Xavier, Amilton Fernandes, Elias Gleiser, Ítalo Rossi, João Carlos Barroso, Cecil Thiré, Eduardo Galvão, Adriano Reys, Domingos Montagner, Pedro Paulo Rangel etc.

A todos os artistas brasileiros, minhas homenagens e meu comovido agradecimento.

78 AQUI É O MEU LUGAR

Rio de Janeiro (1998)

No fim do ano de 1998, depois de 31 anos de trabalho para construir a TV Globo, fui barrado no baile. Ou melhor: fui expulso da sala. Foi como eu me senti. Sem mágoa ou lamentações, acho que poderia ter sido diferente. Mais carinho, mais amor e muito mais gratidão. O meu desempenho estava no auge, a audiência era total, e a lucratividade mantinha-se em alta. Seria absolutamente normal a empresa querer se reestruturar, mas faltou o mínimo de consideração.

Eu não saí mal como o Walter Clark saiu. Não fiz besteiras nem havia brigado com ninguém. Deixei um legado profissional, tendo formado quase todos os funcionários da empresa, alguns dos quais ensinei desde o início, porque não faziam ideia do que era televisão. Deixei também um legado afetivo, com autores, diretores, atores e atrizes. Não poucas vezes fui acusado de ser paternalista, mas uma empresa que tem como principal produto a atividade artística tem que tratar seu material humano com sensibilidade. Afinal, são artistas e televisão, e não um banco ou fábrica de salsichas.

O Joe Wallach, quando foi embora, mereceu até um grande almoço de despedida. Quanto a mim, recebi uma matéria no jornal *O Globo*, que dizia que eu havia sido rebaixado a consultor e subordinado à nova direção. Esqueceram o que eu fiz pela Globo. Até hoje a grade que desenvolvemos no decorrer de tantos anos permanece.

Depois de 25 anos que deixei a empresa, quase todos os programas que criei, tanto os de entretenimento quanto os de jornalismo, ainda estão no ar. Músicas de aberturas que encomendei ou aprovei continuam sem modificações. Até os nomes das sessões de cinema permaneceram. Não me incomodo. Me sinto valorizado.

Claro que não fiz nada sozinho, mas o Walter Clark ficou dez anos na empresa, e o Joe Wallach, 17 anos. Eu fiquei 31. A Globo atingiu o auge no meu tempo, com a contribuição de companheiros como Daniel Filho, Borjalo, Armando Nogueira, os irmãos Renato e Edwaldo Pacote, João Carlos Magaldi, Adilson Pontes Malta, Fernando Bittencourt, Hans Donner e Luiz Guimarães. Feito esse registro, quero confessar que continuo global. Torço pela Globo não só por conta da ligação afetiva, mas também como membro de uma emissora afiliada.

Em 2003, eu e meu primo Buzzoni vencemos a licitação da emissora de Taubaté e compramos da Globo a emissora de São José dos Campos, totalizando 18 canais. Montamos a Rede Vanguarda e instalamos mais emissoras com 46 canais, cobrindo o Vale do Paraíba, o Vale Histórico, o litoral norte paulista e as regiões bragantina e da Mantiqueira. Cobrimos três milhões de espectadores, e nossa audiência é maior do que a de todas as outras emissoras somadas. A Vanguarda foi sete vezes premiada como a melhor TV regional do Brasil e ganhou dois prêmios da Associação Brasileira de Marketing. A emissora segue caminhos traçados por mim, e eu continuo fazendo suas campanhas publicitárias, vinhetas e aberturas de programas. O Buzzoni cuida da parte comercial, e eu da programação, da promoção, do jornalismo e da engenharia. A Vanguarda tem vinte anos, e eu me envolvo em todos os detalhes. É uma das mais eficientes afiliadas da Globo e certamente, no ar, a emissora mais bonita do Brasil.

Além de ser apaixonado pela Lou, por meus filhos e netos, sou também apaixonado pela Vanguarda. O Boninho está entregue a suas atividades na Globo, mas sempre opina. O Diogo Boni e o Bruno Boni contribuem permanentemente para o êxito da Vanguarda. O Diogo é formado em tecnologia da informação e publicitário nato, além de um exímio estrategista de vendas. Ele trabalha na Globo Internacional, nos Estados Unidos, mas nos alimenta com seus preciosos conhecimentos. O Bruno Boni é economista formado na PUC-Rio e mestre em ciências pela Columbia University de Nova York. Bruno é criativo e contribui com ideias e projetos para a empresa. Minha filha Gigi está atenta aos novos passos e sempre preocupada com os benefícios que devemos oferecer aos funcionários. O Reynaldo Buzzoni, meu sobrinho, também ajuda a pensar a empresa. A família reunida se diverte com a Vanguarda, todos zelando para manter um alto nível no entretenimento, na informação e no desempenho tecnológico, com absoluta consciência de nossa responsabilidade social.

Somos herdeiros do "padrão Globo de qualidade", um legado que deixamos para a televisão brasileira. Como o espírito do livro é de agradecimento, eu tenho que reconhecer e registrar a confiança que o Roberto Marinho depositou no trabalho dos jovens e a liberdade que nos deu. Agraço também ao Roberto Irineu, meu amigo e grande parceiro em inúmeras realizações; ao João Roberto, sempre correto e afável; e ao José Roberto Marinho, refinado e inteligente.

Eu e meus companheiros de trabalho sabemos muito bem o que fizemos na Globo, e isso nos permite superar divergências e dificuldades. Éramos felizes... e sabíamos.

79 OS COMPANHEIROS

**Rio de Janeiro,
São Paulo,
Los Angeles,
Miami e
Nova York
(2023)**

65 anos de amizade.

Isto não é uma lista de amigos. Eles são muitos para caber no livro. Na verdade, os companheiros a que me refiro são aqueles que, de alguma forma, trabalharam diretamente comigo na TV Globo. Obviamente, os que têm capítulos próprios no livro não estão na lista, mas existem outros aos quais também quero agradecer.

Começo pelos do Rio.

O Ricardo Amaral é amigo do final dos anos 1950; são, portanto, mais de sessenta anos de amizade. Ele era, como dizia o Juca Chaves em uma de suas canções, "um gato social, bichano disputado nos telhados da rua Augusta". Foi colunista social, trabalhou com Samuel Wainer no jornal *Última Hora*. Descobriu e contava em sua coluna as aventuras amorosas do governador Adhemar de Barros, o que lhe custou seu afastamento, quando foi para Roma como correspondente do jornal. Voltou empresário. O Ricardo criou o Papagaio em São Paulo e depois o Hippopotamus no Rio, a mais bem-sucedida casa noturna do país. Abriu o Le 78 em Paris e o Club A em Nova York. Inventou o Réveillon de Copacabana e o camarote da Brahma. Foi o "Rei da Noite Carioca".

O Roberto Buzzoni de Oliveira é filho do Reynaldo de Oliveira, meu tio paterno. Como eu, nasceu em Osasco. O Buzza, apelido dado pelos amigos, tinha uma viatura Kombi com a qual fazia anúncios por um alto-falante. Eu o trouxe para trabalhar no departamento comercial da Globo. Foi diretor de programação em Belo Horizonte e em Brasília, depois assumiu a direção nacional de programação da rede, função em que permaneceu até o ano

2000. Juntos fundamos a Rede Vanguarda, que opera 46 canais de televisão no Vale do Paraíba, Vale Histórico, Mantiqueira, litoral norte e região bragantina. Além dos laços de família, somos amigos do Buzza e da Ana para o que der e vier.

Quando lançamos o *Fantástico*, convenci o Armando Nogueira a ter um correspondente em Paris, não necessariamente uma sucursal. Fui a Paris tentar contratar o Reali Jr., mas o Realinho manteve-se fiel ao jornal *O Estado de S. Paulo* e à rádio Jovem Pan e me apresentou e recomendou o Roberto D'Ávila, que estava morando na França, onde estudava jornalismo e história. O Roberto era formado em direito, mas sua meta mesmo era o jornalismo. Como o escritório de Londres estava dando conta do trabalho, a ideia não foi para a frente. Mesmo assim, acabei trazendo o D'Ávila para um estágio na Globo, e ele se tornou repórter do *Fantástico*, com seu alto nível e carisma.

O Roberto estava acima das funções dele. Passou pelo programa *Abertura*, do Fernando Barbosa Lima. Foi apresentador e diretor do *Canal livre*, da TV Bandeirantes. Fez uma breve passagem pela TV Manchet, onde criou o *Conexão Roberto D'Ávila*, que foi um dos mais importantes jornalísticos da nossa televisão e, por isso mesmo, passeou por várias emissoras. Foi deputado federal, vice-prefeito e depois secretário de governo no Rio de Janeiro. Como empresário, fundou várias empresas ligadas ao jornalismo. É amigo de fé e irmão camarada.

O Fernando Bittencourt foi um brilhante diretor-geral da Central Globo de Engenharia, substituindo o Adilson Pontes Malta. Estudioso e competente, foi o mentor da implantação do sistema digital na televisão brasileira, liderando o processo que terminou com a adoção do SBTVD-T, um sucesso absoluto. Ele é responsável por diversas inovações na televisão e um apaixonado pela qualidade. Juntos fomos várias vezes às feiras internacionais de tecnologia e equipamentos. Trabalhar com o Fernando sempre foi produtivo e agradável.

O Miguel Pires Gonçalves chegou à Globo logo depois da saída do Joe Wallach. Ele veio recomendado pelo José Luiz de Magalhães Lins. Nos estranhamos no início, mas as coisas se ajustaram rapidamente. O Miguel teve uma curta passagem pela Globo, mas o suficiente para conquistar a amizade de todos e fazer parte do nosso grupo de amigos. O Jorge Adib tinha uma admiração pelo jeito do Miguel. Eu descobri afinidades com ele, e nos tornamos amigos como se nos conhecêssemos havia muitos anos. O Miguel é de uma elegância ímpar. Economista de formação, ele tem, no entanto, um viés de historiador, filósofo e político. Sabe de tudo. Está sempre pronto para ajudar. É um belo chef amador e amante de vinhos. Hoje ele cuida de suas empresas. Nosso convívio é sempre agradável e produtivo. É unânime a consideração e o carinho que os amigos têm por ele.

O Durval Honório começou na TV Globo de São Paulo quando ela ainda era TV Paulista. Foi coordenador de programação e depois assistente do Luiz Guimarães. Com uma sensibilidade incrível na identificação do gosto do público, ele foi promovido para o controle de qualidade do Rio de Janeiro, tornando-se peça indispensável para o sucesso da Globo.

Embora seja engenheiro de formação, o Herbert Fiuza, por sua descontração e seu jeito especial de conviver, participou e contribuiu para o avanço da emissora em vários e diferentes assuntos. Era da equipe do general Lauro Medeiros, mas sempre se mostrou absolutamente aberto para as necessidades da programação e da produção. Fiuza faz parte do quadro dos responsáveis pelo êxito da Globo.

Conheci o Pier Giorgio Pagliari, o Pagliarinho, na TV Tupi. Apaixonado pela qualidade de imagem e com um talento raro para integrar a engenharia à produção, a contribuição dele não fica restrita à própria área. O Pagliari, com sua sensibilidade italiana vinda do *cuore*, sempre teve uma visão artística a serviço da nossa televisão. Amante e conhecedor de gastronomia e vinhos, nós tínhamos, além de tudo, essa afinidade.

Além de uma cultura extraordinária nos aspectos técnicos, o que lhe dava uma capacidade impressionante de fazer diagnósticos e indicar soluções, o José Benarroch, ou Bena, era amante dos detalhes, da confiabilidade, e a presença dele foi fundamental em todos os campos da engenharia. Além disso, o Bena, com sua inteligência e simplicidade, é uma figura adorável.

Agora, a turma de São Paulo.

O Solano Ribeiro foi citado várias vezes no livro, pois temos uma ligação de sessenta anos. Ele foi do conjunto musical The Avalons, coordenador e produtor da TV Excelsior, onde criou o primeiro festival de MPB. Na TV Record realizou uma explosão musical com seus festivais, que revolucionaram a música popular brasileira. Na Globo participou e depois produziu e dirigiu o FIC — Festival Internacional da Canção —, o *Abertura* e o *Festival dos festivais*. Meu querido amigo Solano ainda tem fôlego para salvar a música brasileira, que vive atualmente uma de suas piores fases.

Mais que um maestro, o Júlio Medaglia é um líder. Sempre à frente de todos, na vanguarda da vanguarda, o Júlio, mestre da música erudita, trouxe uma contribuição extraordinária à MPB. É uma das pessoas mais livres que eu conheço. Não tem medo de pensar e não faz nenhuma cerimônia para expor suas ideias, motivo pelo qual os amigos e todos os que querem abrir a mente o procuram. Na Globo se envolveu não apenas com a música, mas também com as áreas de criação e produção. Na Alemanha, em Baden-Baden, onde esteve trabalhando uma época, me apresentou à gastronomia e aos vinhos da Floresta Negra.

O João Carlos Martins é irmão do jurista Ives Gandra Martins e do pianista José Eduardo Martins. O pai deles adorava piano, mas sofreu um acidente de trabalho: um dos seus dedos foi decepado por uma prensa. Acabou transferindo aos filhos o amor pelo piano. A vida do João Carlos é um mar de peripécias e um oceano de glórias — foi pianista, maestro regente, jogador de futebol e empresário. Ele começou cedo na música: aos 8 anos, venceu um concurso de piano entre executantes de Bach. Aos 20, estreou no Carnegie Hall, em Nova York. Doce, meigo e bem-humorado, o João enfrentou acidentes e doenças que lhe roubaram o movimento das mãos. Parece que o destino ficou com inveja do seu sucesso e conspirou contra ele. Mas o João venceu. Derrotou o destino. Certamente com o apoio da sua adorável esposa, Carmen Martins.

O Octávio Florisbal é sobrinho do Renato Castelo Branco, um dos maiores nomes da nossa publicidade. Trabalhou com o tio na J. Walter Thompson. Formou-se na Escola Superior de Propaganda, hoje ESPM. Passou pela Norton e foi para a Lintas Internacional, na qual ficou durante dez anos. Criou e foi o primeiro presidente do Grupo de Mídia de São Paulo. Em 1982 veio para a TV Globo, onde reformulou toda a estrutura do comercial e, principalmente, todo o espírito dessa área. Em 2002 assumiu a direção-geral da Globo e ficou no cargo até 2013. Amigo, afável e espirituoso, o Octávio é fora de série. Altruísta, dirige com sabedoria uma fundação que leva o nome de Helena Florisbal, esposa dele.

Ricardo Scalamandré, o nosso "Rica", foi, além de um profissional do mais alto gabarito, a alegria do grupo. Ricardo, com sua capacidade de observação e inteligência rara e rápida, sempre olhou para a vida pessoal e profissional com otimismo. Daí ter sido um gigante estimulador por onde passou, na Globo, no SBT e na Alcântara Machado. Refinado "gourmet" e conhecedor de vinhos, o Ricardo é indispensável amigo para trabalhar, criar, realizar e conviver.

Advogado da Globo, o Luiz Aranha Netto é um defensor dos amigos. O Spider, como o chamamos, é uma das pessoas mais queridas, quer entre os colegas de profissão, quer entre os demais amigos que ele cultiva por anos com carinho e dedicação. Difícil encontrar alguém melhor que o Aranha. Rei da ponderação, é um conselheiro perfeito para os momentos mais difíceis que se possa imaginar. Eu não abro mão do Aranha e estarei ao lado dele sempre que for preciso.

Para encerrar, os companheiros lá de fora.

Sérgio Mendes e Gracinha Leporace, o "compadre" e a "comadre", moram de pijama no meu coração. Na Globo fiz com o Sérgio especiais, shows e aberturas, sempre com qualidade e sucesso. Quando ele lançou, em 1963, o álbum *Você ainda não ouviu nada*, eu ainda não o conhecia pessoalmente, mas fiquei apaixonado por esse trabalho. Até hoje é uma das mais importantes contribuições à música instrumental brasileira. Depois, o Sérgio tomou conta do mercado internacional com o *Brasil 66*. Ganhou um Grammy, dois Grammys Latinos e concorreu ao Oscar de canção original. É o brasileiro com maior número de entradas na *Billboard*, um ídolo mundial, requisitado para temporadas nos Estados Unidos, na Europa e no Japão. Recentemente foi feito um documentário internacional sobre a carreira do Sérgio, com depoimentos dos maiores nomes da música. A Gracinha é uma das mais expressivas cantoras do Brasil, e o encontro deles elevou cada um. Eu e a Lou amamos os dois. Nossos filhos são amigos inseparáveis.

O Uajdi Moreira atualmente vive em Nova York. Trabalhou na Rádio Globo e na TV Globo. Foi um dos produtores do Chacrinha, responsável por inúmeras ideias, como a de trazer jurados socialites. Fez comigo, no *Fantástico* e nas transmissões de Carnaval, as primeiras experiências interativas da televisão. Quando pensei no *Você decide*, a colaboração do Uajdi foi fundamental, com a criação da plataforma que possibilitou o programa. O Uajdi e a Carolina são companheiros frequentes de viagem, e somos parceiros nas nossas descobertas de restaurantes e vinhos.

O Felipe Rodrigues foi presidente da Globo Internacional e fez um trabalho extraordinário em Nova York, onde participou da implantação de nossa primeira sucursal internacional. Estabeleceu um excelente relacionamento com a comunidade da televisão americana. A amizade com o Felipe e sua esposa, Terina, é mantida com muito carinho, e os dois são figuras especiais e queridas.

80 TELEVISÃO 3.0: A PRÓXIMA GERAÇÃO DE TELEVISÃO?

Brasil
(2024)

Com um televisor portátil da era preto e branco. Um avanço para a época.

Está em pleno andamento um estudo para mudar a maneira como você vê televisão: a TV 3.0. Trata-se de um sistema de transmissão terrestre, via radiofrequência, como o que temos atualmente, mas com alguns avanços. O sistema oferecerá imagens de altíssima qualidade, nos padrões 4K e 8K, quatro a oito vezes mais definidas do que as imagens que temos atualmente; o som será imersivo; e o ponto máximo da inovação é a integração com a internet, promovendo a união dessas duas tecnologias. A sintonia deixa de ser feita por um seletor de frequências convencional e passa a ser por aplicativo. O usuário deverá fazer seu cadastro, e, assim, a interatividade entre emissora e usuário será estabelecida. A transmissão da grade de programação permanecerá no ar, mas o usuário terá amplo comando sobre o que quer ver, como quer e quando quer. As emissoras poderão também dirigir seus programas e comerciais para onde desejarem e vender diretamente produtos à sua escolha. Poderão exibir a publicidade pela internet e estarão fora das regras que regem as concessionárias de serviço público. Os anunciantes escolherão com precisão o público-alvo, podendo chegar até um único indivíduo especificamente.

Com o decreto nº 11.484, de 6 de abril de 2023, o governo deu partida oficial para a implantação da TV 3.0. Pela complexidade do projeto, muitos estudos ainda devem ser feitos. Em abril de 2024, o Fórum do Sistema Brasileiro de TV Digital abriu o caminho para revelar detalhes do projeto e permitir reflexões sobre o assunto. Com a presença do ministro das Comunicações, Juscelino Filho, do senador Eduardo Gomes e dos envolvidos no estudo da TV 3.0, o presidente do Fórum, Raymundo Barros, fez uma ampla explanação sobre o potencial do sistema proposto e sobre as novas etapas a serem percorridas para a escolha da tecnologia, configuração e normas.

Há sistemas já aprovados e vigentes em outros países. Nos Estados Unidos, o padrão adotado foi o ATSC 3.0, também chamado de NextGen TV, e 55% do mercado norte-americano já está coberto pelo sinal das emissoras que estão operando nesse sistema paralelamente às suas transmissões regulares. O Japão desenvolveu o Advanced ISDB-T que seria o caminho natural para o nosso 3.0, porque a televisão digital brasileira teve origem nesse sistema. Mas tudo isso está longe de uma definição.

Quando este capítulo foi escrito, o governo brasileiro ainda estava discutindo se adotaria um desses dois sistemas ou criaria um padrão próprio. Estão em jogo interesses políticos e econômicos internacionais. Na área de tecnologia, o trabalho está dividido em vários setores, cada um com seu grupo de estudos, composto por especialistas de cada área. Sairá daí o projeto da TV 3.0 brasileira.

Por sua vez, o Ministério das Comunicações, através da Anatel, já revelou que está sendo estudada a faixa de espectro destinada à TV 3.0. O mais importante do posicionamento do governo foi o anúncio de que as emissoras não terão obrigação de operar no novo sistema. A adesão será facultativa. Portanto, a televisão digital atualmente no ar e a TV 3.0 continuarão disponíveis em paralelo por muitos anos. De qualquer forma, a política adotada pelo governo é conveniente para a indústria de televisão e para os telespectadores. Transfere o risco dos investimentos para as emissoras e protege o usuário, que não será forçado a comprar sintonizadores de 3.0 ou até mesmo um novo aparelho de televisão compatível com o sistema que será implantado.

O lançamento está previsto para 2025 nas principais capitais brasileiras, no caso da adoção dos padrões norte-americano ou japonês, que já foram testados e estão em operação, mas não há prazo para completar a migração em todo o território nacional. Se seguirmos o projeto do Fórum do Sistema Brasileiro de TV Digital, que ainda é um estudo, o prazo será muito curto. Estão pendentes testes de campo, provável consulta pública e muitas outras ações. A proposta do sistema brasileiro é muito mais complexa, e há muita coisa ainda para ser definida e materializada. Em outros países, não se tem notícia de um grande entusiasmo por parte dos usuários. As emissoras colocaram rapidamente no ar os novos padrões, mas a venda de aparelhos receptores não está aquecida, havendo baixa adesão pelo público que não foi atraído pelo casamento da televisão aberta com a internet.

Os céticos acham que o sistema 3.0 pode não vingar, portanto ele corre o risco de se tornar apenas mais uma das mídias de nicho, com baixa ou negativa rentabilidade.

Os cautelosos temem que a TV 3.0 dê certo. Nesse caso, a televisão como a conhecemos perderia sua invejável posição de maior veículo de massa do planeta. Um tiro no pé.

Os desconfiados acham que, como haverá o cadastramento obrigatório e, portanto, controle do comportamento de cada usuário, as emissoras teriam um indesejável domínio da sociedade, tornando-se um escandaloso Big Brother, com olhos por todo o país.

Os sonhadores não pensam em nada além dos próprios sonhos. Talvez por isso sejam mais audaciosos.

Vamos aguardar e ver no que vai dar.

Da minha parte, como artista e ao mesmo tempo empresário, estou mais interessado nas possibilidades que a inteligência artificial pode oferecer para a televisão. Criação e realização sem limites. Isso vai ser divertido e lucrativo.

Agradecimentos

Ao Ricardo Amaral, que foi o incentivador e responsável pela viabilização deste projeto.

Ao agente literário Pascoal Soto, que foi responsável pelo lançamento de *O livro do Boni*, assumiu este livro e permitiu a concretização desse novo sonho.

À equipe do Grupo Editorial Record, ao editor assistente Iuri Pavan e à Rayana Faria, gerente de produção editorial da Editora BestSeller, que abraçaram o projeto e estiveram presentes em todos os detalhes deste livro.

À Christina Leite, que participou das pesquisas, trabalhou na revisão da digitação e na organização dos capítulos. Ela também foi responsável pelo cronograma de criação e produção do livro.

À Ruth Reis, sempre presente com suas ideias e sugestões preciosas.

Créditos das imagens

Imagem dos capítulos 1, 2, 3, 4, 6, 8, 9, 10, 12, 13, 14, 16, 17, 18, 19, 22, 23, 26, 28, 33, 34, 38, 43, 45, 48, 50, 53, 60, 64, 74, 76 e 78 © Autor desconhecido
Imagem do capítulo 5 © Lewy Moraes/Folhapress
Imagem do capítulo 7 © Arquivo O Cruzeiro/EM/D.A Press
Imagem do capítulo 11 © nazdravie/iStock
Imagem dos capítulos 15, 21, 25, 27, 29, 30, 31, 32, 36, 37, 39, 40, 41, 44, 49, 51, 52, 54, 55, 56, 57, 58, 59, 61, 62, 67, 68, 69, 70, 71, 72, 73 e 77 © Conteúdo Globo
Imagem dos capítulos 20, 47 e 66 © Acervo pessoal do autor
Imagem do capítulo 24 © Memória Roberto Marinho
Imagem do capítulo 35 © Domínio público
Imagem dos capítulos 42, 75 e 79 © Cristina Granato
Imagem do capítulo 46 © Paulo Guimarães
Imagem do capítulo 63 © Alexandre Durão/G1
Imagem do capítulo 65 © Ana Lontra Jobim
Imagem do capítulo 80 © Renan Olivetti

Este livro foi composto na tipografia Minion Pro,
em corpo 13/18,5, e impresso em
papel pólen natural na gráfica Plena Print.